感谢下列单位对本次活动及本书出版给予的大力支持

中共广东省委组织部

中共广东省委宣传部

广东省人民政府对口支援办公室

广东省第六批援疆工作队前方指挥部

广东省第六批援藏工作队领导小组

中共新疆维吾尔自治区喀什地委宣传部

中共西藏自治区林芝地委宣传部

暨南大学研究生院

特别鸣谢

广东猛狮电源科技股份有限公司

“我行我动”实践教学丛书编委会

"我行我动"实践教学丛书

走进戈壁高原

主　编　喻季欣

副主编　陈　喆

暨南大学出版社
JINAN UNIVERSITY PRESS

中国·广州

图书在版编目（CIP）数据

走进戈壁高原/喻季欣主编；陈喆副主编．—广州：暨南大学出版社，2013. 5
（“我行我动”实践教学丛书）
ISBN 978 -7 -5668 -0529 -4

Ⅰ.①走…　Ⅱ.①喻…②陈…　Ⅲ.①暨南大学—大学生—社会实践—文集
Ⅳ.①G642. 45 -64

中国版本图书馆 CIP 数据核字（2013）第 065987 号

走进戈壁高原
主　　编　喻季欣
副 主 编　陈　喆

出 版 人　徐义雄
策划编辑　杜小陆　史学英
责任编辑　李　艺　余泓颖
责任校对　卢凯婷　黄　斯　王嘉涵
出版发行　暨南大学出版社（广州暨南大学　邮编：510630）
网　　址　http：//www. jnupress. com　http：//press. jnu. edu. cn
电　　话　总编室（8620）85221601
　　　　　营销部（8620）85225284　85228291　85228292（邮购）
排　　版　广州市铧建商务服务有限公司
印　　刷　佛山市浩文彩色印刷有限公司
开　　本　787mm×960mm　1/16
印　　张　15. 75
字　　数　338 千
版　　次　2013 年 5 月第 1 版
印　　次　2013 年 5 月第 1 次
定　　价　38. 00 元

暨南大学副校长、副书记叶勤教授在出发仪式上致辞

2012 年 8 月 17 日，暨南大学新闻学院领导和带队老师向广东省第六批援藏工作队领队、林芝地委常务副书记李雅林（右二）赠送锦旗

关于请协调做好“暨南大学中华学子喀什、林芝深度采访行”接待工作的函

省对口支援新疆工作前方指挥部、省第六批援藏工作队：

近日，暨南大学新闻与传播学院向我办送来《关于“暨南大学中华学子喀什、林芝深度采访行”宣传报道援藏援疆工作的报告》。现将有关材料转给你们，请给予大力支持、协调做好各项接待工作。具体工作径向暨南大学联系。

附件：关于“暨南大学中华学子喀什、林芝深度采访行”宣传报道援藏援疆工作的报告

二〇一二年六月一日

暨南大学我行我动团队：

在“青春使命”2012 全国大学生社会实践评选活动中，荣获一等奖。

特颁此证，以资鼓励。

人民网

2012 年 11 月

序　一

“我行我动”社会实践丛书出版了，这是暨南大学新闻与传播学院学生成功进行社会实践活动的结晶，而这一社会实践活动又是相关老师勇于进行教学改革的成功尝试。

“我行我动”源自暨南大学新闻与传播学院开展的一次大学生社会实践活动。2012 年 6 月 26 日至 8 月 28 日，暨南大学新闻与传播学院的 17 名学生，在喻季欣和陈喆两位老师的带领下，分赴新疆喀什和西藏林芝地区结合调研、公益活动、追访“广东精神，传递南粤大爱”，进行深入采访。在当地各部门和广东驻当地工作队的支持下，圆满地实现了预期的目标。当时正值夏天，师生们冒着酷暑，背负摄影器材等采访工具，走沙漠、跨戈壁、爬高原。无论是进入边防哨所，还是与基层的农牧民打交道，或是听取各级领导的介绍，都不忘记自己是“记者”。在历时 62 天、2 万余公里的行程中，一幕幕感人的场面进入“记者”的镜头，一个个动人的故事成为每个“记者”难以忘怀的记录。采访条件是极其艰苦的，正因为艰苦才使每位实践者得到从未有过的磨炼，正因为能承受艰苦才能将新疆和西藏的新闻富矿挖掘出来。我们只要翻翻这次出版的作品集，就可以体味出来。

“采访篇”《爱，穿越戈壁高原》、《闪烁“广东精神”的广东援藏人》、《千古秘境做万古文章的人们》、《满腔热血献高原　扎根察隅终不悔》、《坚守雪域高原的卫士》、《青年的选择》、《雪域白鸽》、《浓浓援藏情　拳拳赤子心》、《在摸索中前行》等，记录了边疆人民和援边人员不朽的创业精神和矢志不渝的坚守；“行走篇”《万里行知：南疆喀什印象》、《5 100 米的敬仰》、《我的喀什印象》、《走读绿洲》、《姜维与麦麦提明一家的故事》、《阳光茶馆》、《艳遇南迦巴瓦峰》、《爱上那位冰清玉洁的姑娘——米堆冰川》、《318，我心最美》、《做经幡的男人》、《扎西央宗：三尺讲台就是幸福开始的地方》、《雪山下的守望者》、《小记波密牧民马达的幸福生活》等，以细节的描写、情景的融合，呈现祖国边疆的无限美好和民众多姿多彩的生活。

“我行我动”的实践者明了实践的目的，自始至终将能用上的采访手段尽量用上。微博是当今速度最快、覆盖面最广且能随时互动的传播形态，同学们在这次社会实践的过程中，不断地挖掘新闻素材，不停地通过微博发布队员们的感想。这样既传播了边疆的新人、新事、新风尚，也扩大了这次社会实践活动的影响，并使自己运用新的传播手段传播信息的素养得以提升。在这本书的“微博篇”中，所呈现的采访行启动仪式、公益活动、当地的人文精神、队员风采等，就是他们从所发的微博中精选出来的。

探索当代大学生社会实践的新方法新课题，已成为学界的共识。对传媒教育来说，也是如此。传媒教育如何改进和创新早就成为学界和业界议论的热点，尽管观点各有不同，但都赞同传媒教育要与实践相结合。结合的形式不是单一的、固定的模式，应有多种多样的选择。暨南大学新闻与传播学院已经开展的准记者"训练营"、"特训营"，以及"传媒领袖讲习班"、"创新基地"等都是比较好的形式。现在又增添了"我行我动"这一新模式，这种创新融进了新的理念。"我行我动"的策划者、暨南大学新闻与传播学院喻季欣老师以这样的理念来解释"我行我动"："以行求解，做最富于行动的新闻人。紧扣实践育人，创新人才培养。"同学们都以高度的热情和执著的追求参与这项活动，这说明他们对这种教学理念和教学方式已经认同。同样地，这一活动也得到了新闻业界的肯定和支持，新华网、人民网、天山网、中国西藏新闻网、西藏人权网、西藏农经网，以及光明日报、中国科学报、南方日报、南方都市报、新快报，都进行了跟踪报道。而在西藏和新疆工作的干部更是对这项活动赞誉有加。广东省第六批援藏工作队领队、林芝地委常务副书记李雅林这样肯定这次活动："这种深入老少边远、戈壁荒漠、雪域高原的远距离、大范围、长时间大型采访调研，在前来林芝采访的国内媒体中也不多见，新闻院校更是稀少，体现了'我行我动'的创新与勇气。"

有了成功的探索，类似的活动理应坚持下去。此次出版的"我行我动"之所以定为实践教学丛书的总目录，这已经意味着教学实践活动还要进行下去，而活动之后的成果——作品集也会不断推出，有了第一辑、第二辑就还会有第三辑、第四辑……

范以锦

（作序者为暨南大学新闻与传播学院院长、教授、博士生导师）

2013 年 3 月

序 二

作为新闻传播教育和人才培养的重要组成部分，实践教学既是考察新闻传播教学效果的重要参照，也是检验新闻传媒人才培养质量的主要依据。近年来，暨南大学新闻与传播学院在继承和借鉴60多年新闻教育实践传统的基础上，根据传媒改革和发展过程中对人才需求的变化，积极调整人才培养方案，内外兼顾强化实践教学。一是通过学院国家级媒体实验中心的建设，着力打造立体化、多层次、开放式实验教学体系，为创新性专业实验教学提供了良好的技术平台；二是发挥国家级大学生新闻教育实践基地的示范作用，组织开展卓越传媒领袖孵化、专业训练营等项目，充分发挥主流传媒在新闻实务和人才培养等方面的资源优势；三是引导学生关注社会变革，积极参与社会实践，做新时代的担当者和创新者。把小课堂扩展到大社会，把书本知识延伸到社会现实，把以传授知识为主的教学转变为以提升能力为主的实践。

2012年暑期，暨南大学新闻与传播学院组织开展了主题为“我行我动·暨南大学中华学子喀什、林芝深度采访行”大型社会实践活动，在广东省委组织部、省委宣传部和广东省对口援建办公室的指导和支持下，喻季欣、陈喆两位老师带领17名队员历时62天，行程上万公里，让学生在社会实践中开眼界、长见识、强作风、学本领，用行动诠释了当代新闻传媒学生“走基层、到现场、在路上”的人才培养理念。

在短暂的采访和调研的时间里，老师和同学们用他们手中的笔和镜头，多渠道地记录感人的故事，多角度地捕捉鲜活的场景，多层次地挖掘民族传统文化的底蕴，多侧面地思考中央援藏援疆工作对于维护祖国统一，促进民族团结，实现中华民族伟大复兴的重要内涵。喀什、林芝深度采访行成为新闻传媒学生观察社会、记录现场、传播影响、参与实践、思考问题、提升自我的练兵场。

他们是观察者——对新闻传媒学生来说，万里之遥的喀什、林芝无疑是重大的事件现场和新闻富矿，观察者不仅需要对新鲜事物的直觉冲动，更需要专业的新闻发现力。他们能够从小细节挖掘大背景，从小事件透视大主题，从小问题看到大社会，涌现出了一批优秀的新闻报道。《爱，穿越戈壁高原》，以生动的笔触记述了徐波、叶璐这对援疆援藏夫妇平凡动人的情感故事；《满腔热血献高原　扎根察隅终不悔》再现了林芝地区察隅农场工作队帮助当地群众脱贫致富的创业经历；《坚守雪域高原的卫士》呈现了红其拉甫边防哨所官兵克服高原反应捍卫国家领土安全的奉献精神……

他们是记录者——喀什、林芝对很多大学生来说都是神秘而遥远的地方，所到之处皆有值得记录的鲜活的人和感人的事。那么，哪些人物更有代表性，哪些故事更有吸引力，可以考验学生对新闻素材的选择能力和对人物、事件的把握能力。他们怀着好奇写出了《万里行知：南疆喀什印象》、《走读绿洲》、《艳遇南迦巴瓦峰》、《318，我心最美》；怀着崇敬写出了《5 100 米的敬仰》、《扎西央宗：三尺讲台就是幸福开始的地方》、《雪山下的守望者》；带着情感写出了《姜维与麦麦提明一家的故事》、《阳光茶馆》、《爱上那位冰清玉洁的姑娘——米堆冰川》、《做经幡的男人》、《今日僜人部落》……

他们是传播者——组织较大规模的跨地域社会实践在暨南大学新闻教育历史上尚属首次，这次去的又是民族地区，师生的言行举止和专业表现直接体现了当代大学生的形象。在两个月的实践活动中，他们用自己的汗水、真情和泪水传播了“厚于德、诚于信、敏于行”的广东精神，展现出能够在艰苦条件下创造性开展工作的精神风貌，赢得了广泛赞誉。同时实践的过程也是传播的过程，在喀什林芝，他们及时通过微博发布队员们行程中新的感知，交流采访中新的感悟，传播走读中新的发现，体现出良好的传播意识和对全媒体的运用能力，大大强化了这次行动的传播影响力。

他们是参与者——社会实践的过程需要观察记录，也需要在参与交流中体验民族地区的生活，感受那里人们的丰富情感。在喀什，师生们报道广州援建工程建设情况，采访援疆干部、医生、教师和工程技术人员，与他们共话喀什广州新城的未来；在塔什库尔干塔吉克自治县达布达尔乡中心小学，他们代表广东猛狮科技捐赠了文体用品，跟孩子们一起唱歌打球做游戏；在海拔 5 000 多米的红其拉普哨所，他们与驻守官兵热情拥抱，给寂静高原带来南国广州的问候；在林芝，他们给希望小学送去暨南大学附小的同学们专门绘制的美术作品，给那里的学生带来节日般的快乐；在有“全国唯一不通公路县”之称的墨脱，他们向县政府捐赠适合高寒地区使用的户外手持探照灯，并和县里的领导和群众共同憧憬墨脱的美好未来。

他们是思考者——喀什、林芝深度采访行，为新闻传媒学子提供了开阔的观察社会的视角和思考新闻工作价值的路径。通过实践体验，他们明白了为什么要“做最富于行动的新闻人”；通过与民族地区群众的交流，增强了对国家的认同感和自豪感；通过走基层，体会到新闻工作者“只有在路上心里才会有时代，只有在基层心里才会有群众，只有在现场心里才会有感动”的现实内涵，了解到用走基层的方式发现新闻，用基层群众的视角采写新闻的必要性。

喀什、林芝深度采访行实现了多方共赢的社会效应——政府宣传了援建工作成就、企业扩大了社会影响、学生锻炼了实践能力、学校提升了品牌形象。这对于丰富大学生社会实践的内容、拓展大学生社会实践的路径、探索新闻传播实践教学和人才培养的创新模式具有积极的示范意义。但创新的价值不是毕其功于一役，更在于坚持不懈地做好每一件事情。我们坚信在社会转型的时代大潮中，以

"我行我动·暨南大学中华学子深度采访行"为主题的新闻传播社会实践活动也将与时俱进，不断更新实践理念，丰富实践内涵，变革实践形态，完善实践激励机制，从而使社会实践真正成为学生成长、成才的驱动器。

张晋升

（作序者为暨南大学新闻与传播学院副院长、教授）

2013 年 3 月

目　录

行走篇：悦读万水千山

微博篇：行程点滴

感悟篇：思考心得

影响篇：媒体报道

采访篇

追寻“广东精神”

爱，穿越戈壁高原

喻季欣

“叶璐，这是一份迟到的生日礼物，它会走过千山万水到你手中。祝你生日快乐！”视频里，一个清瘦的男子，双手捧着一个精美礼盒深情地说道。紧接着，一个3岁女孩欢快地跳入画面，右手举着一块生日蛋糕说：“妈妈，祝你生日快乐！”话音未落，小女孩突然用左手揉起了眼睛，欢快瞬间变成了抽泣：“妈妈，我想你！”

秀丽的叶璐再也忍不住内心的激动，热泪盈眶。我们站了起来，但没有人说话。意料之中的情景，却在每个人心中掀起波澜。

从新疆喀什到西藏林芝——一段3分钟的视频，辗转万里，抵达目的地；一份生日礼物，历时30天，穿越戈壁高原，串起一个美丽的故事……

拍下一段真情，模糊了我们的双眼

今年暑假，暨南大学新闻与传播学院组织“我行我动·暨南大学中华学子喀什、林芝深度采访行”社会实践活动，先后奔赴广东对口支援的新疆喀什和西藏林芝两个地区进行采访。7月3日上午，我们来到喀什地区疏附县人民医院采访广东省第六批援疆工作队队员、该院副院长徐波博士。可能是因为都来自广州，见到徐波我们感到格外亲切，采访非常顺利。

快离开时，徐波悄声问我：“您能帮我带一样东西给我爱人吗？”我一时愕然。

“我爱人叶璐在林芝援藏，刚过生日，我给她准备了一份礼物，想请您转交给她。”

“但我们还有20多天才能到林芝呀！”

“如果邮寄，从新疆喀什到西藏林芝，差不多要两个月呢。”徐波轻声说道。听着徐波不经意的回答，我不由一时语塞。接过徐波早已准备好的礼物，我突然觉得沉甸甸的。

作为医疗技术人员，援疆、援藏的时间为一年半。徐波是广州市第一人民医院普外科医生，2011年2月来到疏附县，现在即将返回广州。叶璐于2012年2月从广东省第二人民医院到林芝援藏，还有近一年的时间。夫妻俩已大半年没见面。夫妻同时援疆、援藏，并不多见。这份礼物，承载着怎样的牵挂和深情呢？

带着礼物回到驻地，我把这事告诉其他老师和同学，大家都被感动了，纷纷出主意：何不用我们手中的摄像机给徐医生拍一段视频，温暖他远方的爱人？

我立即打电话把这个想法告诉徐波。他有些意外，但听得出也很激动。第二天下班后，徐波过来了。从疏附县医院到我们驻地有30多公里，带着一身疲惫，徐波坐到摄像机前，却不知从何说起，拍了三次，都无法完整地拍好。

“对不起，我有些激动，想说的太多了。”徐波有些歉意。

同学们便你一言我一语，和徐波聊起天来。

“您上次见到叶璐是什么时候?”

“半年前。”

“您爱人生日时您都送礼物吗?”

“没有啊，过去在一起，觉得很平常。”

“这次有什么不同呢?”

“太多歉意了。她第一次远离家门，3岁的女儿是她最大的牵挂，每次通电话说到女儿，她就有说不完的话。”徐波眼圈开始发红，“昨天你们说要给我录视频，我和女儿通了电话，女儿说要一起祝妈妈生日快乐。”

这段两分钟的视频，在对话中悄然完成，饱含了徐波对叶璐的深情。这一段真情，同样模糊了我们的双眼。

一腔父爱，流淌在戈壁的大地

7月20日，徐波打电话告诉我他将返回广州，并准备回老家湖北孝感看望女儿。我告诉他，已安排将赴林芝采访的王宝龙同学随同他去拍摄他女儿的情况，到时把视频一起送给他爱人。

宝龙后来告诉我，一天的拍摄中，最让他感动的是徐波与女儿之间的感情变化。父女俩一年半才见了两次，3岁的女儿对父亲已经有些陌生，怎么也不肯喊爸爸，徐波给她礼物，带她去小店买最喜欢吃的甜饼，她都躲在一边。

“这一年多，楚楚都是和爷爷奶奶一起，和我们生疏了。她今年春节后患了中耳炎，发烧5天没退，天天打针，现在看到我这医生爸爸都有点怕了。”徐波说。

徐波很喜欢孩子，也是个非常细心的人。在疏附县医院，有维吾尔族小朋友来看病时，徐波会先和他们玩一玩，甚至把准备好的玩具送给他们。他还资助了两个曾经在这里看过病的贫困家庭的小学生读书，节假日经常带上文具去孩子家看望，和他们建立了深厚的感情。这次离开疏附县时，两个小朋友都甜甜地叫他“爸爸”。可是，今天面对自己的亲生女儿，徐波一直没听到喊“爸爸”的声音。

突然，楚楚说：“我要妈妈。”徐波一听，心里有些发酸。他拨通了叶璐的电话。一听到妈妈的声音，楚楚开心了。不知妈妈用了什么办法，楚楚一会儿就对爸爸言听计从了，拉着爸爸的手，爸爸给她买了玩具，买了她喜欢吃的甜饼，不过她还是不肯叫“爸爸”。

后来得知，叶璐在电话里对女儿说：“爸爸完成任务回来了，不离开你了，你听爸爸的话，就能和爸爸一起回广州了。”

这一年多，一家三口三个地方。叶璐援藏后，奶奶把楚楚带回了老家。楚楚一时无法适应，小病不断，天天闹着要爸爸妈妈。徐波只好在电话里吓唬楚楚：“爸爸这里是戈壁，风沙大，妈妈那里是高原，缺氧，你来了，天天要打针的。”孩子把“天天要打针”的话记在了心上，从此一说起爸爸就哭：“我不打针。”

突然，楚楚转过身来天真地问徐波：“爸爸，妈妈说不要给我打针了，可以回广州了，是吗？”

徐波恍然大悟，紧紧地一把抱住女儿，微笑中，泪花紧紧贴在楚楚的脸上。

共织一篇童话，升华起永恒

8月1日，我们抵达林芝。8月4日晚10点，叶璐做完一个手术后，终于如约来到我们的驻地。她一时不明就里，端坐着，随着视频里丈夫和女儿的出现，那一声声亲切话语的传来，叶璐用双手久久地掩面。

我把徐波托带的生日礼物递给叶璐，她双手接过，颤声说着“谢谢”。“不，要谢谢你、你们一家，谢谢所有援藏、援疆的队员们。”我由衷地说，“你们无私奉献，付出太多。”

“广东援藏援疆已经17年了，我是刚来的，做的还微不足道。”叶璐平复了一下心情，诚恳地说。

“你适应这里高海拔缺氧的生活了吗？”一位男同学问。

“林芝平均海拔3 100多米，从医学角度说，确实对身体有影响。但我们在这里时间不长，大家都希望在短暂的时间里，用自己所长，做点有意义的事。‘缺氧不缺精神，海拔高追求更高’，是我们援藏队员真实的精神面貌。”

“你下班后做些什么呢？”一位女同学问。

“高原不宜多运动，我们都尽量不外出。我平时多在宿舍看书，也喜欢摄影，偶尔会去拍拍风景。”叶璐说，“我还给女儿写日记，虽然照顾不了她，但我想把我的感受和她的变化记下来。我也经常收到徐波寄来的明信片，争取每次都回信给他。”

“多久可以收到徐医生从喀什寄来的明信片？”

“大约两个月吧。”叶璐脸上泛红，“他差不多每个星期都会寄，但我最近收到的，是他六月份寄来的。”

“明信片成了你们的期盼吗？”

叶璐大方地点点头，说：“我们把各自拍的照片做成明信片，每次看到心里都很甜。共同的事业追求和生活磨炼，确实考验了我们的婚姻和爱情。”叶璐神情真切，“援藏援疆作为国家战略，我们都能参加，很幸运。人生虽然漫长，但这样的机会不多，我们都很珍惜。”

叶璐真情的表白，深深打动了我们。

鸿雁传书，在今天这样一个网络时代，似是编织的童话，而这个童话真实地发生在徐波和叶璐这对援藏援疆夫妻的身上，是如此的真切美丽。纵隔千山万水，且要长久地等待，一张张明信片，成为他们最坚固的情感纽带。这份寄托，这片深情，穿越戈壁高原，跨越时空地域，把他们紧紧地连在一起，让爱永恒！

（本文原载2012年9月24日《人民日报》，并于2013年3月获人民日报社与中国作家协会主办的“与雷锋同行”优秀报告文学奖）

闪烁“广东精神”的广东援藏人

——访广东第六批援藏队领队、林芝地委常务副书记李雅林

喻季欣　邢莉莉

2012 年 8 月 17 日，我们在林芝地区长达 18 天的实地采访调研即将结束。12 位队员把广东对口支援的“太阳宝座”林芝县、“冰川之乡”波密县、“中印边境”察隅县、“雪域茶谷”易贡茶场、“僜人故里”察隅农场和“全国最后一个通公路的县”——墨脱县，都扎扎实实走了一圈，对西藏林芝地区的地理地貌、风俗人情、经济发展，尤其是对广东援建情况有了较为直观、整体的体验。每天，大家都沉浸在采访的忙碌中；每天，大家都感动于在“雪域江南”追寻“广东精神”的见闻中。一个强烈的感受在我们心中升起：“厚于德、诚于信、敏于行”的广东精神从岭南大地向着世界屋脊的雪域高原延伸。17 年，广东精神、广东人的实干，改变了林芝的山河面貌，促进了林芝的经济社会发展，提升了林芝各族人民的生活水平。

如何深刻认识广东援藏人闪光的“广东精神”？如何全面理解一批批广东援藏人继往开来、开拓进取的“岭南篇章”？带着采访的感悟、带着求解的热情，我们五位队员和专程前来慰问的学院杨先顺书记、张晋升副院长、新闻系林爱珺主任一行，在林芝地区中心驻地八一镇约见并采访了广东省第六批援藏工作队领队、林芝地委常务副书记李雅林博士。

2012 年 8 月 17 日，暨南大学新闻学院领导和带队老师向广东省第六批援藏工作队领队、林芝地委常务副书记李雅林（右二）赠送锦旗

以“排头兵之志”定位广东援藏工作高标准

“在第六批援藏队员进驻时，广东对口援藏工作已开展了整整15个年头，广东省第六批援藏工作队在进藏伊始时如何定位新一轮援藏工作，提出什么样的总体思路?”一见面，简单寒暄后，我们的提问直奔主题。

人如其名般温文尔雅、戴着金边眼镜、一派学者风度的李雅林书记，说起广东省委、省政府对援藏工作的高度重视，充满激情；说起这近两年的援藏生活和队员们的拼搏干劲，满怀欣慰。

“中央第五次西藏工作座谈会吹响了新一轮援藏工作的号角。2010年在我们进驻后不到两个月，中央政治局委员、广东省委书记汪洋（时任）率党政代表团前来考察指导援藏工作，并提出‘提高目标、加大力度、创新方式、越做越好，当好全国科学援藏排头兵’的重要指示精神。广东省第六批援藏工作队经过认真深入调研，并围绕自治区和地区的经济社会发展战略目标，提出了‘立排头兵之志、践排头兵之行、创排头兵之业，再创广东援藏新辉煌’和‘打造强农惠农、经济强地、社会民生、平安和美四大工程’的总目标，明确了‘围绕强农惠农，抓小康示范村建设和边远县场脱贫解困；围绕做大做强经济总量，抓特色产业培育和招商引资；围绕促进商贸旅游业大发展，抓城镇化建设和基础设施建设；围绕社会民生，抓藏粤广泛交流；围绕民族团结，抓文化软实力建设’的工作思路。”李雅林直抒胸臆介绍道。

新思路、高标准。李雅林进一步介绍：“朱小丹省长对做好援藏援疆工作提出了‘以民生援建为龙头，产业援建和智力援建两翼齐飞’的要求，围绕标准和要求，根据先期编制的《广东省对口支援西藏经济社会发展规划（2011—2015)》，我们紧扣林芝经济社会发展的总目标，突出重点，发挥广东优势，以机制创新推进全面工作。”

以“谋划”和“把关”探索援藏工作新机制

相比于往批的援藏和其他省市的援藏工作，广东第六批援藏队呈现出一些新特点，其中较为突出的是广东投入的资金量为各省市之首，钱多好办事。然而，对援藏工作来说，更重要的是如何把钱用在刀刃上，会花钱，花好钱，始终把加快林芝经济社会发展作为要务。广东第六批援藏队在援藏干部基本没有增加的前提下，如何应对资金量增加而导致的任务加重，真正实现以发展为第一要务?

“我们这批援藏资金达11.75亿元，加上我们争取到的计划外的资金和物资2.05亿元，共计13.8亿元，工作量非常大，任务很重，而援藏干部人数只比第五批增加了5个人，面对此种情况，我们该怎么办?这的确成了令人很头痛的事情。我们的应对做法概括起来，就是创新机制。”李雅林快人快语说道。这快速中，体现的正是第六批援藏队工作的新开拓。

"首先是创造性地按照干部统筹、资金统筹、项目统筹的'三统筹模式',打破以往'一市对一点'的分散做法,把资金、项目、干部的分配权收归省援藏队,统一指挥和管理。根据实际情况,援藏队将资金和项目进行切块分配,保证资金向农牧民、向农村基层、向产业造血倾斜,改变了过去'项目跟着干部走、资金围着人情转'的情况,使援藏工作谋划得更长远。"

"其次是实行了'交支票'与'交钥匙'相结合的项目实施方式,使得'十二五'时期交支票工程项目达66%,第六批三年为60%,极大地调动了受援地各方的积极性,同时我们援藏队更多地将注意力集中在'谋划'和'把关'上,就是将项目的前期规划和实施监管落实到位。"

说起这个"谋划"、"把关",李雅林特别强调:"我们通过创新资金调配、编制滚动预算的方式,以最小的启动资金撬动最多项目的开工建设,应对援藏资金拨付程序和援藏三年项目建设期紧张的困境。此外,我们还在实践中建立对建设项目的全过程监管制度,通过严把规划编制、严格项目审批、实行限额设计、规范项目实施、实行国库集中支付等程序,使项目监管从局部监管转向全过程监管,加强建设项目的绩效评价和财政监督,确保建设项目资金专款专用并厉行节约,促进了项目建设社会效益和经济效益最大化。"

"谋划"是部署,"把关"是导向。如同两条轨道,呈现出广东省第六批援藏工作队机制创新的前行路径。

以"特色旅游产业"打造林芝发展大品牌

对广东援藏队队员们来说,在改革开放前沿的亲身实践和经验积累,化作了在林芝发展中的重要启示。这就是对发展与环境的全面重视,是科学发展、可持续发展。而在这一模式的发展中,如何抓住林芝的特色,体现生态文明建设的重要思路,成为广东省第六批援藏工作队创新的基点,也是李雅林心中十分记挂的原则。

作为心理学博士,李雅林用了一个形象的比喻:"生态也有心理,就是整个生态环境的相互依存和繁衍。"他以开阔的思路深入介绍道:"林芝拥有世界屋脊上完整的原始森林,无疑,这里拥有世界一流的自然风光和绝无仅有的民族文化,但生态很脆弱,只能发展'无烟产业',这是林芝也是整个西藏的特点,这也决定了林芝的旅游业大有作为。"

谈起发展林芝特色旅游产业,李雅林话语滔滔:"我对发展林芝的旅游业提了'三句话',分别是'站在高度看旅游,身在旅游抓旅游,跳出旅游促旅游'。站在高度看旅游,是指充分认识旅游业在林芝产业布局中的重要性,要以旅游业为龙头,坚持旅游业发展同保护生态共同进行,要高标准规划旅游项目。身在旅游抓旅游,是指抓好景区建设等'硬'设施建设和旅游推介、旅游从业人员培训等'软'设施建设。跳出旅游促旅游,是指必须看到旅游业繁荣不是一朝一夕之功,要加大小城镇建设和基础设施建设的步伐,才能最终激活旅游业发展的潜能。”

为发展林芝旅游产业，广东省委省政府下了大决心，花了大力气，林芝县鲁朗国际旅游小镇建设便是代表，现已成为西藏旅游景点建设的闪光点。

“围绕这三句话，我们具体的措施是：以鲁朗国际旅游小镇建设、八一镇福清河景观带改造、湿地公园建设、波密县城民族特色化改造和察隅县僜人村改造等项目为节点，集中力量重点打造藏东南‘四点一线’精品旅游线路格局，以城镇化建设推动商贸旅游业。通过布局，全面盘活林芝东线旅游，为今后打通滇藏旅游环线、繁荣藏东南旅游业、建设世界重要旅游目的地打下基础。”

以特色旅游产业打造林芝发展大品牌，可谓是广东省第六批援藏工作队团结一心演的重头戏、精彩剧。在他们的努力下，已引进中旅集团、保利集团、珠江投资和恒大地产等广东知名企业参与鲁朗国际旅游小镇建设，签署总额超过25亿元的投资合作意向书。与此同时，援藏队加大旅游推介力度，组建林芝团参加2010世界旅游日全球主会场庆典暨中国广东国际旅游文化节活动，在广东举办林芝地区旅游推介会、“大美波密·冰川故乡”、“寻找中国最美春天”、“广客西藏行”等10多次大型旅游推介活动，极大地提高了林芝旅游在国内外的知名度，进一步带动了林芝乃至西藏四季旅游业均衡发展，进一步树立了“畅游西藏，从林芝开始”的品牌。

两年来，林芝旅游产业发展收到了实实在在的成效。2011年，地区旅游人数突破183万人次，实现旅游收入13亿元，分别比2009年的110万人次、8亿元增长66.4%和62.5%。

以“民生为重、富民优先”开创幸福林芝新格局

作为国家战略，援藏有力地推进了我国发展的平衡与协调格局，作为17年援藏最真切的成果，是林芝地区日益呈现的崭新面貌，也是林芝人民日益接近小康的幸福梦想。

对此，李雅林心中同样充溢着幸福感。他介绍，广东第六批援藏队从谋划思路开始就始终将注意力放在基层，切实使制订的规划、推动的工作符合中央“向农牧民倾斜、向基层倾斜”的要求，以广东省省长朱小丹提出的“民生为重、富民优先”为援藏工作首要原则，把民生援藏作为龙头。

广东第六批援藏三年内计划投入的财政资金为11.75亿元，援建项目133个。其中，属于产业建设的为6.4亿元，占55%；项目在县以下基层的为7.4亿元，占63%；直接解决民生问题的为4.7亿元，占40%。在审核各省市援藏规划的过程中，国家相关部委和省区相关部门认为，这一规划设计布局合理、科学、规范，体现出广东援藏规划编制工作的高质量、高水平。

李雅林介绍，相比于产业“硬援藏”，广东的智力“软援藏”也富有创新和成效。这主要体现在“两个突出”上：一个是突出维稳大局抓文化建设，通过增强文化软实力抵御境外不良思想文化侵袭；另一个是突出发展基础，抓培训交

流，使人才队伍建设和社会民生事业向纵深发展。

“文化建设方面，我们推动成立了西藏第一个县级文联——波密县文学艺术联合会，促进汉藏文化交流合作，推动文化下基层，进农牧区；投资100万元创建林芝县电视台，并将该台建设成宣传党的路线方针政策和丰富地方群众文化生活的重要阵地；投资100万元购置察隅县电视台新闻节目制作和自动化网络播出两大系统相关设备，提升县电视台的制作和播出效果，增强边境县场抵御境外文化渗透和侵蚀的能力；投资3 300多万元建设波密县群艺馆一期、二期工程，建设数字电影院、演艺厅、排练厅、民俗文化博物馆、藏王文化展览馆等公共文化设施；投资160多万元对易贡茶场将军楼等红色遗迹进行维护；投资100万元建设察隅农场文化活动中心，使基层和偏远山区群众都能享受到公共文化服务；投资1 000多万元用于加快林芝地区有线电视整体转换首期工程建设；投资200万元用于《林芝报》改版升级和彩印彩编系统建设。”李雅林对这两年多来智力“软援藏”的投入和成效如数家珍。

“要保持林芝的可持续发展，关键还要加快培养林芝的人才，不断提升群众的文化素养。为此，我们围绕提高地区人才队伍综合素质，研究制定人才培训工作规划，设立专门人才培训基金，开辟‘广东援藏论坛’，显著地提高了林芝地区经济社会发展的软实力。两年多来，共举办各类人才培训班117个，其中区外培训班76个，区内培训班41个，培训各类人员7 604人次，内容涵盖教育、卫生、财会、旅游、司法、环保、科技等各个门类，受训者包括公务员、村官、专业技术人才和农牧民等各类人员。举办自治区首次公务员面试考官培训、地区历史上规模最大的会计培训、地区首次胎儿畸形筛查培训等，切实加强对林芝地区急需人才的培训力度，社会反响强烈。推动人才培训工作实现‘两个转变’：即一般人才培训向急需人才培训转变，一般交流向能力培训转变。有了这两个转变，不断促进林芝发展、不断提升林芝人民的幸福感，就有了新的保证。”说完，李雅林不禁开怀朗笑。

这确实是值得欣慰的，我们深为感动。把援藏工作当作人生事业，把林芝人民的幸福作为理想追求，一批批广东援藏队队员们身心付与，第六批援藏队队员们奋力创新，真正以“立排头兵之志，践排头兵之行，创排头兵之业”，为“广东精神”增辉添彩！

“您能用一句话来概括广东第六批援藏队的总体工作吗？”我们不由得向他再次发问。

“哈哈，既见物质，又见精神，更见水平！”李雅林一阵开怀后，话锋一转又说道：“现在还没到总结的时候，到明年这个时候，我希望我们每个援藏干部都能掷地有声地说一句：我为树立广东援藏‘排头兵’形象而无愧！”

（感谢广东援藏队志愿者杨伟文对本文的贡献）

满腔热血献高原　扎根察隅终不悔

——广东第六批援藏队察隅工作组队员生活剪影

余虹姗

“这两天要下乡一趟，可能会没信号，你们别担心。”援藏工作队干部张智乐在临行前给家人打电话时，显得很淡定。“家里人也不会很担心，早就习以为常了，‘失踪’几天是在这边工作的常态。”他开着玩笑，聊起了在察隅的援藏生活。

广东第六批援藏干部在2010年7月到岗，至今已经两年了。

援藏两年，有一年的时间在路上颠簸，泥石流、山体滑坡、大雪封山、塌方是这里常有的情况，还经常停电、停水、停油，人在这里，几乎过着完全与世隔绝的原始生活……

这差不多就是察隅援藏工作组队员的生活缩影。

在察隅，见识什么是天路

“天呐！这也叫做路！”这是援藏工作队下乡考察时对天路的新诠释，虽是玩笑话，却道出了道路的崎岖与险峻。

察隅，是林芝地区7个县中最偏远的县，地处藏东南，南与缅甸和印度接壤，边境线长达588公里，平均海拔2 300米，因其独特的亚热带气候被称为“雪域小江南”。

从波密到察隅，295公里的距离，我们开车加步行，折腾了近10小时。一路翻山越岭，颠簸之余，尘沙漫天飞，一会儿晴空万里，一会儿乌云密布，一会儿暴雨来袭。由此看来，果然是“一山有四季，十里不同天”。由于察隅地区天气变化莫测，加上山体疏松、脆弱，一遇风雨或冰雪融化，极易发生泥石流和塌方，交通中断是常有的事。

“你们走的是察隅县最好的一条路，相比我们2010年刚到察隅时，可以算得上是康庄大道了。”谈起察隅的路，广东援藏干部、察隅县县委副书记张智乐十分感慨。回想两年前他们进察隅时，察隅刚刚遭遇了百年不遇的雨雪大灾害，道路泥泞又崎岖，还要担心山上的落石，所有的援藏干部在车里，半天不敢说一句话，这样整整行驶了一天一夜。

现在，大家都习惯了走山路、烂路，一下乡就是几天几夜，有时长达几个月。

察瓦龙乡是离察隅县城最远的一个乡，200公里左右的距离，通路的时候需

10 小时的车程，路又烂又险。到了秋冬季，冰雪封山，路完全不通，原本 200 公里的行程一下子拉伸到了 2 000 公里。“这时下乡需要从云南绕行，光是路程来回就要 12 天，所以我们一下到基层基本就是两三个月。”

“去察瓦龙乡的路是我这辈子走过的最惊险的路，我们所有的人都去过那儿。”广东援藏干部、察隅副县长张鸿君现在想起来还心有余悸。

距离察瓦龙乡还有 40 公里左右时，路越来越险。远远望去，越野车就像是在山崖边上蠕动前行的小虫。那不到 3 米宽的路基实际上是片石垒起来的，旁边就是三四百米的悬崖，悬崖下面是奔腾咆哮的大怒江，最要命的是山上还不断有碎石滑落。“有一次，一块大石掉下来正好擦到我们车的保险杠，大伙都吓傻了，感觉心脏差点就跳出来了。”张智乐说他当时就发誓再也不走这路了，没想到后来还去了好几次。

这种路也不能快速通过，路太狭窄，临近转弯处，前方看到的都是悬崖，如果车速过快，稍有不慎，碾到的碎石随时会让车偏离道路直落悬崖，当地司机有句保命俗语：“宁可撞山，不可掉江。”据说凡是掉江的，连遗体都找不到。

“这时候我们只有念叨阿弥陀佛，把自己交给命运。”走过无数次险路的援藏干部们，对此都深有体会。

在察隅，知道什么叫艰苦

“广东省从 2002 年第三批援藏开始，对口支援察隅县，比林芝地区其他县晚了整整 7 年，历史原因造成察隅县各项工作起步晚、起点低、基础差、底子薄。同时，由于道路交通、通信设施以及自然条件、经济基础差等因素制约，察隅县经济社会发展严重滞后，农牧民生活条件十分艰苦。”这是援藏工作纪实报告中对察隅县进行客观考察后的结论。

察隅虽是县行政级别，但绕着最繁华的察隅县城走一圈，也只需 10 分钟。医院、办公楼、小学、边防部队、商铺、菜市场七零八落地挤在一起，这些建筑大部分都写着广东某市援建，这些字样会告诉你，如果没有广东援藏计划，那很可能就没有这座县城。

援建之前，这里几乎看不到现代生活的影子。

主抓农牧技术的援藏干部张冠儒坦言，初到察隅时被这里的农牧业状况震惊了，技术基本还停留在 20 世纪五六十年代，有很多偏远的片区连化肥、农药都没有听过，真正的靠天吃饭。

虽然这些蔬菜粮食是纯天然、无公害的，但是产量却很低，到了冬季，蔬菜十几元一斤，大部分人家是吃不上蔬菜的。“那时候我的压力特别大，一方面由于初来乍到不适应新的工作环境，另一方面是工作压力大：如何在语言都不通的情况下教授农业知识？如何改变他们的农牧观念？”张冠儒说他刚来的时候，心理落差很大，天天都在思考这些问题，却感到无从下手。

除了开展农牧业工作艰苦之外，当地的医疗条件也很艰苦。小县城里有一栋三层高的建筑，如果不是门口挂着“察隅县人民医院”的牌子，路过的人很难发现这竟然是一所医院。

里面的医疗设备和医务人员都相当匮乏，援藏医疗干部朱荣辉正在给病人开药方。他说，这里的医生和护士总共才十来个，所有的药品和医疗设备全是从外面运进来的，连氧气罐都是从八一镇长途运输过来的，成本相当高昂。

“进来这里，不是生，就是死。”这是朱荣辉医生常挂在嘴边的话，有些夸张，但足以说明这里残酷的现实条件。“有时候遇到道路塌方，这里的病人不能送到外面救助，外面的药品、医疗设备都进不来，只有眼睁睁地看着病人死去……这让我心里很难受。”朱荣辉医生口气里夹杂着些许无奈，他们不是输给了病魔，而是输给了落后的交通。

交通的不便利还使得下乡调研的工作异常艰苦，有的小村庄不仅坐车到不了，连骑马也到不了。“那些光秃秃的山，到处都是碎石，路很窄，只有步行，让马驮着东西走。”聊到下乡，张鸿君就觉得那些艰苦岁月不堪回首，“三四十公里的山路，整整走了两天两夜，大伙脚底都磨起了水泡，走得太久倒也不觉得疼了”。

到了冬季，大雪封山，光缆一断，停水、停电、停汽油，一停就是大半个月，只有通过部队里的应急卫星电话与各乡镇取得联系，给自己的家人报平安。然而，这帮援藏干部的家属们，对他们时常“失踪几日”的情况习以为常了。

在察隅，懂得什么是奉献

山迢迢，水迢迢。在这高山峡谷之间，一个个不通电、不通水、与世隔绝的村庄，因为这些援藏干部的乐观坚守、无私奉献，正在发生着深远的变化。

“我们到这里不只是盖一座楼、修一条路，我们想扶助当地的农牧民过上富足的现代生活。”张智乐说，授人以鱼不如授之以渔，“智力援藏”的启动加大了对当地人才培养的力度，“请进来，走出去”的方式也让当地农牧民切实感受到“外面的世界很精彩”，而在未来的察隅，生活也许可以变得同样精彩。

而援藏工作队现在的生活除了惊险、繁忙、工作之外，还有许多寂寞和孤独。

察隅的夜晚很美丽，漫天繁星闪闪，却没有家人陪伴共赏美景，有的只是床头柜旁家人的照片。援藏干部们坦言有时倍感寂寞：“下班后，吃完饭大家一起散散步，聊聊天，回到公寓里上上网，给家人打个电话，便休息了。”特别是到了冬季，停电、停水、停油，完全是与世隔绝的原始生活，“那日子要多难熬有多难熬”。张鸿君忍不住感叹道。

张智乐想起察隅县老县长说过的一句感慨，自己现在也是深有体会——“能待在这里就是一种奉献”。

“但察隅，确实是一个值得为之奉献的地方。”两年来，援藏干部们对察隅早已有了深厚的感情，这里的每个村庄乡道都有他们踏过的足迹。冬季水结冰了，干部们就和老百姓们一起接屋顶化了的雪水喝。当地的农牧民还会热情地请他们到自家饮酒做客，请人饮酒是藏族人感恩的一种方式。

“这里离八一‘组织’最远，这里的条件很艰苦，这里的路很艰险，但这里的援藏工作队队员的精神状态最好，最团结，最积极。”这是广东援藏领队李雅林到察隅视察时，发自肺腑的赞美与佩服。“缺氧不缺精神”是广东援藏队的口号，而察隅工作队的精神就表现在生活的点点滴滴里，他们乐观、积极、团结。

所有的援藏干部都住在一栋楼里。援藏公寓地方不大，但很干净，院子里有一圈靠着围墙的小菜园子，里面还有几株茶树，正开着花。张智乐说，这是他亲自从广东带过来的种子，有芥蓝、油麦菜等，空闲的时候就种种菜、种种花，他很享受这种田园生活，“如果试种成功，就可以引进到这边教农民进行大棚种植”。

院子角落有一些简单的烧烤工具。“我们的生活很简单，偶尔会在这里烧烤联欢，自娱自乐。”张智乐眼睛又眯成了笑眼，“要知道，在这里待的时间长了，看牦牛都觉得它是双眼皮的。”几句话逗得大家哈哈大笑。

公寓一层是大家的食堂，饭厅里只有一张大圆桌，旁边就是厨房，盘子里还放着洗好的青菜。虽然有专门的厨师，但干部们还是经常自己下厨，农牧局局长张冠儒是大家公认的好厨师。这个援藏大家庭有个玩笑似的规矩——没有特殊情况，每餐必须按时回公寓吃饭，如若不然，罚款 100 元——“如果真的要罚钱，朱荣辉是被罚得最多的一个，医院事情比较多，他经常不能按时回来吃饭”。

朱荣辉是技术干部，也是察隅县的名人，走在街道上，一分钟之内就有五个人跟他打招呼，人们都亲切地喊他“朱院长”。由于察隅条件艰苦，很少有医务人员愿意留下来。按照规定，技术干部是一年半轮换一次，朱荣辉却自愿申请在察隅多待一年，在县人民医院挂职副院长，“这里有很多医疗项目刚刚起步，想等项目成熟再回去，也舍不得这里的人”。他手机里全是病患的照片，每几个月还要一路颠簸，下乡义诊，整个察隅县的人都知道他。

志愿者小谭是一位活泼开朗的广东女孩，个子不高，常常说自己是“编外人员”，本来 2012 年志愿期满便可以回到内地，但她却选择留下来与这第六批援藏干部共进退。“这里很缺人，这里的人也很需要帮助，而且这个大家庭让我觉得很温暖。”她觉得察隅是她一生都难以忘怀的地方。

虽然高负荷的工作让干部们都患上了“心脏肥大综合征”，虽然漫漫长夜里会思念远方的家，但他们从来没有对自己的付出后悔过。

“特别能吃苦，特别能奉献，特别能忍耐，特别能团结，特别能战斗”，这是老西藏精神，也是察隅援藏工作队正在传承和践行的精神。

因为他们知道，既然选择了援藏，便选择了风雨兼程。

千古秘境做万古文章的人们

——林芝县广东省第六批援藏工作组工作创新纪实

喻季欣

西藏，对不少人来说，是千古秘境；但对广东援藏队的队员们来说，西藏是他们的第二故乡，他们肩负着党和人民的使命，与西藏各族人民一道，撰写着中华民族永续发展的万古文章。

援藏，对不少人来说，也许还有些陌生，但对西藏人民而言，却如同蓝天白云看得见，如同哈达经幡摸得着。

在雪域高原创“排头兵”业绩

这是广东省第六批援藏工作队林芝县工作组自2010年7月进藏两年来所创造的业绩：全县GDP年均增长18%，财政收入年均增长15%，农牧民人均纯收入年均增长15%，共累计完成固定资产投资14.04亿元，招商引资到位资金完成3.07亿元。2011年，林芝县GDP完成33.3亿元，财政收入完成5 115万元，农牧民人均年纯收入达7 542元，实现了“十二五”开门红。在2011年林芝地区年终考核中，林芝县一洗往年综合排名第四名、第五名的颓势，荣获了第一名的骄人成绩。

对真真切切的数字和点点滴滴的变化，林芝县各族干部群众动情地说：“广东援藏，援在我们心坎上!”

2011年8月，时任西藏自治区党委书记的张庆黎这样评价广东援藏工作：“领导重视程度最高、工作力度最大、干部表现最好、效果最显著。”

采访中，广东省第六批援藏工作队领队、林芝地委常务副书记李雅林同志坚定地告诉记者：“援藏工作是国家战略部署，我们理应做好。广东省委省政府对此高度重视，受到西藏各族人民的衷心爱戴，我们做了应该做的工作。我们的工作总要求就是：‘立排头兵之志，践排头兵之行，创排头兵之业，再创广东援藏新辉煌。’”

林芝县广东省第六批援藏工作组组长、县委书记蔡家华动情地表示：“援藏工作是党和人民赋予我们的使命，我们只争朝夕，为的是不辱使命，一切为了西藏人民!”

让我们走进林芝，去感受林芝县援藏工作组队员们的工作和生活，他们的使命与情怀。

以生态文明引领林芝经济发展

2012 年 11 月 8 日召开的党的十八大，首次明确提出把生态文明建设提升至与经济、政治、文化、社会四大建设并列的高度，列为建设中国特色社会主义的“五位一体”的总布局。这一崭新的时代精神，给了林芝县广东援藏干部们极大的鼓舞。在深入学习党的十八大报告，研究如何贯彻落实党的十八大精神会议上，林芝县援藏干部们深有体会，对在林芝县两年多来的工作充满了自豪与自信。这一切，还得从他们来林芝开展援藏工作说起。

2011 年 3 月 28 日晚，在办公室看过中央电视台一套《桃花深处有人家》的专题片后，蔡家华终于舒了一口气。林芝县第 9 届桃花文化旅游节以前所未有的盛况举行，这部专题片把三月林芝桃花盛开、人民安居乐业的崭新景象呈现在世人面前，林芝“生态旅游”品牌擦亮了，“旅游兴县”共识达成了。

2012 年 3 月，林芝县第 10 届桃花文化旅游节再次盛大绽放。西藏自治区政府主席白玛赤林亲临开幕式，中央电视台、广东卫视、西藏卫视、新浪网等 70 余家新闻媒体慕名而来，林芝万众瞩目。

林芝地区有句著名的广告词：畅游西藏，从“林”开始。

这一字双关，既形象地描绘了林芝地区和林芝县的旅游美景，又生动地表述了从低到高适应西藏高原环境的渐进过程。

而这，也正是以蔡家华为首的 7 位林芝县第六批援藏工作组队员来林芝县后，深入思考和谋划发展的立足点。

援藏前，蔡家华是东莞市市委副秘书长。从东部沿海发达地区到雪域高原西藏，蔡家华深感使命在肩。

为尽快掌握县情，确定工作思路，蔡家华忍受着刚到高原胸闷头痛、心慌气短、血压升高等身体不适，带领调研组日夜兼程，连续 40 多天深入全县 4 镇 3 乡、33 个县直单位和半数以上行政村以及 100 余户农牧民群众家中，听取汇报、召开座谈会、倾听干部群众的呼声。

在偏僻的村寨，蔡家华看到了原始的经济生活方式，也被优美的自然风光、独特的藏族文化和丰富的民俗风情深深打动。

圣洁宁静的雪域高原，是人间最美的净土。如何永葆这生态环境的优美，又能改变林芝县仍以农牧业为主的自给自足的经济状况，提升人民的生活水平？蔡家华深思着。

全国第五次西藏工作座谈会上，中央确立“把西藏建设成为世界重要旅游目的地”。蔡家华深入领会这一精神，在各种场合和干部群众探讨交流，多次召开县四大班子联席会议进行研究，终于使大家统一了认识：转变林芝经济发展方式，在于大力发展生态旅游业，走“旅游兴县”发展之路。

很快，林芝县“力求实现 7 个转变”的经济发展思路出台了，这 7 个转变中的重点是：加快农牧业现代化建设步伐，在提高农牧产业效益上求转变；加快生态旅游业建设步伐，在培育支柱产业上求转变。

很快，全县“谋发展、求富裕、促和谐、树新风”的4项任务明确了，力争实现“经济宽裕、发展持续、社会和谐、文明先进”的4项目标制定了。

风景绝美的鲁朗国际旅游小镇项目构想横空出世了。

这构想一经提出，立即得到广东省第六批援藏工作队领队和林芝地委、行署领导的充分肯定，受到广东省委、省政府和西藏自治区党委、政府领导的高度重视。广东省委副书记、省长朱小丹先后9次召开专题规划汇报会和协调会，关心项目进展，指导项目各项工作。2011年，该项目被自治区确定为西藏和平解放60周年广东援建献礼项目。2012年3月30日，广东省省长朱小丹和自治区主席白玛赤林亲自为项目奠基，并将此项目定为广东第六批援藏重点项目。

2012年8月6日下午，记者与蔡家华和援藏干部、分管鲁朗至米瑞旅游环线工程的林芝县副县长陈杰文来到施工现场，蔡家华深一脚浅一脚在泥泞中了解施工情况，声声叮嘱工人们在施工中保护好环境，他动情地说：“我们在做前人没有做过的事业，更是在千古秘境做万古文章：要永葆林芝生态优美，永续中华民族发展!”

为了环线这个项目，从调研至线路选定，陈杰文先后7次骑马和徒步穿越海拔4 700多米的德木山脉，深入考察。为了争取项目能够尽快通过审批，陈杰文又带着林业、交通、环保等部门人员到拉萨去跑各部门，争取相关部门的支持。他说：“为了建设好鲁朗，再苦再累，心里也是甜的。”

有一个细节，也许能帮助我们进一步理解蔡家华和广东援藏干部们这一腔深情。林芝县有处著名风景，叫措木及日冰湖，一次蔡家华和旅游局的同志考察过后，认真地说：“这湖太美了，应该加一个字。”大家一时没理解他的用意，他充满诗意地说：“加个蓝字，措木及日蓝冰湖。”一字之增，提醒了大家。细看，蓝天白云映衬下，措木及日冰湖确实水蓝如天，分外妖娆。人们深为蔡家华道出的一字之意所感染。蔡家华说：“林芝太美，蓝天白云举世无双，这个蓝字会永远提醒我们珍爱家园，珍爱西藏的一草一木。”

以生态文明统领林芝发展是林芝县广东援藏干部们的共识，也是他们谋划林芝发展的明确指导思路。

创一个林芝品牌惊艳世界

提出建设鲁朗国际旅游小镇，是林芝县“旅游兴县”的历史性跨越，承载了林芝县广东援藏组队员们的光荣与梦想。

鲁朗国际旅游小镇的构想，犹如杠杆支点，撬动了林芝：它不仅自身风景秀美，也以其独特的位置串起了林芝众多世界级景观，包括雅鲁藏布大峡谷、色季拉国家森林公园、尼洋风光、世界柏树王等，展示出鲁朗不可限量的前景。

而对林芝县这一历史性的开发和建设，林芝县广东援藏组队员们想得很多很多。林芝、西藏，不仅以圣洁的地域环境，也以敏感的社会环境备受世界瞩目。

鲁朗只是林芝一个小镇，它的开发建设受到广东和西藏两省区领导如此高度重视，作为县委书记，蔡家华体味到其中深蕴的价值与意义。站在鲁朗花海溪边，远眺南迦巴瓦峰云绕雾掩的冰山，蔡家华顿觉心潮澎湃，激情燃烧。

蔡家华书记（右一）在鲁朗五寨工地检查工作

“把鲁朗置于西藏整体旅游环境布局，以建成世界旅游目的地为规划目标。”林芝县援藏组队员们深刻领会广东省委、省政府和自治区党委、区政府的精神，团结一心，拧成一股劲，开创性地工作。

广东援藏干部、林芝县委副书记、常务副县长邹健华感怀地说：“我们要努力破除人们对林芝旅游的认识误区。林芝生态优美，是‘西藏江南’，我们在这里所做的一切，是为了林芝长治久安，也是为了林芝跨越发展。”广东援藏干部、林芝县委副书记周雨霖充满诗意地描绘：“鲁朗属于林芝，属于西藏，也属于世界。我们唯有把它建设得更美好！”

林芝县委县政府请来了世界知名规划团队——北京大学中国城市设计研究中心，对鲁朗国际旅游小镇的总体规划、概念性建筑及景观规划进行总体的规划设计。以改革开放前沿敢为人先的气概，确立以“政府主导、企业参与、市场运作、互利共赢”的开发方式，以1.15亿元援藏资金为引领，积极引进社会资金参与建设。在广东省委、省政府和自治区党委、区政府的支持下，两省区的环保厅、住建厅、林业厅等相关职能部门积极参与到鲁朗国际旅游小镇项目建设中来，为项目建设提供支持。知名企业保利集团、恒大集团、珠江投资和广东中旅、西藏雅鲁藏布旅游开发有限公司等，也纷纷踊跃投资，预计带动社会资金投入近20亿元。

鲁朗如火如荼的建设，迅速成为林芝县社会经济工作的突破口。林芝的干部群众知道，这是以蔡家华为首的林芝县第六批援藏工作组依据林芝县实际而建立的创举，他们富于创新的思路、勇于创业的行动，成为林芝县巨变的强劲驱动力。

2010年12月，在鲁朗项目的前期考察中，因要及时上报鲁朗至米瑞环线情况，蔡家华全然不顾当天大雨滂沱、寒风凛冽，硬是徒步走完鲁朗至米瑞环线长达40公里的山路，直走得双腿抽筋。回到县城后，他又带领大家在办公室连夜研究情况，第二天再赶到地委、行署汇报。“没有蔡书记这股拼命三郎的精神，鲁朗项目，包括林芝的发展，都不会有今天这样的成效和速度。”一次次陪同蔡家华在鲁朗项目建设中奔走的陈杰文感慨地说道。

从“旅游兴县”设定支柱产业思路，到鲁朗项目形成新平台，蔡家华和队友们很快又提出了“力求实现四个突破”的援藏工作思路，按照这一思路，提出了以“一镇一线一桥一湖七村”为支撑的旅游产业发展思路。这“一镇”就是鲁朗国际旅游小镇；“一线”就是鲁朗至米瑞精品旅游环线；“一桥”就是米瑞雅江大桥建设，届时将串起林芝大部分世界级景观，形成旅游大环线，形成藏东南旅游整体新格局；“一湖”就是措木及日蓝冰湖；“七村”则是推进乡村旅游的七个小康示范村。

这是一个前无古人的构想，是堪称世界级旅游目的地的大手笔。

这一切，基于中央第五次西藏工作座谈会提出的要把西藏建设成为“重要的中华民族特色文化保护地、重要的世界旅游目的地”的战略定位，以及自治区“十二五”规划中提出的“逐步把西藏建设成为生态环境优良、文化魅力独特、社会文明和谐的重要世界旅游目的地”的发展思路，从而创建出“畅游西藏，从‘林’开始”的林芝世界旅游目的地新品牌。

蔡家华和他的援藏同事们，将以他们的亲历，创造雪域高原的一个历史巨变，惊艳世界。

把心融在农牧民身上

林芝美丽神奇的风景令人叹为观止，但高原缺氧的环境和艰苦的生活条件也让人望而却步。

10余年前，当蔡家华第一次踏上西藏时，他曾因高原反应几乎中断旅行当日乘机而返。回想起那次记忆，蔡家华说当时恨不得猛撞墙壁来减轻头疼欲裂的感受。

“那您怎么还会来援藏？现在还有高原反应吗？”记者问。

这勾起了蔡家华满腔感慨：“我是共产党员，服从组织安排是天经地义的。”接着，他笑了笑：“现在已无大碍。”

这是记者在采访中听到的故事。下乡调研期间，蔡家华因为不适应高原气候，经常出现胸闷、气喘等反应。大家劝他少出门，他坦然地说：“这里是我的工作舞台。缺氧不能缺精神，时间短志不能短！”

望着眼前蔡家华健硕的身姿，听着他开朗的话语，记者相信：一个内心坚毅的人，迎难而上一定是他的座右铭。

林芝县最偏远的扎曲村和门仲村，位于雅鲁藏布江大拐弯处，是门巴族的聚集地，交通闭塞，生产、生活条件都非常艰苦，里面还居住着一直不肯搬迁的

27 户群众。得知这一情况后，蔡家华和当地干部跋山涉水，徒步进入大峡谷。走过这里的人都知道，这条山路有 50 多里，到处是悬崖峭壁，有些路段不仅要攀岩才能过，还随时会发生泥石流和滑坡，十分危险。蔡家华大手一挥就上了路，硬是用 13 个小时走进了村。朴实的村民们听说县委书记要来，都自发打着火把、手电，背着青稞酒、酥油茶徒步 10 余里山路前往迎接，要看看县委书记是什么模样。

在村口，他双腿已累得无法动弹。见到门巴族乡亲，蔡家华坚韧地站起来，向大家嘘寒问暖，乡亲们抓着蔡家华的大手紧紧不放。在得知 27 户群众主要是由于老人不肯离开熟悉的生活环境不愿搬迁时，蔡家华和村干部促膝长谈，抵足而眠，深入了解了当地群众的生产生活情况，给每个村发放了 2 万元慰问金。乡亲们对县委书记有了真切的认识，蔡家华的爱民亲民形象在全县农牧民群众心中也越发伟岸和高大。

从 2010 年 11 月到 2011 年 6 月，蔡家华带领县委班子成员开展困难职工群众疾苦大排查，共排查出 53 户特困户，193 户困难家庭。他安排部门和领导干部一对一帮扶，同时组织开展慈善募捐，建立救助苦难群体的帮扶机制，切切实实为困难群众谋福祉。

大坝村是一个从昌都集体搬迁过来的村子，有 572 人，90 户人家，居住的都是康巴人，以前以放牧为生，搬迁过来后要学习种植，与当地社会融合比较难。蔡家华高度重视大坝村问题，先后 20 多次召开县委常委会、党政联席会议、政府常务会议、政府专题会议等会议，对大坝村遗留问题进行专题研究，并多次走访大坝村，发动四套班子，成立帮扶领导小组，实施对口帮扶机制，依靠上级有关部门的帮扶和全县人民的共同努力，用 650 万元援藏资金为引领，争取项目建设，逐步拓宽群众增收渠道，搞活集体经济，从根本上解决生产生活困难和发展难题，确保群众早日致富奔小康。他的举动换来了广大农牧民的真心拥戴，群众亲切地称他是“党中央派来的好干部，心融在了农牧民身上”。

在跨越式发展中实现长治久安

2012 年国庆节的前一天，也是传统节日中秋之日。大多数人沉浸在欢庆祖国华诞和家人团聚享受天伦之乐的氛围中。在林芝县公安局的 110 值班室，邹健华已经两天两夜没有离开，他是分管 110 值班室的县委领导，人们休息、度假的时刻，却是他工作最为繁忙、肩上责任更为重大的时刻。吃方便面、睡办公室，两年援藏以来，他似乎已经习惯了这样的工作环境。当远在广东省东莞市的妻子打来问候电话，问他有没有吃月饼时，一贯刚毅的邹健华竟一时语塞，眼圈不由自主发红。他强忍心中的思念与牵挂，动情地对妻子说：“正在吃呢，你和孩子好好过中秋吧。我在这里都很好。”其实此刻，邹健华手里端着的是一杯白开水。他知道，为了林芝的长治久安，他需要坚守岗位，只要林芝祥和平安，他心里比吃了任何月饼都甜。

2012年8月，一批来自广东暨南大学的大学生们来到林芝深入采访广东援藏干部。8月6日，他们准备去林芝县更张门巴民族乡学校捐赠文具物品。分管教育的县委副书记周雨霖得知情况后，热诚地和同学们交流，根据同学们的要求，一次次和县教育局、更张乡的干部们协调时间，并满口答应同学们的邀请同行前往。他连夜写好发言稿，对大学生们的公益之心给予高度评价，同时深情寄语同学们以后多来，多关心林芝的教育事业，希望有更多的同学们来当支教志愿者，不断推进林芝教育事业发展。这些大学生们被周雨霖的真情所打动，一位同学感动地对周雨霖说："周书记，就凭您这份真情，我们一定要争取来当支教者、志愿者。"周雨霖深情地对大学生们说："这是我的一份责任。发展林芝教育事业，让更多林芝孩子接受良好教育，是林芝长远发展的需要，也是建设美丽西藏的需要。"

为了林芝长远发展，为了建设美丽西藏，这是林芝县广东援藏干部们内心深处的情结，是他们远离家人、以林芝为家的火热衷肠。

在中国，县委书记是一个十分特殊的岗位，是国家政治与行政框架中最为重要的中间环节。蔡家华以援藏干部的身份担此重任，他说唯有鞠躬尽瘁，不负使命。

2010年12月6日下午，林芝县召开书记、县长大接访暨矛盾纠纷排查化解动员大会。蔡家华在会上斩钉截铁地表示：直接与群众接谈，倾听各方声音，及时解决问题。

此时，蔡家华率队来到林芝还不到5个月。但他心里清楚，民情民意是一切工作的基础；化解矛盾、调动一切积极因素，是固本强基、长治久安的根本。

接连半个月，蔡家华以细致、真诚的态度，成功调处了全县跨越时间长、案情复杂、调处难度大的刘美英、格桑次旦、索朗阿牛等信访案件，使广大干部群众看到了县委、县政府"以人为本"、"求真务实"的执政理念，关心群众疾苦、合理解决群众诉求的信心和决心。

2012年3月的一个下午，更张门巴民族乡白玛店和更张两村部分群众，因拆迁引发的利益诉求遗留问题集体上访。蔡家华一听，立即率领县委和相关部门负责人赶到现场。冒着寒风，他和藏族、门巴族群众席地而坐，倾听大家的诉求。两个多小时，蔡家华没有挪步。聚集的群众被蔡家华的真情所打动，情绪不断缓和。临近傍晚，见时机成熟，蔡家华动情地对大家说："人心都是肉长的，干部和群众，汉族和藏族、门巴族，都是一家人。大家选派代表，我们一起来谈具体问题吧。"几句掏心的话，说得带头的几位村干部心里热乎乎的。蔡家华和村民代表就在旁边一个鱼庄里开起了协商大会，直至深夜，双方顺利签订了协议书。一个箭在弦上的紧张局面逐渐缓解，后来事情得到顺利解决。上访群众都信服地说："蔡书记说话算话，我们都听他的。"

鲁朗国际旅游小镇项目建设过程中，第一重点和难点工作就是征地拆迁涉及的群众利益问题。这是林芝县有史以来最大的拆迁工作。蔡家华和现场工程指挥办公室的同志始终坚持"依法征收、阳光补偿、妥善安置、和谐拆迁"的原则，采取“法、理、情”相结合的方式，做好每一个细节。2012 年 8 月 8 日，所有拆迁工作顺利完成，实现“零投诉、零上访、零事故”的目标，得到了上级领导的肯定。广东省委常委、常务副省长徐少华同志在现场工程指挥办公室第 5 期简报上批示：“工作主动负责，措施得力到位。拆迁任务顺利完成，为下一步建设创造了有利的环境和条件。”

春风化雨。如今林芝全县社会局势稳定，治安秩序良好，干部职工、农牧民群众、寺庙僧尼思想稳定，反分裂斗争坚强有力，确保了社会局势从基本稳定向长治久安迈进。自治区党委常委、政法委书记邓小刚，自治区党委常委、政府常务副书记秦宜智，自治区政府副主席丁业现和林芝地委、行署对此给予了充分肯定和高度评价。

蔡家华并未因此沾沾自喜。他深知，援藏 3 年的时间并不长，必须培养队伍，让当地干部尽快成长，持续促进林芝发展，确保林芝长治久安。他结合林芝县实际，积极与东莞市委、市政府协调，持续开展干部对口学习交流，至今共组织 100 多名中层干部和全县 67 名村支部书记到广东省东莞市参观考察，极大地锻炼了干部，增强了援藏工作的长效性。

2011 年，林芝县结合县、乡镇党委换届提拔调整了 4 批次 180 多名干部，组织部门没有收到一封投诉信，一改林芝往日面貌，开启了干部群众和谐共处的崭新局面。

队伍作风建设和干部行政服务能力，是蔡家华狠抓的创新领域。他大胆引进沿海发达地区先进的行政服务理念，将县委办、人大办、政府办、政协办合署办公，成立林芝县综合办公室，根据职能分设科室，实行四块牌子，一套班子，有效实现了“精简、统一、效能”的目标。这一首创，得到自治区党委、政府办公厅的充分肯定。

在国家和各支援省的大力投入下，西藏建设热潮奔涌。如何有序有效地立项、花钱，不只是工程建设问题，也成为援藏工作中锻炼干部、提升公共管理能力的新内容。蔡家华从长治久安的高度，注重工程项目从立项、报批到建设、监理的各个环节，以建章立制和现代经济理念，深化援藏内涵，开创智力、人才援藏工作新局面，有效保障勤政廉政，促进林芝县经济社会建设与服务管理迈上新台阶。

都说北纬 30 度线上，是奇迹迭出的地方。林芝正好处在这一纬度上。这里正在产生一个个奇迹：巨变的奇迹，崛起的奇迹。这些奇迹都是人创造的。林芝县的广东援藏干部们，以他们的排头兵之志、排头兵之行，和林芝各族干部群众，创造着林芝新奇迹！

坚守雪域高原的卫士

——记援藏医生、察隅县人民医院副院长朱荣辉

刑莉莉

作为广东省第六批援藏干部，他在察隅援藏3年的工作本来已经结束，可以返回条件较好的深圳，但是为了更多地救治藏族患者，解除他们的病痛，进一步改善察隅县人民医院的医疗条件，他主动申请延长一年半时间。他已经把自己的感情深深地融入察隅这片热土。他就是深圳市蛇口人民医院内科主治医生朱荣辉。他满怀医者仁爱之心，用自己精湛的医术，赢得了当地藏族群众的一致称赞。

与西藏的不解之缘

朱院长对林芝为什么有这么深厚的感情？那缘于2006年7月他独自从深圳骑车到拉萨的一次经历。他说：“我骑车到然乌时有高原反应，头痛、胸闷、恶心，身体不舒服，就到卫生所去看病。进去一看，这能叫卫生所吗？药品缺失，设施简陋，甚至连一副好点的听诊器都没有，医生水平也非常有限，各方面条件都不行，这给我很大的震撼。都是医生，为什么差距这么大？虽然以前我也在农村卫生所待过，但是农村卫生所条件都要比这里好得多。”这次西藏之行给朱院长留下了深刻的印象，他想以后有机会一定来支医。

有一种大爱叫牺牲，无私需要勇气、毅力。朱院长回忆说：“2010年7月，组织部通过考察决定挑选我援藏的当天，我爱人怀孕7个月死胎，刚做完引产手术，正需要我照顾。组织部征求我意见时，我爱人毅然支持我到西藏工作，进一步增强了我援藏的信心和决心。援藏后，跟家人是聚少离多，过年才能回深圳一趟。当我送先天性心脏病小孩去深圳做手术时，就等于是回家陪家人了。”“矢志从医言不悔”在朱院长身上有了最好的诠释。

大爱是一种执着的守望。本来2012年年初朱院长援藏的工作就结束了，但是想到很多工作还没有做好，比如下一任是否会有心去承接与延续对先天性心脏病小孩的救治，他当时就跟地委、省委打了报告，主动申请延长一年半的时间，不久即获批准。

医生、护士聊天时说：“明年朱院长你要走了，大家会多伤心啊。”援藏3年，跟大家建立了深厚的感情，朱院长想到离开的那天肯定会难受得哭。大家相处久了是有感情的，像兄弟姐妹一样。在西藏不说工作成绩有多好，他认识这么多朋友和对自己这么好的同志，就是人生最宝贵的财富。

朱院长除肩负县医疗卫生行政管理和援藏工作组后勤、外联等工作外，还参与内科病患诊治和急危重病人的抢救，在平时的诊疗工作中随叫随到，经常加班加点，甚至半夜起来参与急诊手术。因县里专业人员严重匮乏，在做好内科专业医生的同时，又充当妇产科与外科医生助手、麻醉监护师、心电图机操作者等，几乎可称为“全科医生”。

在察隅工作期间，朱院长一直坚持每年两三次下乡义诊，还争取资金，为村民购买并免费发放药品。上察隅、下察隅是经常去的，日东乡是去得最远的一个乡。去乡村义诊两三天，村民都非常高兴，几个村的人全部过来了，每天看病的村民有三四百人，医生都是坐下去就起不来了。因为平常村民没有时间，也没有这么好的看病条件。

朱院长说，像古拉，路途太遥远，想去一趟义诊很不容易。去乡镇接病人来回就得 16 个小时。接回的病人不一定能送回，光是路上颠簸就容易出危险。请他看过病的一个老太太住在古拉，那是察隅最偏远的乡镇，坐车要 8 个小时才能到。那段公路是季节性公路，10 月后大雪封山，村民进不去也出不来。

每天上班走在路上，很多藏牧民遇到朱院长会跑来跟他握手。他们满面笑容地说：“朱医生我是 × × ×……”“每天看的病人太多了，我不记得谁是谁了。看到很多人跟自己握手的时候，心里真的很高兴。作为一名医生，不管救了多少病人，都是自己的责任，这都不用说，主要是他们认可我。”在藏民的心里，朱院长就如同杏林春暖，悬壶桑梓。

一张特别的照片

在医院采访时，朱院长给我看了一张他抱着小女孩的照片，这是他印象最深的一个病人，朱院长说自己要领养她。据朱院长介绍，2010 年 10 月，小女孩的妈妈 40 多岁，从古玉乡送来时危在旦夕，全院上下一起抢救。病人不仅是高龄产妇，而且伴有妊高征，病情危重。

小女孩的母亲驼背，脊柱变形严重，硬膜外麻醉很困难，且风险很大。朱院长介绍到，他以前很少接触妇科病人，但那时情况危急，就直接上手术室了，全程参与、麻醉、调药、救治等。小女孩出生后缺氧，在手术台上呼吸曾一度停止，经过一番努力终于抢救过来了。

朱院长对待病人如春天般温暖。小女孩家贫困，朱院长热情地送去奶粉。小女孩的父母亲硬是下跪叩谢朱院长，并送了他们手工制作的一个小木杯，以表达心意。朱院长说，其实自己所做的微不足道，是一个医生应该做的，可每次想起藏族同胞热切和期盼的眼神，自己就更加感到责任重大，也对自己的选择无怨无悔。

现在小女孩 1 岁 8 个月了，身体很健康，她是藏汉族的混血儿，长得很漂亮。朱院长说：“作为一名医生，能把小孩抢救过来，心里甭提多高兴了。前两天，她父母过来看我，我让朋友从成都买了好多罐奶粉，专门送给他们。小女孩就是我生命的延续，我还想把她带去深圳上学。”

设立“察隅县特困农牧民医疗救助金”

说起援藏工作感受，朱荣辉引以为豪的是在他的倡导下，设立了“察隅县特困农牧民医疗救助金”，并发挥了重要作用。

作为一名临床医生，朱荣辉经常接触到一些患者因察隅县医疗条件有限，需要转院至拉萨甚至省外治疗，但由于经济原因，此类患者不愿也不能及时转院，导致了“因病致贫”、“因病返贫”的恶性循环。为了解决这部分患者的就诊问题，朱荣辉产生了设立“察隅县特困农牧民医疗救助金”的想法，他立即行动，多方奔走，通过援藏队察隅工作组的帮助，得到了深圳市一些爱心企业的积极响应和无私援助，并于2011年9月设立了“察隅县特困农牧民医疗救助金”，启动资金为50万元。

该救助金自设立至今，已经累计使用20余万元，使空挡村的阿吉（头颅重度外伤）、下察隅镇僜人春小梅（胸背部肿瘤）、城镇居民卓玛央（高危孕产妇）等多名特困农牧民得到了及时救治，挽救了许多人的生命。下一步是设法扩大救助金规模，让更多的特困农牧民病人受益。

此外，朱荣辉院长针对高原地区先天性心脏病儿童患病率高的情况，通过援藏队与内地富有爱心的企业联系，争取了深圳金雅福集团“天使之心”项目。2012年4月20日，朱院长将察隅县两名农牧民家庭的患先天性心脏病的男孩（8岁的四朗欧珠、4岁的扎西尼玛）送至深圳进行手术治疗。这是一场爱心接力赛，从遥远的西藏到深圳，通过各方爱心力量的传递与对接，成功救治察隅县两名贫困患儿。在朱院长身上，我看到了他对职业的忠诚与执着，亦明白了“医者父母心”的含义与分量。

手机里病人的照片

朱院长接听手机电话时，我意外地发现，他手机里存了很多病人的照片，都是他救治过的病人。

照片里一个拄着拐杖的藏族女孩叫巴桑拉姆（察隅县中学七年级3班学生），今年16岁，8个月大时一次不幸的火灾，让她失去了自己的右腿，且右手的腕关节严重畸形。她和父亲走了十几里的山路找到援藏医疗队的专家，希望能得到救治，重拾生活的希望。

巴桑拉姆的受损肢体整形康复手术如要成功，需要进行多次大小不等的手术，且住院时间需达半年之久。朱院长联系了深圳市阳光医院，整形外科专家为女孩制订了最好的治疗方案，同时，中国整形救助基金承担了约20万元的全部治疗费用，这将大大减轻巴桑拉姆家人的经济负担。

现在女孩已经到了八一镇，机票也订好了，8月13日送她去深圳市阳光医院做烧伤整形手术。术后可以增强右侧肢体的自主活动能力，到时她就能丢掉拐杖行走了。女孩看到了新的希望。

当我们看到一些蘑菇的照片时，朱院长说，这些都是毒蘑菇，8 月 4 日他们刚抢救了 16 个食用菌类中毒的患者。日东村村民晚上 7 点吃饭时误食了毒蘑菇，9 点感觉身体不舒服。凌晨，朱院长所在的医院接到 16 人食菌中毒的消息，全院医务人员立刻出动，5 辆车开了 8 个小时到日东村，把 16 人接回医院，由朱院长主导抢救。路上甚至还把地委书记的车拦下来，把中毒的病号放上去。现在 16 人都已康复出院了。有一个血压很低甚至已经休克的病人，也抢救过来了。

千方百计改善医院软、硬件条件

医院的软、硬件条件，对于救治病人至关重要。当提及医院的硬件情况时，朱院长无奈地说道："X 光检查机是 90 年代的，很不清楚，我看片子是两分看，八分猜。"朱院长指着病房的 2 个氧气罐说，这是郑书记从八一镇买下，运到察隅县医院来的。

朱院长提到，目前最大的困难是医疗人才和仪器设备稀缺。由于医院仪器设备落后，抢救病人时，常出现心有余而力不足的情况，朱院长埋怨自己没有尽到责任，心里很难受。

针对察隅县卫生服务设施落后、城乡普遍缺医少药、医疗技术力量薄弱的情况，朱院长联系广东省卫生系统，获赠许多医疗器械及药物，并约请广东省援藏医疗队专家多次到察隅开展义诊服务，组织派遣当地多名医务人员赴深圳接受培训。这样，察隅县卫生服务软、硬件条件大为改善，医务人员素质相应提高。

为了解决察隅县医务人员缺乏的问题，朱院长以"请进来、送出去"的方式，动员深圳卫生志愿者来藏进行一个月的志愿工作。"我的技术、能力毕竟是有限的，希望更多地发挥我在察隅与深圳之间的桥梁作用，为察隅医疗做更多的事情。在察隅做一个月的事情，可能比在内地做一辈子的事情都更有意义。"

2011 年，朱院长送了 8 批医生去内地医院培训。深圳市蛇口人民医院有培训名额，接纳了察隅的医生、护士，手把手教临床技能，费用全免。

朱院长奉献甚多，但十分谦逊且执着。他说自己医术不精，唯希望自己有更多的能力、时间和精力来改善医疗条件，争取更多的医疗队、志愿者、医疗设备和技术支持，提升医院就医环境，让当地危重病人的生命得以延续，把轻病患者治好。他的目标是实现"大病不出县，小病不出村"。

值得高兴的是，在广东省第六批援藏工作队的关心支持下，大量的援藏资金投了进来，改善了各乡镇的卫生医疗条件。深圳水务集团给 6 个村捐助了 120 多万元，援建了村卫生室，并给卫生室配备常规的药品、器材。这样，农牧民不用外出就可直接在村卫生室看病了，小病不出村得以实现。

谈到察隅县医院未来的发展前景，朱院长充满了信心。他带我看了医院的新楼及其护士站、药房、病房、手术室等，那是目前的旧楼难以企及的。当朱院长指着医院新楼的电梯说这是察隅县的第一部电梯时，我确实震惊了，这可是我们司空见惯的啊。朱院长介绍，医院这栋3层新大楼是国家项目，国家投资1 000多万元，所有器械都换掉了，硬件设备是先进的，血常规化验、血液分析等医疗仪器都配齐了。等医院新楼投入使用以后，察隅县农牧民的就医条件会大为改善。

队友吸氧

2012年8月10日上午，我们在察隅县采访县委副书记张智乐时，队员梁星月突然呼吸不上来，脸色煞白。坐在我右边的朱院长立刻起身，送她去察隅县医院吸氧气。朱院长进办公室拿出管子，一头插进梁星月的鼻孔，另一头连接着墨蓝色的氧气袋。吸了一阵氧气后，梁星月呼吸正常，不再难受了。

8月11日下午，我们正要离开察隅时，队员余虹姗突发心绞痛。朱院长立刻送她到医院吸氧、打吊针。朱院长不仅细心地为余虹姗做心电图检查、拍片子，做诊断，还亲自去药店买速效救心丸、布洛芬等药品，叮嘱她按时吃药。此时，另一个队员孙博婧有些头晕，也在医院吸了氧气。

我们3位队友的整个救治，朱院长都亲自跑前跑后，而且都是免费诊治。每次一提到朱院长，大家心中都充满了感激与敬佩之情。

谈到在察隅这几年工作的感悟，朱院长说："刚来时担心自己的待遇问题、经济问题。但是来了一个月后，就觉得这些跟我没关系了，那些东西现在对我来讲是浮云，都不重要。我只想全心全意把支医这件事情做好，实现自己的价值。做医生治病救人，胜造七级浮屠。生命是最重要的，把病人生命救过来了，病人对你的感激，不管是送一个小木杯，还是一个叩首、一句感谢，都是对自己最大的激励。"

察隅路况很艰险，朱院长经常到各乡镇去出差、开会。他曾经风趣地跟朋友说："万一我不行了，就不回广东了，你们把我放在这里，长眠在雪域高原，永远陪伴着察隅人民。"

由于工作积极，成绩突出，2011年7月，朱院长被林芝地区评为优秀共产党员，2012年，他又被评为林芝地区优秀援藏干部及察隅县民族团结先进个人。

在八一镇老党员普布次仁家上党课

余虹姗

2012 年 8 月 17 日，“我行我动”采访组来到了八一镇的唐地村普布次仁家。

在西藏，家家户户屋顶上都飘扬着鲜艳的五星红旗，而普布次仁家的屋顶上飘扬着的还有绣着镰刀斧头的党旗。

原来，普布次仁是一位有着 35 年党龄的老党员，同时也是村里干了十几年的老党支部书记。在这位藏族老支书的眼里，援建以来，林芝发生了翻天覆地的变化，几天几夜也说不完。

老支书的岳母是 1959 年参加工作的老乡村干部，到过北京，见过毛主席、周总理，现在已经 80 多岁了，身体还很健朗。阿婆不会讲汉语，听到我们提起她，一直朝我们微笑。

同学们专心致志地聆听、记录，感受着这两面红旗下发生的巨大变化。

青年的选择

——记广东援藏队工作助理杨伟文

张　曦

眼前的杨伟文身材适中，穿着干净的白色衬衫，鼻梁上架着黑框眼镜。举手投足间流露出成熟稳重的气质，加上眼角的皱纹和络腮胡子，很容易让人把这个大学毕业两年的小伙子看成一个埋首事业的而立男人。

虽然是上午10点，但他的精神略有不振。高原反应在他援藏的第二年愈发明显，他常因工作而熬夜，像昨天晚上他又是很晚才睡。

杨伟文近照（受访者提供）

杨伟文是广东阳江人。2010年7月中山大学本科毕业时，他偶然看到了广东援藏队发布的招募工作助理的公告，“它对当时的我产生了莫大的吸引力。我第一次知道了广东在西藏有一支定点对口支援了10多年的队伍，脑子里立马萌生了很多兴奋的念头”。当时，原修英语专业的他报考北大法律学专业研究生失利，仅差8分，原本准备再战一年，但因援藏而放弃。

出于对西藏的陌生，家里人多加以劝阻，但父亲却支持他的决定：“只要你的选择是在你冷静时经过深思熟虑后作出的，我一定支持。”杨伟文说，父亲的这句话当时给了他莫大的鼓励和信心。

做好吃苦的准备后，杨伟文踏上了这片土地。“当时对援藏工作并不了解，只觉得会在那里建设很多项目，开辟很多大工地，一栋栋建筑物拔地而起。一下飞机，干净整洁的八一镇就给我很大的冲击力，没想到当地在广东、福建两省的援助下已经建设得那么好了……”杨伟文笑着说，“真正来了之后，才知道援藏队的重点工作是项目建设链的上游，主要是谋划思路、制定规划、协调内外、推动落实，跟当初以为要常驻工地干非常具体的项目活的想法完全相反了。”他感叹道。

杨伟文在广东援藏队的岗位是行政秘书，主要协助组织宣传工作，经常需要接待、联络、撰写公文材料。“我们上班并没有太严格的限制，但工作量摆在那里，不加班根本做不完！”近一个月来，杨伟文平均每天接电话30多个，最多的时候竟达到87个。“很多事情都要同时跟进，每个领导都在催，往往要工作到晚上八九点。像粤藏两省区的重要汇报材料，要反复修改、精益求精，有时一份重要稿件需修改上十次，这段时间，几乎每天都要工作到凌晨 2 点……”

平时杨伟文从不抽烟，但当工作压力大时，抽烟便成了他排解的方式。“我发现尼古丁对大脑有刺激作用，因为我在清晨的时候思维最为活跃，所以，每当有大稿要写的时候，我都会把闹钟调到凌晨三四点，醒来后点支烟，一直写到天亮，然后去上班。”

由于工作繁重，2011 年整整一年他只在春节的时候回了趟家。尽管这样，一年期满后，杨伟文选择再留一年。“当初有志于考研是想在法律上学有所成，当时的我热血沸腾，认为中国当下的发展面临制度掣肘，迫切需要完善法治。经过在西藏的锻炼，我对中国的实际有了更深层次的认识。中国太大，人口太多，问题太复杂了。我以前觉得求社会之进步，关键在于正确的理念，因为理念能为国家社会的运作提供思路，但现在我觉得，目前我们并不缺乏思路，而具体操作上的问题、将思路分解成切实可行的办法才是最难的……”

2011 年大学毕业的谭金玲也沿着杨伟文的轨迹来到援藏队。在她眼里，这个师兄是一个既注重生活质量，又特别有理想和抱负的人。谭金玲说，援藏队里还有不少有志青年，例如一个姓李的同事之前在广州一家国企上班，年薪 10 多万，看到公告后就辞职来援藏了。

“2012 年 4 月我突然收到大学时英语文化课外教 Kevin 的电子邮件，他问我在做什么。Kevin 是一位 50 多岁的美国外教，以严格苛刻和吹毛求疵出名。我简单说了下援藏的事情，老头很兴奋，说自己现在接触的几乎所有中国大学生脑子里都在想着 High Salary（高收入）的事，他终于听到有学生做了不同的选择。”杨伟文扶了下眼镜框，继续说道：“我不是纯粹的理想主义者，我也跟其他毕业的大学生一样存在就业、买房结婚等各种焦虑。只是青年不应该被喧嚣紧张的环境和焦躁急切的情绪所束缚，迷茫的毕业学子们不如为自己的人生设立一个缓冲期，例如走向西部、走向基层、走向欠发达地区，踏踏实实地做一些对社会有意义的事情，理解真实中国的同时也寻找自己的人生位置。这就是我的选择。”

雪域白鸽

——记广东省应届毕业大学生援藏支教志愿者曾琳

张　曦

林芝的天空到晚上 8 点半已经全黑了。走完一段没有路灯的崎岖小道，眼前的这栋掩映在夜色和树影里的略显破旧的灰蒙蒙的建筑物便是志愿者们的宿舍楼。

打开 308 的房门，按下房灯开关，光线瞬间充满房间。三室一厅，干净整洁的地板，牛奶色的沙发前摆放着小巧的透明茶几，落地窗上挂着黄褐色的窗帘，在夜色映衬下，明亮的房间格外温馨。

“这里很多东西都是别人送的，比如桌柜是上一届的师兄师姐留下来的，沙发是当地老师搬家丢掉后我们捡来的。虽然很旧，但我们铺上新单子，还是挺整洁的。我们尽量收拾出一点家的感觉。”曾琳笑着说道。这位在兰州长大的姑娘今年 23 岁，有着大大的眼睛和长长的头发，架在头顶上的太阳镜很少摘下。

曾琳是中山大学第十四届研究生支教团的团长。被团员称作“女强人”的她平常工作很忙。看书与喝茶，是工作以外她最喜欢做的两件事情。队员们对曾琳评价很高，认为她比团队中任何一个人都了解成员们的性格，知道每个人适合做什么事情。

自 1999 年至今，中山大学已经选派了第十四届 115 名应届毕业生到西南边陲以志愿服务的形式开展为期一年的支教服务。2005 年，支教团提出申请，开始赴西藏林芝地区（广东省对口援建地区）支教。曾琳所在的第十四届支教团组建于 2011 年 10 月，20 名成员均是 2012 年应届毕业大学生。2012 年 8 月团队正式开赴西部后，5 人去了云南澄江，其余包括曾琳在内的 15 人均来到西藏林芝地区。他们将在林芝第一中学、林芝县中学等支教一年，除帮助完成学校正常的教学计划外，还在学校各个部门例如团委、校办任职，组织学校活动。此外，支教团在当地的贫困地区也会做一些公益活动。

“团队女生多，很多都是在广东长大的。刚来到林芝时，水土不服加上有点高原反应，上吐下泻的人很多，一个一个吐得面色铁青。有人感冒，有人因为干燥流鼻血。但奇怪的是，两天后大家的症状都神奇地消失了。之后到海拔更高的拉萨时，大家也生龙活虎。这说明我们和西藏还是挺有缘分的！”谈起团队，曾琳充满了感情。她将支教团定义为一个理想与现实交融的团体，成员都是一群有想法、有个性的人。2012 年高考结束后，他们自发组织了名为“圆孩子心愿”的助学活动，到河源市紫金县给当地的高二学生做心理和学习的辅导，获得了当地很高的评价。

根据学校的政策，团队的大部分成员在支教一年后均可以保送本校研究生。因此团队支教的动机也曾受到一些质疑。对此，曾琳不以为意："有人质疑，说明有人关注我们，这是好事。很多团队成员之前都参加了志愿者、爱心联盟等活动，进入支教团也是很久前就下了决定。像我们团队里有两名应届毕业的研究生，他们支教一年后回去要找工作。还有一些同学主动放弃了保研资格，比如文君。"曾琳笑着指向身边的舍友。

朱文君是一个皮肤黝黑，头发短短的新疆女孩。7 点半按时起床的她，一定会把每个睡懒觉的人都叫起来，并且严禁身边的人一边工作一边闲聊。由于工作上做事雷厉风行，生活上又严格要求，队友们把她称作团队的"管家"。虽然文君脾气暴躁，但大家怕的却是她不说话。前天文君嗓子不好，一天没说话，整个团队都很紧张，结果晚上两个男生跑到她房间里，直说对不起，搞得她哭笑不得。

文君在文学方面的造诣很深，曾写过多篇小说，最长的 9 万字，最短的 5 千字。"我喜欢这里的天空。天空对我很重要，我可以为了那个地方的天空而留在那里。"这个姑娘最大的理想是做一名自由人。

文君语速很快，她接着刚刚曾琳的话说："当初听说支教团的时候，我就说，要支教，不要保研。我比较纯粹，看到有些人很功利时就反感。但我后来想明白了，不管最初的动机如何，最重要的还是你来这里做了什么。这支团队不欢迎的是那些带着功利目的到这里又无所事事的人。况且，比起高大全的无私，双赢其实是个很好的结果。"

曾琳说，他们今年的工作核心一方面是整合承接上几届支教团的资源，把开头的项目坚持做下去；另一方面还是教学。"我们已经跟当地老师沟通过了，这里的孩子最需要的是心理方面的辅导。单纯提高学习成绩，我觉得一年的时间太短，我更看重与他们进行心灵上的沟通。知道学习为了什么，以后要做什么，对于这些孩子是非常重要的。人最大的幸福就是自己做选择，并且对结果无怨无悔。"

正在上课的门巴族儿童

她继续说道："很多人问我，你来支教能起到什么作用。的确，个人的力量非常微薄，一年甚至两年的时间都不够，因为你带不完一届学生。虽然团队里的人一拨拨地换，但团队支教的观念从未随之离开。不管人来人往，我们始终有这样一个观念驻守在这里，就相当于一个永远不离开的老师。支教团在这里待了10年，这个老师也在这里待了10年。我希望这一年，能影响到他们对待生活的态度。"

在支教团网站上有这么一句标语："用一年的时间，换一生的感动。"朱文君很喜欢这句话。工作没有着落，又拒绝了保研，她调侃自己的未来几乎毫无保障。"我父母都挺担心的，想让我考当地的公务员。但是我觉得，对生命的体验更重要。也许一些人早早奔上职场，开始了人脉、财富和社会经验的积累。但我觉得现在这种生命体验也是在积累，积累出的生命厚度对我的人生发展会产生更大的影响。隐形的、精神上的东西要比物质上的、现实的更能改变人生活的质量。"

笑容——门巴族小学生

"这肯定是不后悔的一年，因为我们每天都过得很开心，当七八十岁的时候肯定还能记得这件事情，多值啊！"曾琳笑着望向文君，文君也笑着点头。"而且，我还有一个愿望：未来一天在校园里散步，突然来了个电话，'曾老师，我是您教过的××，我考上中大了……'那应该是我最开心的时候吧！"

说到这里，曾琳看了一眼窗外：今夜，西藏的月亮很圆。

察隅民兵工作创新纪实

杨小静

在察隅人民心中，“民兵”二字有着格外重要的意义。

察隅县位于西藏自治区东南部，与印度和缅甸接壤，边境线长达588.64公里。地处边防，消息闭塞，贫穷落后，边防情况复杂，形势严峻，又是藏、珞巴、门巴等少数民族和僜人聚居区，察隅县的安防工作因此十分艰巨。

为了实现察隅地区的社会稳定、边防稳定和经济发展，经过反复思考、研究论证，2010年11月，在来自广东的援藏干部，现任察隅县县委书记郑新强的支持下，察隅县人武部向察隅县委、县政府提交了《察隅县关于加强民兵建设的意见》（以下简称《意见》）。《意见》建议加强民兵队伍建设，大力推行民兵连、排长进村“两委”班子工作。《意见》内容与2011年1月解放军总政治部下发的《民兵政治工作规定》不谋而合。经过反复研讨，察隅县最终通过了施行《意见》的决议。

此后，民兵建设工作在察隅县如火如荼地展开。

在察隅县县委书记郑新强的带领下，察隅县政府加强组织民兵培训。民兵的任务不只是简单地维护社会秩序，察隅县政府要培养民兵成为带头致富的模范、维护团结的卫士、防灾抢险的表率和服务群众的先锋。

在工作实践中，民兵们不仅在带头致富、保家卫国和抢险救灾等方面发挥了重要作用，同时也和老百姓培养了深厚的感情。

“八一”节，军人过节过一天，老百姓过节过一个月

在察隅县，“八一”建军节是一个比春节还热闹的节日。每年“八一”节，部队会邀请村民到营里过节。每一部队要逐村宴请。宴会上，民兵和老百姓一起聊家常，讲笑话；喝到尽兴的时候便唱起歌，跳起舞来，好不热闹！部队宴请完村民，村民又要回请部队。这样请下来，至少要花一个月的时间。所以，人们调侃道：“军人过节过一天，老百姓过节过一个月。”

老百姓的事，就是我们民兵的事

2011年春节，察隅县的杀玛村由于一户村民家里电线老化，引发了火灾。小村子里村民的房屋都是紧挨着的，又以木屋为主，火势迅速蔓延。某连接到火灾消息的时候，民兵们正在吃午饭，但所有人二话不说，扔掉手中的碗筷，拿起

灭火工具，赶赴火灾现场救火。用圆锹开辟防火带，用沙土、树枝等迅速把火扑灭了，挽救了村民的生命和财产安全。“老百姓的事就是我们的事”，无论什么时候，只要民兵们能帮上忙的，他们总会不计回报地去帮助。

留个民兵在家过年

察隅的冬日片区地处偏远地带，每年一月到六七月份，大雪把道路封了，村里的人都出不来。某三连的民兵每年这个时候都会从外面背着食物、药品徒步进入冬日片区的村里，把物资分派到每户村民手中。除了送物资，民兵们还会留在村里，给孩子上课，为村民看病。

冬日片区的志美村里有位老阿妈，年纪大了，家里又只有自己一个人。每逢过年，可爱的老阿妈带着点孩子气地说：“我一定要留一个民兵在我家陪我过年，一个就够了。”

我们的家就是你们的家

2010 年 4 月，某连的兵营被泥石流冲垮了。村民们得知消息后，自发把民兵带到自己家里住。从泥石流中逃出来的民兵们一个个灰头土脸，村民们不但不嫌他们脏，反而连家里平时舍不得用的新棉被都拿出来给民兵盖。村民们对民兵说：“我们的家就是你们的家，别跟我们客气。你们住多久都行。”

被冲垮的兵营在僜人村附近。僜人村部落首领阿鲁松得知这件事后，吩咐村民杀了头猪，做好饭菜，带着 40 多名党员去慰问这些民兵们，场面相当感人。

在察隅县，老百姓和民兵之间有说不完的感人故事。民兵和老百姓的感情是那么的纯粹，不分你我，不计回报。

是察隅县县政府大力推行的民兵建设新举措促进了军民之间的这份感情，而这份深厚感情反过来推动了民兵建设工作的开展。

军民鱼水一家亲，这种一点一滴建立起来的真挚而纯粹的感情，是察隅县政府民兵建设工作成效的最佳见证。

浓浓援藏情 拳拳赤子心

——记林芝地区妇幼保健院院长、援藏医生叶璐

刑莉莉

"我行我动"采访组在喀什采访时，我们录制了徐波先生送给妻子叶璐院长的一段视频，他讲述了援疆以来对父母的歉意、对女儿楚楚的歉意、对妻子叶璐照顾不够的歉意。我们在林芝播放这段视频时，叶院长不禁潸然泪下。徐先生托付我们队友送给叶院长的生日礼物，是一本徐先生拍的喀什风景的相册。叶院长说，这是先生给她最深刻的一次感动，她从没想过他会这么浪漫。

大爱是对责任的默默承担。我们在采访时了解到，叶院长是 2012 年 2 月来林芝地区妇幼保健院（以下简称"妇保院"）援藏的，而她的先生徐波，则是在喀什疏附县第一人民医院援疆。一个家庭，丈夫援疆，妻子援藏，这在全国也是少有的。

叶院长援藏，克服了高原反应、患病等一系列困难。她刚来林芝时，由于高原反应，她一度失眠，从广东带了很多安眠药。当地气候干燥，她咳嗽了两三个月。叶院长患有胃病，来林芝后胃痛的次数增多。有一次半夜疼醒，手头的药已解决不了问题，她不得已打电话叫队友帮忙去医院拿胃药。

加强医生培训，转变病人观念

妇幼保健工作，就是履行妇幼卫生的公共职能，保障母婴健康，降低孕产妇和婴儿的死亡率，控制和减少出生缺陷，全面提高出生人口素质。为此，叶院长从加强医生培训等基础工作抓起。

自从援藏以来，叶院长发现林芝地区妇科相对薄弱，她的专业是妇科，来这里最想把妇科做起来。像林芝妇保院的设备都蛮不错的，但医务人员的医疗技术稍有欠缺，医生不会使用设备。她希望把设备都充分利用起来，让每个医生、护士都学会使用医疗器械，这对于医生、病人都有益处。

为此，她加强了对医生的业务培训，首先从日常医疗工作中规范医生、护士的医疗行为开始，如病历书写、诊疗常规等。过了一段时间，医生的业务能力明显有了很大提升。

给叶院长留下最深刻印象的是抢救一个 30 多岁产后出血的藏民。在林芝这种病例不多，大家齐心协力一起抢救，叶院长在现场边抢救边对医生进行指导。事后叶院长就此病例召集全院相关医务人员为产后出血的抢救举行了专题讲座，从每一个细节说起，比如部分人员紧张、手足无措、不清楚抢救流程等，讨论在

这次抢救中应吸取的经验、教训，以后怎么做得更好。她希望以后妇保院医生能形成良好的习惯，当遇到疑难病例时，在治疗过程中大家能互相探讨，取长补短，这对每一个医生的成长都是有好处的。

叶院长还计划2012年下半年把医院骨干送到广东进修，弥补医务人员在继续学习方面的欠缺，提升妇产科医生、护士的医疗水平。由于妇保院现在医务人员人手不够，不能一下把全部医务人员都送去广东，所以争取分批送，每批送2~3人。医院设有培训基金，培训、住宿的费用，医院承担一部分，援藏工作队也会承担一部分。

走进高原、走进牧区，叶院长忘我的敬业精神和先进的医疗理念，改变着医院、医生甚至病人的观念。叶院长特别提到，林芝地区女性对妇科病的重视程度也在转变。以前藏民得了妇科病，来医院看一次，拿药回去，就不会来复诊了。她跟妇保院的医生讲，首先医生要有宣教的意识，你要跟病人说，良好的卫生习惯、科学的观念是预防妇科病的关键。比如林芝常见的阴道炎、盆腔炎、宫颈炎等妇科炎症，月经失调、功血等不规则阴道出血，这些妇科病大多是由不正确的生活方式引起的，往往需要多次就诊才能治好，一定要让病人再来复诊，这对她们是有帮助的。

她在院长办公室工作时，有些藏族病人听说医院来了一个妇科专家，她们就找上门来找她看病，同时有些藏民会提出自己病情怎么样，病因是什么等问题。现在来找她的病人比较多，每天至少有四五个病人来找她咨询。

林芝建立首家远程医学检验服务机构

叶院长介绍，目前，对于疾病最可信赖的诊断仍属病理诊断，因为患者身体所有病变的最后诊断均依靠病理诊断，并对病人的进一步治疗和提示预后有着极其重要的意义，这是通常所说的“金标准——最后诊断”。同时病理诊断也是在医学上唯一具有法律效力的诊断，是目前公认的对疾病最可信赖的定性诊断，对患者的医疗安全保障起着极其重要的作用。病理专业的水平直接影响医院的诊断和治疗水平。

之前，林芝地区医疗机构无法开展病理检查，这直接影响了林芝地区的医疗卫生服务质量，严重制约了林芝地区医疗卫生事业的发展。患者要进行此项检查只能到外地就医，费用高昂。

2012年4月5日，林芝地区妇幼保健院在广东省第六批援藏工作队的援助下，引入目前国内最大的第三方医学检验机构——四川金域医学检验中心，建立了远程医学检验服务模式，填补了林芝地区病理检验方面的空白，其成为林芝地区首家通过远程医学检验服务模式服务于广大患者的医疗机构。通过这一系统确诊的患者能够节省80%以上的看病费用，节省近一半的治疗时间，有效减轻了广大患者的负担与痛苦。

机构检验的问题解决了，新的问题又来了，怎么把标本运出去？叶院长说，因为人体组织比较特殊，只能用飞机运输。而进藏的飞机安检又非常严格，人体组织是有液体的，一般不允许空运。我们跟机场、邮局 EMS 反复沟通，由于运送人体组织是医疗方面的需要，最后机场给我们开了绿色通道，同意运送。

此外，叶院长说，送病理，需要把医生、病人的观念都转变过来。医生愿意送病理，病人也要愿意送才行。以前没有送病理，病人觉得没必要，让医生开药就行了。医生需要跟病人讲为什么要送病理及其好处。通过宣传教育，医生先接受了，病人也接受了。这不仅能提高医生的诊疗水平，也是病人的福音。

“三八”妇女节义诊

行走在高原的健康守护神，是白衣使者，更是爱心使者。2012 年 3 月 8 日，广东省第六批援藏工作队举办了“关爱女性、关注女性健康、庆‘三八’妇女节义诊体检”，林芝地区妇保院为22 名被评为全国三八红旗手和林芝地区三八红旗手的先进妇女代表免费体检，体检项目包括妇科常规检查、宫颈癌前病变检查、乳腺及腹部彩超等 6 项，同时还向广大女性宣传有关妇科常见疾病的科普知识。

叶院长说，来体检的女性来自各个行业，既有地区机关公务员，也有很多环卫工人。她们都是一般妇科病，我们给出指导意见，随诊，开药。同时，也给其他群众免费发放药品。这是为林芝地区妇女办实事、好事，为当地妇女献上了一份具有特殊意义的节日礼物。

每逢纪念日，林芝地区卫生局经常在厦门广场组织义诊，平均一两个月一次，她们会一边义诊，一边发放免费药品。此外，妇保院会每隔一星期去县里、乡镇讲课，进行有关妇产科方面的技术指导。

叶院长强调，在林芝工作遇到的最大困难是语言障碍。医生除了治病以外，还要跟病人沟通，沟通不好，治病的效果是事倍功半。她经常跟妇保院的医生沟通，了解当地病人的思维方式，诊断时请藏族医生当翻译，问清病情等细节，以林芝当地藏民的思维方式说话，突出重点，通俗易懂，比如告诉他们几天以后过来复诊，怎么吃药。

小小明信片　千里寄思念

有一种大爱叫牺牲，牺牲需要勇气、毅力。新疆与西藏，相隔千山万水，路途遥远。在通信日益发达的今天，他们以寄明信片这种传统的方式联系着。自从叶院长来林芝援藏后，每逢他们俩的一些纪念日，徐先生都会给叶院长寄明信片。他寄的明信片有些是喀什当地的风景，有些是把以前用生活照做的台历撕下来，当作明信片寄到林芝。叶院长说，数不清楚他寄了多少张明信片了，太多了。她用手比划着，把明信片摞在一起，足有几十厘米厚。大爱是无言的倾诉。

叶院长说，徐先生比较喜欢收集每个地方的邮戳。所以每去西藏一个地方，她都会给爱人寄明信片，并盖上当地的邮戳，用明信片来寄托思念。司机都知道，她每去一个地方，肯定要找邮局寄明信片，去盖当地的邮戳。碰到有代表性的明信片，比如记录当地风土人情的，就会多买一些。

叶院长写明信片很简洁，比如她到拉萨的布达拉宫，仅写上当天日期，简单标明地址，即“201×年×月×日，拉萨行”。像寄明信片给女儿时，因为女儿是3号出生的，她在明信片上会写“6.3寄，女儿37个月”或“7.3寄，38个月”等。没有写过多的字，因为女儿很小，写多了她看不懂。

最想念女儿楚楚

叶院长说：“来林芝最想念的当然是家人。”叶院长2012年2月来林芝时，女儿才3岁，而那时徐先生正在喀什援疆，不得已把女儿送到徐先生的老家湖北孝感去，让婆婆带。

女儿楚楚非常喜欢卡通动物，叶院长常买一些喜羊羊的明信片给女儿。当徐先生援疆启程时，把2010年亚运会买的吉祥物5只羊的明信片一起带到了喀什。楚楚每天给爸爸打电话时会说，我要什么颜色的羊，你要给我寄回来。然后徐先生就从喀什寄不同颜色的小羊明信片给女儿。那几个月，女儿楚楚一直抱着爸爸寄的明信片睡觉，这让叶院长很心酸。

提到楚楚，叶院长自豪地说：“我女儿不到2岁就能背《三字经》，3岁前能背几十首唐诗了。”晚上叶院长念《三字经》给楚楚催眠，念着念着楚楚慢慢就学会了。女儿最喜欢的卡通动物是巧虎，一两岁时睡觉都要抱着巧虎，背唐诗、加减法、数数、学英文，都是楚楚看巧虎光碟自学的。

叶院长的手机里一直收藏着女儿吃面包、日本料理的视频。看着楚楚憨态可掬的样子，叶院长开心地笑了，仿佛女儿就在眼前。在林芝每当想念女儿的时候，她就会打开视频反复地看。

2012年9月3日是楚楚4岁的生日，她最喜欢吃蛋糕了，以前她过生日时，叶院长都会给她买生日蛋糕。叶院长特别想念女儿，很想回家陪女儿过生日，她觉得这是最幸福的事情。但是，这里的藏族患者需要她，这里的工作离不开她，只能舍小家为大家。

叶璐院长援藏时间不长，没有惊天动地的壮举，也没有感人肺腑的豪言壮语，唯有对这片土地与人民的眷恋和深情。

察隅农场：一个具有人文气息的农场

余虹姗

一提到农场，浮现在人们脑海中的，不是大片大片的蔬菜瓜果，就是大片大片的麦田鱼塘。然而，你听说过带有图书馆、书画室的农场吗？在西藏自治区东南方向的察隅县境内，就有这么一家充满人文气息的农场——察隅农场。

综合服务中心大楼拔地而起　农场走向文明现代化

察隅农场距离中印边境只有18公里，属于下察隅镇所辖范围，在交通路况较好的情况下，从波密县出发，最快也要10个小时才能到达。一吨水泥在拉萨的价钱是500元，运到下察隅时价钱翻了3倍甚至更多。不便利的交通导致建设成本高昂，这是西藏各地区开展基建的主要难题。

2011年10月，由深圳市人民政府援建的“察隅农场综合服务中心”大楼，经过4个月紧张有序的施工，终于落成，并正式投入使用。综合服务包括专门为农场职工提供的文化活动、党员活动、专业电脑培训及图书阅览等，这标志着察隅农场不仅是开发、培育农产品的大基地，同时也是建设现代化农业文明的文化阵地。

“我们努力向现代农业技术方面靠拢，所以会定期举行一些专业知识技能培训。”技能培训室类似于学校的多媒体教室，里面人人一台电脑。“教会职工如何从网络中学习先进的农业种植技术，能够充分发挥大伙的能动性。”察隅农场党委郑党贞书记说，有了这些先进的设备，大伙学习的积极性提高了。

综合服务中心是农场最大的文化活动场所，除了大伙平时自发地在图书馆看书、练字，在培训室上网学习之外，还开展大型的节庆活动。今年“五一”劳动节，察隅农场就热闹非凡，组织了象棋比赛、“双升”比赛及猜灯谜等活动，周边村民和农场职工打成一片。郑党贞书记至今还记忆犹新：“那个‘五一’节大家都玩得非常开心，赢了比赛，还有礼物相送！”

坚持文化援藏　惠及农场千万家

作为广东省第六批援藏干部，郑党贞书记认为，援藏不仅要物质支援，更要文化支援，在帮助提高大家生活水平的同时，也要关心他们的精神生活。“做有文化的农场人，也是我们察隅农场的一大特色。”

如今，走进察隅农场，宽敞的院坝里设有篮球场及一些休闲健身器材，综合服务中心大楼的大门敞开着，里面挂着彩色幡条，职工活动宣传栏中的照片笑脸盈盈，显得十分温馨。二楼是图书阅览室。“去年，深圳市福田区政府向我们农场捐赠了 2 万册图书，其中 1 万册赠送给了农场周边的驻军、学校、村庄等，现在我们图书阅览室有 1 万册藏书。”察隅农场党委郑党贞书记一边介绍，一边带我们走进图书室。

刚一进门，桌子上、沙发上、地上晾着一张张书法作品，墙上还挂着一些装裱好的字画，一位身穿保安样衣服的老人家正在练习书法。“这是我们图书室的负责人，曾经是这里的老校长。”郑党贞书记说他由衷地佩服老校长。老校长把整个人生都奉献给了这里的小学，整个学校只有老校长一人，身兼数职，既是老师，也是后勤人员。“现在学校已经合并到镇里，农场便请了老校长过来管理文化活动中心。”

老校长显得有些激动，说话带有明显的四川口音：“要感谢广东的援藏干部，不仅带领我们搞好了农场，还为我们建了图书室、书画室，我们有空就来这里看书、练字，大伙都觉得现在生活丰富多了。”郑党贞书记介绍说，图书室有关于农牧业方面的专业书，也有小说等文学类的休闲书，根据各人喜好，许多职工下班后或者周末都会到这里来“充电”，比如老校长就喜欢在书画室练习书法和画画。

坚持文化援藏　传递南粤人文关怀

“授人以鱼，不如授之以渔”，广东省第六批援藏干部带着“厚于德、诚于信、敏于行”的广东精神来到西藏的边远山区，各有所长，各有所专。郑党贞书记说：“我们来到这里，不仅是为这里的老百姓修路、修房子，而是要做可持续发展的造血工程。但如果文化知识跟不上，许多农民大字都不识几个，如何学习现代化高科技农业知识呢?”

郑党贞说，在普通人眼里，农民生活的三部曲不外乎“播种、施肥、收割”。他们的户口簿上，文化程度一栏大多写着“文盲”两字，但他们最尊重的就是知识分子，他们对文化有着无限渴望。在农场里，有许多职工、农民还是青壮年小伙，由于各种原因，连小学都没读完便辍学的情况比比皆是。农场的文化项目建设，就是要为他们提供了解外面世界、进一步提升自我文化素养的平台，让这些农民在面朝黄土背朝天的田耕生活之余，还能上网冲浪与学习，感受和了解外面的大千世界。

作为改革开放的先锋，广东有义务和责任带领西部贫困地区脱贫致富，与此同时，坚持“文化援藏”则体现出南粤援藏的一种人文关怀。支援无声，感动无言。这仅有几万册图书的小小阅览室和不大的电脑培训室，也许就是农场迈向现代化文明的第一步。

图书室墙上挂着的一幅字，很好地诠释了察隅农场“文化援藏”的特色——“青山有路”，这不仅象征着西藏青山翠峰之间的天路，更昭示着察隅农场为职工们、周围的乡亲们提供的一条文化之路。

跨越发展中的察隅农场

孙博婧

2012年8月10日，“我行我动”采访组来到了离中印边境仅18公里的察隅农场。

这是一片神奇壮美的土地，这里曾经战火纷飞，守卫边疆的边六团官兵在这里艰难地囤边，至今英雄们的第二、三代仍在这片土地上辛勤地劳作着。

自广东省第六批援藏工作队进驻以来，察隅农场焕发了新的活力。这里即将被打造为林芝东南地区的一个经济辐射极，成为林芝地区的藏药材种植基地和畜牧水产品养殖基地，林芝地区的高附加种养产品的试验中心、推广中心以及服务中心。

察隅农场党委书记郑党贞热情地向同学们介绍着察隅农场现状，并带大家参观了铁皮石斛种植基地，“四大家鱼”养殖基地，综合服务中心大楼里的图书室、电脑培训室等，同学们纷纷拿起手中的相机记录着这里的点点滴滴。

波密致富靠科技，天麻灵芝价值高

邢莉莉

除了冬虫夏草、红景天、藏红花、雪莲花等名贵药材外，天麻、灵芝也是大自然赐予西藏的稀世珍宝。

波密县位于西藏东南部，辖区1.6万平方公里，耕地面积7.12万亩，森林面积733.7万亩，是林芝地区的农业大县。波密是西藏有名的天麻之乡，这里年产野生天麻15吨左右，占西藏野生天麻产量的70%。波密县天麻素以药味醇厚、药用价值高等特点在国内外享有盛名，野生的天麻根本满足不了市场需求。

以前，波密百姓苦苦探索人工种植野生天麻，但由于缺乏技术、资金而屡屡失败。广东省援藏工作组到达波密以来，经过多次考察，结合波密县环境、资源优势，援建了波密县野生天麻培育基地。援藏工作队自2004年至今共投入大约830万元，已建成一栋办公楼、菌种厂、基础实验室、水井、智能培育麻种温控大棚一座。

技术人员已经攻克了有性繁殖和无性繁殖的技术难关，开始向农牧民群众推广种植技术，并提供种子等。野生天麻人工培育成功，在波密乃至西藏历史上是第一次。郝海利局长带领我们走进波密县野生天麻培育基地，让我们第一次见到了天麻培育的全过程。

天麻无根无叶，不能进行光合作用制造养分，仅依靠密环菌供应营养生长繁衍。由于天麻与密环菌共生的特殊关系，因而种植天麻的第一步是培育出一定数量的优质密环菌，第二步才是引购天麻种，第三步是天麻与密环菌的共生栽培。

郝海利局长告诉我们，天麻的培育可以通过有性和无性繁殖来实现，人工栽培条件下，天麻完成一个生长周期约需3年时间。有性繁殖就是播下箭麻，长出茎秆后，其上生有穗状花序，经过人工授粉后形成极微小的天麻种子；无性繁殖是用没有长大的米麻播种栽培。人工栽培天麻大多在室内或温室内进行。

天麻基地在历届援藏工作组无私的帮助与支持下，现已初步形成规模，为天麻的产业化发展打下了坚实的基础。波密县半野生人工天麻推广至6个乡镇、28个行政村，种植天麻户数达980户。8.9万平方米的种植面积能够产天麻17.8万公斤，产值在1 424万元左右。波密县天麻产业得到了稳步发展，同时增加了农牧民群众的收入，天麻产业已成为波密县造血项目的样本工程。

发展野生灵芝栽培，则充分地发挥了波密县在地理、环境、气候等方面的多种自然优势，其已成为波密县继野生天麻之后的又一优势项目。

灵芝，又名红芝、神仙草、还阳草。根据灵芝的特性，波密县科技局把种植灵芝的项目安排在古乡古村、索通村。这里交通相对便利，气候环境等条件十分适合野生灵芝等林下资源的研发。当地林下资源比较丰富，优越的环境为野生灵芝的种植与开发提供了先天条件。

在温室里，我们看到了人工培育的灵芝，一个个灵芝如同小雨伞一样笔直地矗立着。灵芝属高温型菌类，菌丝生长适宜温度为15℃～35℃，灵芝最适宜生长的温度是25℃～28℃，在这个温度条件下灵芝子实体发育正常，长出的灵芝质地紧密，皮壳层良好，色泽光亮。

据郝海利局长介绍，种植灵芝，只要利用山地进行简单的遮阴就可以了，不用施化肥、农药，跟野生的没两样。操作也不复杂，主要是春节前后，菌种需要越冬。目前人工栽培灵芝有椴木栽培和袋式栽培，波密县科技局采用的是袋式栽培。

为了顺利实施灵芝人工栽培项目，增加农民群众的经济收入，提高生产生活水平，波密县科技局专门从内地聘请了专业技术人员，通过实地调查研究，决定在波密县古乡古村、索通村实施灵芝种植项目。与此同时，波密县科技局培训了大批的技术骨干，到种植户家讲解灵芝种植技术，为他们实地示范操作灵芝袋栽种植技术，人人会操作，这样便在基层培训农牧民群众200人。在群众实际种植过程中，技术员对他们进行全程指导，手把手传授袋栽野生灵芝种植技术和种植期管理技术，并提供相应的工具扶持，确保该项目的成功实施。在种植后期，波密县科技局还派出技术员每月定期到种植户家中察看指导，针对种植户的疑难问题进行解答。

至今，波密县古乡的野生灵芝种植已经达到3万袋。从波密县实施该项目的情况来看，初步长势良好，农牧民群众对种植野生灵芝的积极性也很高。灵芝种植是一项一次投入多年受益的好项目，在随后几年的种植过程中一定能够实现藏族农牧民的增产增收。

以前，波密县农牧民群众只能在山上寻找野生灵芝，实施这个项目，不仅对波密县野生灵芝起到了极大的保护作用，还将为农牧民群众带来增产增收的好路子。发展野生食用菌种植是国家及自治区发展特色产业，进行农业产业结构调整的内容之一。国内食用菌产业已成为“创汇农业”、“富民工程”的首选项目，食用菌业与种植业和养殖业并列为我国农业的三大支柱产业。

发展特色产业是波密县进行农牧业结构调整的经济基础，科技项目是引领特色产业发展的支撑点。波密县的天麻、灵芝的种植已经初具规模，经济效益已经凸显，在波密县农业产业结构调整中起着先导作用。

爱行千里

——暨南大学采访团向墨脱县背崩乡希望小学捐赠文体用品

张　曦

8月13日下午，来自暨南大学新闻与传播学院的“我行我动·喀什、林芝深度采访行”采访团历经9个小时车程，从波密县出发，抵达墨脱县背崩乡希望小学，向在校师生捐赠了价值5 000元的文体用品。

“我们此行，既带来了暨南大学附属小学学生写给墨脱孩子的明信片，也带来了广东‘猛狮科技’企业捐赠的文体用品……我们希望在广东孩子与西藏孩子间，搭建一座沟通的桥梁。”采访团领队、暨南大学新闻与传播学院喻季欣教授在捐赠仪式中表示。

当地小学校长多吉仁青向采访团及捐赠企业表达感谢，他说，这批物资正好解决了学校体育运动用品不足的困境。

40多个孩子拿起崭新的彩笔，以现场绘画的方式问候广州小朋友。四年级的小学生扎西玉珍画了高山下的小屋，她在一侧用红色的彩笔写道：我已经10岁了，这是我的家，欢迎你们来这里跳舞。

“我行我动·喀什、林芝深度采访行”是暨南大学结合自身侨校特色和广东对口支援西藏的特点，派选在校新闻与传播学院学生深入林芝地区进行采访的一次教学实践活动。采访团将以不同类型的作品集中展现林芝地区的崭新变化，以展示暨南大学中华学子眼中的西藏和“广东精神”在援藏工作中的闪亮光彩，并将此介绍给国际社会。

“追访广东精神是我们此行的主要任务，但传递爱心也是我们此行的重点”，采访团队员周文辉笑着说。据悉，此次捐赠是该采访团在林芝地区进行的第二次助学捐赠。

“我行我动”队员在墨脱县背崩乡希望小学捐赠，并与孩子们互动

（发表网址：http：//www. motuo. gov. cn/Info_ 4075_ 778. html 墨脱政府网）

在摸索中前行

——广东援疆富民安居工程

董　琳

对口援疆是国家以灾区重建的模式来扶持新疆，要求全国19个省市建立人才、技术、管理、资金等方面的有效机制援助新疆，提高新疆自身的“造血”功能。广东省从1998年起对口支援哈密地区，13年来共派出200多名援疆干部，投入6亿多元，支持哈密地区建设了260多个项目。2010年开始转战对口援建喀什地区，包括深圳市在内，广东打算在2011—2015年支援新疆96亿元，并已安排1亿元作为先行试点项目建设资金，启动富民安居、小城镇基础设施建设等项目。“我行我动·喀什、灵芝深度采访行”小组在2012年7月份来到喀什，深入调研了疏附县的富民安居试点工程的成效，了解了疏附县人民居住条件的改善情况。

“我行我动”队员在西藏察隅县采访富民安居工程

“才貌兼备”的小二楼

一排排整齐划一又有民族特色的两层小洋房，果园与庭院错落有致地展示着各自的风采，水、电、厨、厕、浴等齐全，这就是吾库萨克乡广州新城征迁的富民安居点，当地群众亲切地称之为“小二楼”。

巴图江·阿米提是第一个搬进新居的人，因为要看守新居工程的器材材料，他2011年4月就搬进来住了，“以前我的房子只有30平方米，现在120平方米，当然很开心了”。尽管搬进来已经一年多了，但提到自己的新家，巴图江还是笑得合不拢嘴。以前巴图江是本本分分的农民，靠种地为生，现在搬到了新居，他们的户口也随之“农改非”，成了地地道道的城里人。政府给了他看守工地的差使，他也借助自己房子的地理位置优势，开了一个小卖铺，用他自己的话来说就是“生活越来越好了”。

富民安居点按照统一标准，平均每户宅基地 0.7 亩，户均院内净用地 0.5 亩，院内分居住区和种养区。客厅、卧室、厨房、卫生间、库房合理布局，每套建筑上下两层，砖混结构，面积为 100 平方米、120 平方米、140 平方米不等，按照每平方米 800 元出售给拆迁户。“当地的房价都在每平方米 1 300 元以上，因为这种安居房是有补贴的，国家财政补助 1 万元、广东援助 1 万元、节能房补助 2 000 元、改厕专项补助 600 元，差不多每户可以补助 2.4 万，所以这种安居房价钱很低。”吾库萨克乡富民安居办主任图提古丽·阿布力孜介绍说，“而且群众还可以根据需要选定不同面积的住房，如果家里人口多，儿子到了适婚年龄的话，我们还会根据实际情况考虑分给他两套房子。”巴图江·阿米提一家四口人，所以他们选择了 120 平方米的户型，卧室、客厅、餐厅、厨房均宽敞明亮，建筑风格极具民族特色，而且富民安居房是精装房，居民只需要搬进来住就可以了，基本设施都已经完备。站在二楼上望过去，村里的“小洋楼别墅群”尽收眼底。

据图提古丽主任介绍，吾库萨克乡富民安居点是将安居富民工程建设和拆迁安置相结合开展的新居民点，拆迁座谈时没有出现想象中的困难，把盖好的样板房给拆迁户看，把政府的政策介绍给他们，居民们还是很支持这项富民安居工程的。但是搬运过程中他们遇到了很大的困难，因为维吾尔族家庭许多木质的家具很重，富民安居办专门派了车队协助居民搬迁。

巴图江·阿米提所在的居民点规划占地 580 亩，总建筑面积 70 214 平方米，规划总户数 594 户，截至 2012 年 6 月底，主体完工 252 套，已经搬到新居的有三四户。像这样的居民点吾库萨克乡准备再建两个，来安置商贸物流园区建设中的拆迁户。三个居民点都在临近广州新城的位置选址，为今后农民就业创业提供先期的便利和地理优势。

不仅安居，而且富民

为了让各族群众住得上房、住上好房，新疆从 2010 年 6 月开始实施富民安居工程，张春贤在新疆维吾尔自治区第八次党代会上的报告中说，按照“统一规划、合理布局、设施配套、安全适用”的原则，按照“面积、功能、质量、产业二十年不落后”的要求，高起点、高标准推进工程建设。2010 年，惠及新疆 15.8 万户的“富民安居”工程已全面铺开，并整合各种力量，确保到 2015 年全面完成 150 万户农民安居和 8.5 万户游牧民定居目标任务，覆盖全疆 675 万人。

作为疏附县对口援疆的广东省省会，2011 年，广州援疆项目共 27 个，援建资金3.06亿元，其中18个为民生工程项目，民生资金占1.85亿元。建设完成8 450套富民安居房、2 220套廉租房，群众住房条件明显改善。程振山在中共喀什地委扩大会议上的报告中指出：要大力改善群众生产生活条件，大力推进富民安居、定居兴牧工程建设，坚持现代化与民族特色相统一，做到面积、功能、质量、产业四个不落后，把改善生活与解决长远发展结合起来，大力发展林果养殖、大棚、建筑、农家乐等特色产业和高效节水农业，着力推动安居与富民双重目标的实现。

来到广州对口援建的民心工程——萨依巴格乡5村富民安居示范点，一排排黄墙红顶的漂亮瓦房映入眼帘，“感恩中央亲切帮助，感谢广东无私援助”的标语非常醒目，一盏盏洁白的太阳能路灯矗立在宽敞的水泥道路上，一片片多姿多彩的小花园点缀其中，屋顶上的太阳能板揭示了这个小区的现代化程度。

70多岁的老党员阿布都克热木·阿米提是2011年5月搬过来的，比起之前住的土坯房、茅草饲养棚，富民安居房结构坚固，宽敞明亮，且水、电、路、气、厨、厕、浴齐备。他还在自己的庭院里搭起了葡萄架种上了葡萄，自己的种植规划区则种上了大棚蔬菜。“现在的房子是砖，很结实，地震也不怕了。”谈起新家，这位老党员还是抑制不住心中的激动：“看到这个房子的时候特别激动，我想要是我只有50岁该多好，就可以多住几年了。”

据萨依巴格乡的宣传委员阿提古丽介绍，该小区是疏附县富民安居的建设示范区，采用“三室一厅一厕一庭院”布局模式，并把富民安居工程与发展“庭院经济、维吾尔民俗、农家旅游”有机结合起来，对建房用地与畜牧养殖小区用地、温室大棚用地进行了科学规划和统筹安排，并完善了水电厨厕浴等和道路绿化等基础设施。在这一栋栋新房子旁边，一所幼儿园正在兴建，小区配套的医院、健身场地、警务室等也在逐步完善，“以后这里逐渐会实行社区化管理，像城市人那样生活”。

和萨依巴格乡一样，所有的富民安居工程都选择在交通便利、离广州新城广州工业园区近的地方，这样不仅方便村民生活，更有利于他们就近工作，利用项目带动当地经济发展，吸纳就业人员，这是广东产业援疆的一大探索和创新。

从广东福利到自己赢利

广东省委副书记、省长朱小丹曾形象地说，对口援疆，不仅要为当地送“鸡蛋”，更要与当地一起培养一批“能下金蛋的母鸡”。据广东省援疆总体规划，2011年至2015年，援助63.27亿元，其中124个项目将全部采用“交支票”模式。“交支票”，即广东出钱，受援地出工出力，重在培养受援地的造血功能（一般的援建方式，被称为“交钥匙”，设计施工全部由支援方负责，建好以后交钥匙给对方使用）。

疏附县托克扎克镇的富民安居工程正在建设当中，预计2012年8月可以竣工，届时可以容纳居民380户。据托克扎克镇社会事务办郭伟副主任介绍，安居房的工程都是本地设计、本地施工、本地监理。施工的工人都是来自本村的村民建筑队，但技术含量高的“计划图”、“设计规划”等都是由广州统一提供的。不过现在他们的工程队正在学习广州的管理制度和先进理念，希望以后自己可以做设计，做规划，做成熟的方案。

托克扎克镇专门挑选离县城1.5公里，离广州新城6公里的地方建设富民安居点，阿依古丽镇长介绍说，建好的富民安居点将承载田园经济、农家乐、畜牧业、大棚蔬菜等多项致富点，同时，借助离广州新城近的优势，他们乡镇将重点推动劳务输出，为此，镇政府每年都会搞电焊、美发美容、蛋糕师、建筑师等免费的培训活动。“现在我们富民安居工程队的很多做墙师傅，都是我们培训班就地培训出来的。我们下半年还准备搞厨师培训，培训一批做地道民族特色食物的师傅，为富民安居的农家乐做准备。”托克扎克镇民政办的边立夏提·吐拉克副主任说。

从托克扎克镇富民安居工程的规划图可以看出，工程计划有超市、商场、医院、学校、警务室、大型活动室等。“我们的小区以后逐渐就城市化了，但是这不是一下子就可能达到的事情，需要一点点转变。”据阿镇长介绍，他们的宣传队和文艺队两个队伍经常到村子里进行多种形式的城镇化宣传，同时，他们还组织村民到城市参观，让他们去感受城市的生活，再慢慢转变自己的思想。“我们离广州新城这么近，一定要把握住这个优势，但是不能只靠别人给予，自己也要学会争取。”

广东援疆前方指挥部的林部长表示，富民安居工程怎么富民也是他们探索的一个话题，目前觉得较为成熟的方式就是利用项目产业带动，比如单广州新城就可容纳上万人就业，这对当地的就业和经济发展有很大的促进作用。所以产业带动、理念输入、人才影响是安居和富民的制胜法宝。而广东也将以民生援疆为龙头，以产业援疆和智力援疆为两翼，全力构筑“一个龙头，两翼齐飞”的援疆工作新格局。

记广东援疆医生徐波

喻 澍

2010年的春天，党中央作出了新一轮对口支援新疆的重大战略决策。2011年的春天，广东第六批援藏干部带着“厚于德、诚于信、敏于行”的广东精神奔赴喀什。今天，我们怀着新闻学生的理想与热情，来到喀什，追寻广东精神。

七月的喀什，太阳灼热，晒得人有些刺痛。在疏附县人民医院，我见到了这位闻名已久的年轻援疆医生徐波。徐波是广州市第一人民医院肝胆外科副主任医师，2011年2月作为广州市选派的广东省第六批援疆干部人才进入新疆疏附县人民医院开展对口援疆工作。而他的妻子叶璐是广东省第二人民医院的一名医生，2012年2月作为广东省第六批援藏干部远赴西藏林芝工作。

年轻的援疆医生徐波

此行，我们采访小组幸运地成为爱的传递天使，徐波托我们将一份祝福和礼物传递给他在西藏林芝援藏的爱妻。夫妻俩援疆援藏的大爱，丈夫对妻子的细心，以及我们可以充当如此美好的角色，成为此次喀什之行最特别、最美好的回忆。

疏附与广州的桥梁纽带

到达喀什的第三天下午，采访小组来到了疏附县人民医院，这里有着5位来自广州的援疆医生，我们非常期待了解他们的援疆故事。在这里我们第一次见到徐波，一位热情、干练的年轻外科专家，在和我们打过招呼后，便连忙道歉说由于广州市第一人民医院捐赠的远程诊疗设备已经到达，自己正在和技术人员一起调试设备，我们只好另外预约采访时间。

疏附县人民医院院长郭宝云告诉我，徐波医生不是一个人在援疆，他也是他们和广州市第一人民医院的桥梁纽带。原来，徐波一直在疏附县人民医院与广州市第一人民医院的交流中充当重要角色。在确定援疆之后他就开始精心准备，在广州市第一人民医院的大力协助下，将一批医疗器械作为第一份礼物赠送给了疏附县人民医院，这些器械目前在医院的日常医疗中发挥着重要作用。通过徐波的牵线搭桥，广州市第一人民医院与疏附县人民医院签订了帮扶协议，双方的交流不断增加，一批批医疗骨干到广州进行培训，广州专家也来到疏附，开展义诊、手术演示和举办培训班等。目前疏附县人民医院已选派10名医务人员赴广州培训学习。

而疏附县人民医院即将开通的广州市第一人民医院的远程会诊专线，将成为继国家武警总院、新疆医科大学第一附属医院、自治区人民医院后的第四条专线。这种新兴的模式，将为疏附县这样的基层医院一些高难病例的诊断和治疗、临床教学、学术交流等提供便利。以后疏附县的病人们不出县就能接受广州专家的会诊了，这是徐波来疏附援疆以来一直在努力做的事情。我想它不仅是一条会诊专线，也是一条连接广州与疏附的友爱之线，而这种广州—疏附医疗帮扶共建模式已经在广州与疏附的千山万水之间生根发芽，开花结果。

尽我所能给疏附人民带来足够的帮助

再次在疏附县人民医院见到徐波，他依然很忙碌，在办公室里接收和清点上午刚刚到达的大批药品，这些又是广州市第一人民医院捐赠的药品，准备免费发放给疏附的病人们，看来徐波的桥梁纽带作用真是名副其实。

“一年半时间很短暂，我一定尽我所能给疏附人民群众带来足够的帮助。”这是徐波决定来援疆时下定的决心，他给自己制订了一个周密的工作计划。这一年多的时间里，徐波都在努力地实现他当初的决心。

一来到疏附，徐波就开始积极地投入工作中。在疏附县，由于受到经济、健康意识、传统习惯等的影响，以及医疗技术水平的制约，较多急腹症的病人得不到有效的诊治，而徐波知道单靠个人的力量是有限的，更重要的是要提高当地医护人员的整体医疗技术水平，“造血式”的援助才是最好的方法。

他牵头申报了“喀什地区医学继续教育——急腹症的诊断与治疗”项目，该项目得到了广州市援疆工作队的高度重视，马上投入人力、财力，精心准备，并于2011年7月8日成功举办了培训班，全县13个乡镇150余名医务人员参加。之后定期开展系列的“疏附县医学继续教育学习班”，面向疏附县各级医疗卫生单位的医务人员，效果显著。在徐波等医生的指导和帮助下，疏附县人民医院医务人员的专业技能水平迅速提高。2011年，在由22家医院参加的喀什地区医护技能大赛中，疏附县人民医院荣获团体亚军，外科获得单项第一。

日常，徐波每周进行两次教学查房，结合实际问题，不定期给外科医务人员授课、组织专题业务学习，很快，授课范围扩展到全院。疏附县少数民族人口占98%，其中主要是维吾尔族，所以每次查房徐波都要请一位维吾尔族医生陪同，充当临时翻译。我跟着徐波和一位维吾尔族医生还有两位喀什卫校的实习生一起例常查房，虽然语言不通需要翻译，但对每一位病人徐波都会详细询问情况，给出建议。遇到一些病情复杂的病人，徐波会在一边查房时一边向实习生们提问。那位喀什卫校的实习生听到问题后，腼腆地摇了摇头，徐波随即详细地为他们解答，这样的方式在平时的查房中经常见到，因为徐波总是希望在实践中能够多传授他们一些知识。他告诉我："经常深入病房，早上、晚上多去关心病人，病人能感受到你对他的关心，慢慢就会产生信任，能理解你的做法，从而配合你的医疗行为。"

在这一年多的时间里，徐波主刀、指导的手术达100多台，填补疏附县多项空白，而提起印象最深刻的一次手术，就不得不说2011年4月的那一次。这是疏附县人民医院首次独立完成的巨脾切除手术，也是徐波到医院后带领大家打的一场硬仗。当时，外科收治了一位辗转多家医院就医的"巨脾"病人：女性，38岁，脾脏肿大，伴随压迫症状。病人及家属起初对疏附县人民医院的医疗水平尚有疑虑，徐波组织外科医务人员进行病例讨论，并联系新疆医科大学第一附属医院进行远程会诊。他本着严谨的医学态度进一步邀请到广东省医疗队派驻喀什地区第一人民医院的血液科主任刘加军会诊，并完成了骨穿检查。明确病情之后，徐波向病人及家属详细交代病情及相关手术风险，病人及家属被县人民医院的医务人员为其所作出的不懈努力而感动，要求在县医院进行手术治疗。徐波克服各种困难，亲自主刀完成手术，切除脾脏30cm×18cm×12cm，重达4kg，手术获得成功，也填补了医院这一项目的空白。

过去在疏附县，大家对微创外科并不了解，患者也无法享受这一新技术带来的好处。徐波来到后，一直在为开展腹腔镜手术积极准备：联系援疆资金购买设备，培训医务人员。2011年年底徐波成功开展了疏附县的第一台腹腔镜手术——腹腔镜胆囊切除术，此后医院的微创手术进入快速发展阶段。

医者仁心

徐波以高超的医疗技术，给疏附人民带来健康的福音，以新技术、新理念改变了当地医疗现状，带动了当地医疗技术水平的提升。其实他带来的不仅仅是技术，还有认真负责的工作态度和作为一名医生应具有的医者仁心。

徐波遇到一位83岁的维吾尔族大爷，腹股沟巨大的复发疝日渐加重导致他无法行走，因经济原因一直未能治疗。他就协助老人申请了民政部门的救助基金。后来，复发的巨大疝用常规的修补方式已经无法有效彻底治疗，徐波决定采用无张力疝修补术，但手术材料属于自费项目，他便自己出资购买补片，顺利完成了手术。病人出院时非常高兴，反复用维吾尔语说："毛泽东，雅克西！"这是对援疆医生最大的肯定。

他还热心资助了疏附县二中一个贫困家庭的姐妹俩完成学业。姐妹俩的父母都是四川人，在新疆打工已经10多年。徐波原本打算资助姐姐，在得知还有一位妹妹后，毅然决定资助两姐妹。采访结束后，我们一行人走出医院大门时，遇上了徐波资助的那一对姐妹，姐妹俩行色匆匆地往医院走来，徐波马上叫住了她们，一问才知道姐妹俩的奶奶突发疾病被送进医院，两人正要去看望，小脸上充满着茫然和焦虑，徐波匆匆和我们道别后，和姐妹俩快步走进了医院，留下远去的背影。我想，此时在姐妹俩的心里，徐波不仅是一位医生，还是可以依靠的亲人。

爱女儿、爱妻子的好父亲、好丈夫

在徐波的办公室里，到处摆放着家人的照片，办公桌玻璃下压着一张三人的全家福，三个人穿着明艳的亲子装，女儿的笑容十分可爱。徐波是家里的主心骨，一旦援疆，就意味着离开年事已高的父母、三岁多的女儿，更意味着不能和爱人朝夕相处。对于一个儿子、一个丈夫、一个父亲而言，这的确是艰难的抉择，但他还是选择了这样一份深具使命感的任务和人生难得的一次经受艰苦锻炼的机会。徐波说，从一开始他的妻子就是理解和支持他的，这更加坚定了徐波援疆的决心，也让他少了很多后顾之忧。

在来疏附之前，他还将女儿的照片做成台历，有空余时间时，就会拿起台历翻看，一遍一遍，总也看不够。徐波说："这是我为女儿特别制作的，每年一个，每一个月都是女儿不同的照片，希望以此记录下女儿的成长，平时看看也能缓解对女儿的思念。"说起三岁半的女儿，徐波充满愧疚，夫妻双双决定援疆援藏后，就把女儿送回了湖北老家。徐波总觉得自己未能尽到一个父亲的责任，援疆这一年多，女儿对他已有陌生感，有时打电话回老家，她甚至都不愿和爸爸讲话。一旦听到女儿生病的消息，即使是小毛病，身为医生的自己也只能空着急和心痛，无法在身边照顾。提起这些，徐波的眼眶变得湿润起来。此行在喀什采访这些援疆干部们，每当他们提起自己的家人时，即使是七尺男儿也会难以抑制真情实感的流露。

在得知我们行动小组还将往林芝采访时，徐波笑了，说想拜托我们一件事情，就是希望我们可以为他在西藏林芝援藏的妻子带去一份祝福和迟到的生日礼物，这让我们行动小组的成员十分感动，二话不说接下了这项任务。徐波从办公桌的抽屉里拿出了一个有点厚度的大信封交给我们，信封已经细心地包装过，显得很严实。这就是徐波托我们转送的礼物，里面有一封写给妻子的信和一本相册，相册里全是徐波援疆一年多来生活、工作点点滴滴的记录，也许礼物并不贵重，却充满了他深深的爱意。

感受到徐波对妻子深沉的爱意，我们小组决定为徐波拍摄一段给妻子的视频，徐波欣然答应了。第二天傍晚，徐波下班后从疏附县赶到了我们在喀什落脚的宾馆，老师和队员们一起行动，很快宾馆的房间就改造成了一个简易摄影棚，桌子和椅子被移到了窗前适合拍摄的位置，画面背景就是宾馆的落地窗帘。房间光线不够，我们就将摄像机的机顶照明灯粘在墙上，不断地调整光线的照射角度，而床上还站着我们的临时灯光师。甚至有人匍匐在镜头下面，手抓着话筒收音，摄像师一直在调整拍摄角度，指挥灯光，每个人都在忙碌。在外人看来，这也许只是一个几分钟的视频信，可是我们都像进行重大采访一般严阵以待，这是我们唯一可以表达感动与感谢的方式。

2012 年 7 月下旬徐波将完成他在新疆一年半的援疆工作，而妻子叶璐 2012 年才到西藏林芝开始援藏工作，夫妻俩团聚广州要到 2013 年。徐波说自己先回到武汉，把女儿接回身边，正如在给妻子的视频信中说到的一样，他会做一个负责的爸爸，弥补曾不能陪在女儿身边的遗憾。

张瑞凯：我舍不得离开这群孩子们

——记新疆喀什地区疏附县一位援疆女教师

肖兆路

疏附县又名托克库尔萨克，《西域同文志》中这样解字："托克，饱也；库尔萨克，大腹也。地丰，于稼人能饱食，故名。"意思是能让人填饱肚子的地方。即使西域这片土地充满历史韵味，令人向往，可要是真的决定在这茫茫大漠生活并坚守自己的信念，也是需要与自己内心不断斗争的。张瑞凯，就是其中做好了思想准备愿意在这边疆支教的人。

她有心为社会做点事　可总是一波三折

"其实2008年的时候我就萌发了（心意），想尽自己所能去做一些有意义的事情。帮助别人，尽我一点绵薄之力。"张瑞凯回忆起自己当时想报名来边疆支教的时候这样说。

2008年5月四川汶川发生8级强震，大地颤抖，生灵涂炭。当时广州征召汶川志愿者，张瑞凯已经在网上报了名。"我觉得在我们自己国家发生这样的事情，同胞一瞬之间生死两隔。所以我就想做一点有意义的事，因为我是老师，所以可以做一些劝导和减轻心理压力的那种（工作）。"因为当时志愿者的申请需要进一步考核，有很多的考试，而张瑞凯在学校还有很多课要上，她怕参加考核会影响正在进行的工作，就放弃了，所以她一直觉得很可惜。

"2010年广州亚运会芳村码头45艘花船，要从这里出发去海心沙，我当时负责学校属地的工作。亚运会征集志愿者，需要懂广东话，熟悉广州的故事（的人）。我觉得我应该去做，但是也错过了时间。"张瑞凯补充说她对自己一直以来想做点有意义的事情而没能成功感到遗憾。

"2010年12月1号星期三9点多"，张瑞凯清楚地记得当时在网上看到广东省征集第六批援疆干部的时间，其中需要高中语文老师一名。因为当时标明的报名截止时间是2010年11月30号，所以她印象特别深刻。"我就想到我要去，这次一定不能错过。"她当时第一时间请示她的校长，并与丈夫沟通。"然后我就拼命打电话给组织部报名，组织部的人说报名时间已经过了，但是我说我很想去，并且我符合条件，无论年龄、身体、资历我都可以。后来区委组织部的人说，11点之前必须把材料交给他们，送给市委组织部。"

于是她就抓住了机会，迅速把材料交了上去。不久她就接到了要求她进行考核的电话。从在网上看到消息到交报名材料不到两个小时，她为自己以前总是错过机会感到惋惜的同时，又觉得自己这次能报名成功真的很幸运。“一个人要是有点心愿，又能很顺利做点事，我觉得很幸运、很难得。”经过干部考核、区委组织部及区教育局考核、全校老师谈话评议、政审、体检等多个流程，一个月后她收到了通知，她可以为去新疆喀什地区疏附县二中支教做准备了。

从南国广州来到西域南疆，中间的差距很大，她印象深刻

气温高，降水多，雷暴频繁，用“生猛鲜活”来形容南国广州湿热的天气是最合适不过了。而在喀什噶尔，则是一片大地苍茫，风沙漫天的景象，且夏季炎热干燥，日照时间长，这是典型的大陆性干旱气候。习惯了广州的湿热，初到喀什地区，很多人会感到不适应并且身体出现一系列问题。广东对口援疆干部在边疆地区时身体经常出现不适应气候的苦痛，而这并不会成为阻碍他们做好自己工作的理由，张瑞凯就是其中典型的代表。

“刚来到的时候，嗓子总是干干的，有时候一个星期说不出话来，这都是正常的。”张瑞凯老师说，“‘国家兴亡，匹夫有责’，当时以为是生活上吃饭喝水、适应不同气候的困难，其实怎么病怎么痛睡一觉就都克服了。艰难的不是这些，而是思想认识，各民族需要团结起来，需要从娃娃抓起。大家都要付出努力，而不是停留在嘴巴上。我做了什么，教了多少学生，做出多少成绩，那慢慢再说。”

让张瑞凯感受最深的是自己在思想认识、政治认识上的升华。“五一”劳动节的时候，学校组织老师们去红其拉甫进行援疆宣誓，张瑞凯也在其中，并表明了自己坚决拥护民族团结与国家统一。

“当时热血沸腾，国家安稳强大，才有我们完整的人的存在。茫茫雪山戈壁滩没有多少人，需要我们来守护这些土地。”张瑞凯声音激动得有些颤抖。“我是读中文的，读过不少书，如果祖国需要我，我会义不容辞。这也是我们每个援疆教师的誓言。”

疏附县人民带给张瑞凯的深刻印象是淳朴。“拿升国旗来说吧，这里升旗的时候是九点多，降旗是晚上七点多的。（那时候）学校都还是吵吵嚷嚷的，一听到升国旗，不管在哪里，所有人都停下来面向并仰视国旗。当时我看着都觉得震撼。”

新疆人民的淳朴是让人感动的，他们有很多值得沿海及中部地区学习的地方。作为祖国的边陲，兼之“五口通八国，一路连欧亚”的枢纽地位，要在这个地方把爱国的思想统一起来是不容易的。国家需要团结，需要领土的完整。张瑞凯很清楚自己作为一名援疆教育工作者的使命，每一位援疆的干部都应该承担起自己的责任，援疆工作是个很漫长的过程。

语言有障碍，沟通没有障碍

疏附县二中的教学相比广州的学校是有一定差别的。“教材不一样，当时上

到哪里也不知道。需要问学生，学生会不断考量你，学生觉得我教得还可以，就把一本书送给我，我才拿到教材。版本不一样，考试也不一样，是全国新课标的版本。”张瑞凯 1990 年毕业于广州师范学院，来疏附县之前她已经教了 22 年的书。2006 年她担任广州市培英中学的副校长。对于工作经验丰富的她来说，教材不一样并不影响她教学水平的发挥。从开始不知道自己要做什么到熟悉这里的教学流程，张瑞凯并没有花费太长时间。

不过语言交流的障碍却是个问题。有一次，张瑞凯刚到就去参加疏附县高考工作会议，讨论管理工作如何开展，除了局长是广州人外，其他的全是维吾尔族人。会议全是讲维吾尔语的，当时张瑞凯很难听得明白，于是就有个干部专门过来坐在张瑞凯旁边给她翻译。这让张瑞凯很感动，“我也体会到了一次有专门翻译的待遇”。

疏附县维吾尔族的小孩虽然在普通话普及的大背景下能懂点汉语，能够维持基本的交流。不过在课堂上就会出现一些障碍。“比如说，‘欣赏’说成‘听’。”在南疆只是理科开设了双语教学班，文科是不开设双语班的，但是语文老师可以同时教双语，所以在与维吾尔族小孩的交流与沟通上，张瑞凯还是做了些工作的。

张瑞凯老师在上课

一些是公务员或者在事业单位工作的维吾尔族人，他们清楚地认识到如能流利地讲汉语，就很容易找到工作。所以他们从小就把孩子送进以汉语教学为主的学校。当时张瑞凯的班里面有一个叫玛依努尔的女孩，她在汉语表达上和汉族学生几乎没有差别了。

玛依努尔有维吾尔族人的外貌特征，不过在打扮上与汉族的学生已经很相似了。张瑞凯刚来到疏附县二中的时候，对维吾尔族的风俗禁忌不是很了解，怕伤害到维吾尔族的学生，同时也想与维吾尔族的学生多沟通与交流。刚来到的时候就直接去请教玛依努尔：“在这里有什么禁忌，请你告诉老师，我不懂，这方面你是我的老师。”

张瑞凯说："玛依努尔当时很羞涩，回答我说，'没有什么的，老师你放心，我跟他们都很好，大家都一样的'。"然后玛依努尔就跑掉了。于是张瑞凯就去请教她的汉族学生和同事，并不断主动同玛依努尔交流。

冬天的时候，维吾尔族有个诺鲁孜节。"当时，外面很冷，我上完第一节早读，有个教生物的梁老师就站在我课室门口，她手里拿着两个苹果。她说，今天是诺鲁孜节，让我送个苹果给玛依努尔。"张瑞凯不知道这个习俗，感动之余她就把苹果拿到玛依努尔面前。

"今天是你们的节日，祝你平平安安、健健康康、学习进步。"张瑞凯是这么向她送上节日祝福的。玛依努尔当时很高兴，她说广州老师真好，祝福老师平安、健康、开心。就是在这样的努力下，张瑞凯与玛依努尔建立了深厚的师生情谊。

记者采访的时候张瑞凯在教高二，主管当时的年级教学工作。她所在的年级有两个双语班 11 班、12 班，里面全是维吾尔族学生，老师大多是维吾尔族人。有一天，一名叫阿孜姑的生物老师跑过来找她，很神秘地想跟张瑞凯老师谈谈。在张瑞凯的询问下，阿孜姑说她班上有个女生吾力姑丽患病了，可是吾力姑丽家里很穷，经济上支持不下去了，就想辍学，恳求张瑞凯帮忙让她回学校继续学习。

于是张瑞凯就带着吾力姑丽去找当时援疆的干部姜维医生。张瑞凯当时就想，先别管她家里对上学怎么看，得先把病治好。由于维吾尔族人的观念很特别，妇科不能有男医生。吾力姑丽很害羞，于是张瑞凯就找了一个女内科医生，并且垫付了所有的医药费，给吾力姑丽送去水果，并塞给了她一百元。过了一个月左右，吾力姑丽的病好些了，也不再提辍学的事情了。

"我舍不得离开这群孩子们"

自从张瑞凯来到疏附县后，只有在暑寒假时才能回家。作为一对双胞胎儿女的母亲，张瑞凯对还在上中学的儿女的思念只能通过电话和其他即时通信工具来

张瑞凯老师赠送学生相册

缓解。而这种缓解思念的方式也是有折扣的，喀什地区和广州有三个小时左右的时差，夏天白昼时间可以长达 18 个小时，所以张瑞凯只能选合适的时间，才不会影响儿女的休息。她的丈夫在广州科技贸易职业学院任教，同为教师的他能在工作上与生活上给予张瑞凯理解与支持，这又是她感到幸运与幸福的事情。

一年的时间很快就过去了，张瑞凯与这群孩子们早已建立了深厚的情谊。在即将离去的时候，她把自己在疏附县二中的教学及与孩子们的交往留下来的影像做成相册送给学生们作为纪念。“我舍不得离开这群孩子们”，张瑞凯黯然地说。在采访结束的时候，记者看到两三个学生拎着一袋杏过来送给即将离去的老师。拗不过学生的热情，张瑞凯还是收下了。这些杏是从学校后面的杏园里摘的，杏园从不施农药，天然香甜，淳朴得像这些孩子挽留老师的心一样。

温和师者在南疆

——记广州援疆教师臧鹏程

朱海威

仿佛是习惯了理工科训练，化学老师臧鹏程讲话有些慢条斯理，说出来的字句都讲究逻辑。更多时候，他是一种微笑倾听的姿态。可当他用略带口音的普通话把一年半的援疆经历慢慢说开，逻辑的黑白逐渐渲染成一幅多彩的画卷，里面满是有血有肉的故事。

臧鹏程原本是任教于广州市增城中学的一名高中化学教师。高瘦的他嘴边挂着习惯性的微笑，眼神温和，可称得上“温润”，作为一名拥有“南国”气质的知识传授者，辽阔而粗犷的南疆似乎并不适合他。可是，作为广州援疆教师，他已经在喀什地区疏附县两所中学工作了一年半，顺利完成了援疆教学工作，即将返回广州。

在这片苍茫沙漠的绿洲上，他春风化雨的温和中也有策马奔腾的一番天地。

学生时代的援疆梦

说起援疆，臧鹏程表示，这是他学生时代就开始萌发的理想。

原来，他就读的本科学校设有“新疆班”，专门招收来自新疆地区的学生，其中很多是维吾尔族人。臧鹏程本身是侗族人，同为少数民族的他与新疆班的同学接触很多，了解了许多关于新疆的人和事。他说：“与新疆的同学接触后才发现，原来新疆有的地方生活这么穷苦，教育如此落后!”此后，他便萌生了要支援新疆地区的想法。

虽然少年时代的梦未曾在岁月的荏苒中淡去，但他毕业后在广州找到了一份稳定的教师工作，也组建起了幸福的家庭。如此一来，背井离乡远赴边疆的志向也被诸多藩篱所牵绊。直到这一次，机会来到他面前。

2010 年 11 月，广东省征召第六批援疆干部，通知下发到了臧鹏程任教的增城中学。他在上午 9 点看到了通知，发现援疆职位里面有“中学化学教师”。怦然心动的他意识到，这是离学生时代的理想最近的一次，他一定要抓住这个机会。

于是，他拨通了妻子的电话。两小时后，他在报名表上填下了自己的名字。

初到的烦恼

2012 年 2 月 20 日，广东省第六批援疆干部一行 14 人抵达喀什，并立即被分派到各援疆单位。臧鹏程和另外一名来自广州的援疆老师张瑞凯一同来到了疏附县的中学。

疏附县东邻喀什市，西接帕米尔高原，全县人口中，97.8%是维吾尔族人，汉族人只占2%。

臧鹏程被分派到了疏附县一中，按照惯例，一中是当地最好的学校。他十分高兴，认为这里即将成为他施展教学才华之地。

2月21日，也就是两位老师抵达疏附县的第二天，开学典礼如期到来。还没等他们好好了解一下当地的情况，教学工作便开始了。

此时，臧鹏程才发现一个严重的问题，他竟然没有办法与学校任何一方沟通。回忆当时的情景，他苦笑着说，举目四望，到处都是维吾尔族面孔，没有人能听懂他的普通话。他问路、问班级、问教室、问办公室，均无法获得任何信息。在周围往来的陌生面孔中，他有些手足无措，广州万里之外的边陲，竟然仿若他国异邦。援疆理想在岁月的洗礼中愈发丰满，而所遇的现实却是如此"骨感"，竟令他寸步难行。

最后，他终于遇到了一名会说汉语的老师，将他带到了办公室并告诉他一些基本信息。此时他才了解到，维吾尔族地区的中学分"母语班"和"双语班"，"母语班"是纯维吾尔语教学，学生不会使用汉语；"双语班"的学生才会学习维吾尔语和汉语两种语言。臧鹏程所在的一中是俗称的"维校"，绝大部分是只讲维吾尔语的"母语班"学生。例如，他所任教的高二有13个班级，只有3个"双语班"。

语言成了最大的障碍。即便是"双语班"的学生，母语也是维吾尔语，汉语远不如内地学生精通。于是，他开始琢磨如何用最容易理解的汉语去讲解复杂的化学问题。通用的公式和元素符号帮了他的忙，这些公式和符号跨越了维汉语言的障碍，使双方得以达成共识。他感慨另一名援疆教师张瑞凯的艰难，"张老师是语文老师，在这里用汉语教语文，太难了"。

除去语言障碍，协调工作成了臧鹏程另一大头疼的问题。他在一中任教后不久，开始兼教二中的化学。此后一段时间，他需要在两个学校之间来回跑。辛苦一点自不必说，课时安排上的冲突成为难以解决的矛盾。

刚拿到两个学校课表的时候，臧鹏程傻眼了，他有的课在两个学校被安排在了同一时段。原来，两个学校都是以自己的排课方式来安排，双方并没有沟通和协调。臧鹏程分身乏术，只能拿着课表去找两个学校的校方。

没想到校方除了表示无奈，也拿不出解决的办法，并都希望"对方学校调整一下"。臧鹏程求助无门，只能靠自己。于是，他开始对照课表，找出可协调的方案，再找两个学校的任课教师进行协商调配，在一番艰难的沟通与努力下，终于把时间冲突的事情协调好了。

臧鹏程说，这里是祖国的最西部，许多条件与理念无法跟广东相比，但是我们一定要用发达地区的理念在这里做事，这是除了教学工作以外，我们援疆的另一个重要的内容。

无偿为维吾尔族学生开小灶

边疆的教学工作都是与不太精通汉语的学生打交道，计划内的课堂教学只能完成“传道授业”的过程，却无法达到“解惑”这一步。艰深的化学成为许多维吾尔族学生升学道路上的拦路虎。

学生们有对知识的渴求，臧鹏程便也不怕辛苦。他决定在课余时间为学生无偿补课，有需要的学生都能参加。

一般在周三的晚上或周六的白天，同学们便会来臧老师处“开小灶”补习化学。臧鹏程笑道，虽是免费，但是前来的学生们都会主动给他带干果和小礼物，以表达他们的谢意。

师生关系的融洽还表现在课余生活之中。臧鹏程在上课之余，会和学生开展语言上的“互帮互助”。他会虚心向维吾尔族学生学习简单的维吾尔语，而维吾尔族学生会向他讨教汉语的问题。师生双方还会约定，一段时间后互相检查学习成果，他说，“维吾尔族学生们做起语言老师来是相当认真的呢”！

阿卜杜克尤姆是臧鹏程的学生，他学习努力，一直想通过“民考汉”上新疆以外的大学。所谓“民考汉”，也就是规定少数民族考生在高考时使用与汉族考生同样的一套试卷，汉语因此成为他们考试中的重要考核条件，对维吾尔族学生来说这是相当难的。

对阿卜杜克尤姆来说，语言是他难以逾越的一道坎。不止是汉语水平较低，他的英语考试分数也很难突破 20 大关。而他的数理化成绩是优势所在，分数一向“居高临下”。

臧鹏程老师回忆说，高考前一段时间，他看见阿卜杜克尤姆经常拿着书在他办公室门前来回逡巡，但不直接找他说话。于是他主动问起阿卜杜克尤姆，了解到他内心的犹疑。

臧鹏程开始与他反复沟通，老师的意见是语言这个软肋很难在短时间内提高，或许“双语考汉”是一条更适合他的道路。语言水平在考核中被弱化后，他数理化的优势便成为击败其他人的有效武器。

阿卜杜克尤姆一开始仍执着于“民考汉”的想法，在臧鹏程不断摆事实讲道理，综合分析之下，他结合自身实际情况，终于下定决心听取老师的建议，走“双语考汉”这条道路。

他真的找到了适合自己的道路。在 2012 年自治区的化学奥林匹克竞赛中，他获得二等奖，并在高考中以总分 534 分取得民族班最高分的佳绩。

说起阿卜杜克尤姆，臧鹏程依然感慨良多。他说，如果阿卜杜克尤姆依然走“民考汉”的路子，语言的弱势很难让他挤过高考的独木桥，而他理科方面的优势也会随着他的落榜而难以为继，“我实在不愿看着一个人才就这么默默离去”。

乡愁万里

随着一年半的援疆工作结束，臧鹏程即将返回广州，谈起这个，喜悦时常浮现在他的脸上。对广州的思念是他这个异乡人难以磨灭的情结，对家庭的眷恋是日益深厚的思绪。

他说，这次能参加援疆，首先要感谢妻子。当时在与她电话沟通后，得到了鼓励与支持，所以他才能立即报名，并安心完成了所有援疆工作。

臧鹏程的妻子是他高中的同学，两人从相识相知到组成家庭，彼此的默契早已难为一般人所体会。臧鹏程这么多年来的援疆情怀，他的妻子是最清楚不过的。

每天与妻子通电话是他的“必备功课”。他告诉对方援疆工作的点点滴滴，妻子告诉他家里的各项情况。两人虽然相隔天涯，心却从未远离。

他的儿子正在上小学。他说，最开心的事就是能通过网络视频看到儿子，与他说话。但是，疏附县与广州存在近三小时的时差，当他在夕阳的余晖下结束一天的教学工作时，儿子早已在夜幕中的广州进入梦乡。

总结援疆工作，他总觉感慨太多，经历丰富，但从何说起却又很难。忽然，他想起一个故事。他说，在疏附县，当地维吾尔族人一般不喜欢送子女到双语学校。但是，有一名初中女生从“双语班”毕业后，被村里聘为文书，负责汉语事宜。看到这样的情景，当地的一个父亲强烈要求把自己的儿子送到双语班来上课，因为“学汉语很有用”。

臧鹏程说，援疆教师的自豪感也许就这么简单，让维吾尔族学生们了解更多的文化，让他们看到更广阔的世界，让他们能通过知识的阶梯，从落后的地方走出去，让知识成为地方发展的重要动力。

一直到谈话结束，臧鹏程始终保持一种温和如水的态度。他在南疆的绿洲上看惯了漫天的风沙，经历了酷寒的冬天，吃到了最甜的杏子，他的微笑始终不改，在此辛勤播撒着知识的种子。

谈起离疆前的日子，他说要跟几位当地老朋友好好聚聚，并邀请他们去广州做客。两地虽隔千山万水，相信情谊会愈久弥坚。

从一个人到一个村

——新疆民族乐器村

董　琳

中国新疆民族乐器村坐落在新疆疏附县吾库萨克乡7村，距县城4公里，该村从事乐器制作已有150多年的历史，570户人口中有290户从事乐器制作。制造乐器种类达27类，共50多个品种，几乎涵盖了所有维吾尔族的传统乐器。1999年政府投资42万元建立了占地面积为2 000平方米的新的民族乐器村；2000年该村被国务院命名为“中国新疆民族乐器村”。

2004年，该村民间艺人艾尔肯·铁木尔等制作的5米长的都塔尔和3.7米长的热瓦甫巨型民族乐器被列入吉尼斯纪录；2007年，维吾尔族乐器制作技艺被列入第二批国家级非物质文化遗产名录；2008年，民族乐器制作传人热合曼·阿布都拉被列入第三批国家级非物质文化遗产项目代表性传承人目录。“我行我动·暨南大学中华学子喀什、林芝深度采访行”来到这个承载着文化传承重任的乐器村，探访乐器制作技艺背后的故事和发展。

在新疆阿凡提艺术巴扎的旁边，有一排排修葺一新的极具维吾尔族风情的房子，米黄色的外墙，搭上拱桥的装饰大门，时不时传来几曲悠扬的乐器声，颇有艺术氛围。这就是远近闻名的“新疆第一民族乐器村”，这个村子已有几百年的历史，以前叫做托万克吾库萨克村，一半以上的村民都从事乐器制作的职业。2011年，政府投资重新改造民族乐器村，将附近的房子重新修整，统一规划，现在这里新定居了92户乐器制作艺人。

走进第一个胡同最里面的那户人家，院子一角堆满了废弃的木屑，男主人吾布力·阿不都克日木正在雕刻着弹拨儿的雏形，女主人在旁边为他做好热瓦甫贴牛骨，他的小儿子坐在另一侧帮爸爸打磨木头。虽然制作室里木屑横飞，女主人依然是包着头巾端庄优雅地坐着帮丈夫做工匠活。吾布力做乐器已经19年了，妻子从一嫁进这个门就开始帮衬丈夫。“我们已经结婚17年了。”妻子羞涩地笑笑，“我的儿子才几岁，很小，他只能做些打磨这种小工。”虽然全家一起帮忙，但是据吾布力介绍，他做一把热瓦甫要12天的时间，所以除了做乐器，家里还种田。

32岁的卡米里江·阿布都拉则不一样，1997年他刚学会制作乐器的时候，就把自己家的地卖了。“做这个比较挣钱，而且很自由。”他边雕刻着手里的都塔尔边说：“现在一个月能挣两千多，比种地挣得多。”他介绍说，以前刚学习制作乐器的时候，确实有点枯燥，得不停地磨来磨去，而且从选木开始就很讲究，必须是外形美观易于雕塑的桑木，还有雕刻的弧度也要把握得十分恰当。但是做这个逐渐挣了钱后，他就不想放弃了。他记得他卖出的第一把热瓦甫是150元，现在一把已经可以卖1 000多元了。“他刚出生，他的爸爸就去世了，我带着他们长大很不容易，白天种地，晚上还要照顾他们，等他们学会做乐器了，能挣钱了，我们家才逐渐好起来。”卡米里江的妈妈这样回忆。跟其他家庭很像的是，卡米里江的妻子阿米南也是一嫁到这个家就开始学习做乐器，不听介绍，真的想象不出这个皮肤黝黑、身材宽大的妇女仅28岁。“我18岁嫁过来，觉得没什么事就跟着他学，帮他做点事。十年了，没想过待在制造房对皮肤不好之类的，都是为了生活嘛。”

旁边的翻译解释说，做乐器是纯手工技艺，根本不能机械化，一般做一个乐器都要十几天，所以乐器村的典型特征就是家庭作坊式，接一个单，全家齐上阵。“没想过让孩子也学这个，希望他好好读书，但是他有兴趣的话，我们也会支持他。”阿米南看着自己几岁的儿子畅想道。

这个远近闻名的新疆第一民族乐器村，大部分艺人苦心钻研雕刻打磨技术，只是为了生计，为了卖个好价钱。我告诉他们这是一种文化，你们其实是在传承一种中国的民族文化。“我只知道这是我们家族传下来的技艺，别的我还真不知道。”说完，卡米里江·阿布都拉自己傻呵呵地笑了。

乐器村的名人

60岁的热合曼·阿布都拉是疏附县公认的名人，他制作民族传统乐器将近50年了，先后两次被文化部授予“国家级非物质文化遗产代表性传承人”，被村子里的人称为“两次被接到北京进行采访的名人”。

采访他时，他正坐在自己家的院子里为刚做好的乐器热瓦甫上弦。他轻柔地把琴弦固定在调制器上，再不紧不慢地一圈一圈缠绕上去，仿佛把自己的悠悠往事和岁月也一圈圈地缠绕到自己心爱的乐器里面。

热合曼·阿布都拉的爷爷艾依萍汗是乐器村里第一个演奏乐器和制作乐器的人。据热合曼的弟弟回忆，当年，有个叫约曼·热瓦甫的人来到村子里，他演奏的曲子非常好听，热合曼的爷爷立即就迷恋上了这种音乐，拜约曼·热瓦甫为师，学了他的全部手艺，包括热瓦甫、都塔尔、弹拨儿等乐器的演奏和制作，也就是那个时候，村子里的婚礼、节日等重大活动都会出现音乐的旋律，托万克吾库萨克村有了第一个懂乐器做乐器的演奏师和乐器制造师。音乐，这个奇妙的旋律，第一次出现在了托万克吾库萨克村。

理所当然，艾依萍汗把自己的技术传给了四个儿子，但最后只有大儿子和二儿子将这门技艺传承了下来。大儿子就是热合曼·阿布都拉的爸爸，据热合曼·阿布都拉爸爸的第二任夫人回忆，自己刚嫁到这个家的时候，丈夫就在做乐器，而且一做就是四十几年。她记得丈夫跟她说，以后孩子们也要学这个，这是我们家的传统，一定要学下去。二儿子吾沙尔·艾依萍没有儿子，只有女儿，他就把自己的技艺传给全村的人，也就是从那时候起，这个村子才开始了民族乐器村的历史。“维吾尔族有句话说，手里有什么技术，让其他人都学到，好东西要跟大家分享。”据热合曼·阿布都拉爸爸的第二任夫人回忆，记得当时是30年前，吾沙尔·艾依萍教全村人技术时特别热闹，大家白天种田，晚上带着乐器高高兴兴地就到家里来学了。因为阿布都拉家族，这个村子开始有了此起彼伏的音乐声；因为阿布都拉家族，这个村子开始走上另一条谋生致富的道路；也因为阿布都拉家族，这个村子至今都蜚声中外，成为赫赫有名的乐器村。

热合曼·阿布都拉7岁就跟着自己的父亲学习制作乐器，5年的时间，他已经学会了各种乐器的制作方法，也成了阿布都拉家族新一代的技术传承人。40多年的时间他做了数千把乐器，收了50多个徒弟，得了大大小小说不完的奖项，“我会一直做下去，直到我死才停止”。热合曼看着自己的乐器展示厅不紧不慢地说。

现在热合曼的三个儿子也从事跟制作乐器有关的工作，小儿子马木提·热合曼在疏附县职业高中教乐器制作课，“现在学生不太多，才50多个，但我们准备面对全国招生，要扩大规模”。跟儿子一样，热合曼对乐器村的未来也充满希望：“虽然现在乐器卖不出好价钱，学的人少了，但是为了让我们生活得更好，政府给了很大的支持，我觉得乐器制作艺术会流传下去，得到更好的保护。”

乐器村的艺术团

就在离民族乐器村不远的疏附县商贸园区的旁边，一个计划总投资10亿元，占地面积740亩的阿凡提乐园正在规划建设当中，预计于2012年8月开工建设。这是广州市文化援疆的重点项目。广州援疆工作队以新疆阿凡提文化为主线，以喀什地区的自然与文化元素为背景，规划设计了阿凡提乐园这一多民族文化融合的大型文化旅游项目，从而在产业援疆的基础上，创新和引入了文化援疆的新思路，实现了产业与文化的融合。该项目由广州颐和集团有限公司和新疆阿迪力达瓦孜传播有限公司共同投资建设，届时将会有阿凡提西域民族风情园、阿凡提古城堡、麦西来甫广场、王子酒店等景观建筑。

“我们正是借着广东文化援疆的东风，想在阿凡提乐园的附近重点发展打造民族乐器村的品牌，李新全书记也是支持的，在旁边搞一个阿凡提村落，主要了解维吾尔族人民的生活。”新疆阿凡提国际文化投资有限公司的宋唯真总经理说。

阿凡提国际文化投资有限公司是2012年5月刚刚成立的，现在的地点设在乐器村里面。“我们的目标是做西域文化的创意产业，新疆有很多好的资源，但是真正的创意产业园很少，我们就想通过自己的努力和外界的帮助，把新疆的文化品牌打出去。”现在刚成立的阿凡提公司主要负责民族乐器村品牌的打造和推广。除了把以前的乐器展示厅修葺一新外，还从民间挑选优秀艺人组建歌舞表演团队。

中午我们到时，他们横竖不一地躺在舞台的地板上休息，听到有人来便一骨碌爬起来，笑眯眯地看着我们，准备演出，这些艺人年纪都很大了，眼角的皱纹足以说明一切。

沉醉在音乐世界里的艺人们

55 岁的艾木热·马拉克是乐器村歌舞团的女高音，她有着丰腴的身材和和善的笑容，会用明亮的声音唱《东方红》，12 岁便开始唱歌，是村子里远近闻名的小明星。老公去世后，她唱歌一方面是为了充实生活，另一方面是为了爱好。她有一个生病的弟弟，每天早晚还要为弟弟做饭，照顾他，所以除了在艺术团里唱歌表演外，她还要负担家里的家务，“我很辛苦，但我很快乐。因为我发自内心地喜爱音乐”。这位维吾尔族大姐很上进，最近又要了《敖包相会》的谱子，要学习新的曲子了。

42 岁的豆森江·吐尔逊是艺术团的天才演奏师，因为热瓦甫、都塔尔等乐器他都会，而且都是自学的。“我平时喜欢自己研究音乐。家里的事都拜托给老婆了。”说起这些，这个汉子腼腆地笑了。“这些民间艺人都是附近乡镇里知名的表演家，他们农闲时排练演出，农忙时还要回去做农活。但是他们都演奏乐器多年，对乐器很熟悉，所以请他们过来是想把乐器文化介绍给更多的人，让大家对新疆乐器更加熟悉和了解，也更方便我们推广乐器村。”宋唯真总经理说。

乐器村的品牌

据热合曼的儿子马木提·热合曼介绍，乐器村制作出来的乐器主要通过两个渠道销售出去：一个是拿到喀什老城、大巴扎或乌鲁木齐等市场上去卖，一个是等着客户过来定做。“我们现在面临的问题是非常被动，有客户找的话才会卖得出去，如果没人找的话，就卖不出去了。”马木提·热合曼忧虑地说。

阿凡提国际文化投资有限公司的宋唯真总经理在接手乐器村的品牌推广这个任务时，也做了大量的调研分析。让她惊讶的是像热合曼这种国内知名的乐器制作大师制作出来的乐器却卖不出想象中的价位，他的很多乐器是被收藏而不是高价销售。大部分艺人制作的乐器都被中间商低价收购，从而再高价卖给客户了。“不掌握销售渠道，根本挣不了多少钱。”宋总慨叹道，“还是因为没有印上自己的标签，打出自己的牌子，所以我们准备以后统一品牌，统一渠道，统一生产，让乐器村的 92 户艺人集制作、表演、销售于一体，打出乐器村的品牌。”

根据宋总的设想，以后乐器村的艺人不是这么简单地窝在家里闷着头只做乐器了，要建成“企业 + 农户，师傅 + 徒弟，制作 + 表演”的家庭作坊，同时这些作坊也是学校，既表演又销售，还培养弟子，传播乐器文化，推广乐器村的品牌。

“我们现在也发现这个销售渠道的问题了，疏附县也正想着帮我们打造品牌的问题，而且广东援疆项目阿凡提乐园建好以后，应该会带动更多的游客过来，相信会越来越好的。”说这话的年轻的维吾尔族小伙马木提·热合曼继承了家里制作乐器的技术，同时也继承了对乐器村的传承和未来的信念与希望，从他的脸上，我们看到了淳朴的艺人对自己生活的满足和期望。

“我们新疆的乐器真的是很优秀很有味道的，热瓦甫跟三弦差不多，我们的民族乐器甚至可以演奏出交响乐的效果。我的目标比较远大，我还想筹办民族音乐节、民族乐器节等，让更多的人了解新疆的音乐，新疆的文化。”宋总不紧不慢地吐出了自己的理想，这个喀什第一个考入暨南大学经济学院的学生，毕业后离开了繁华的大都市广州，回到自己的家乡，投身文化产业领域，想为自己的家乡文化、家乡音乐作出贡献。

广东前方指挥部的林部长说，民族乐器村确实是喀什的一块招牌，现在广东援疆所能做的就是搭建平台，借助阿凡提乐园的东风，吸引游客过来，借此打造乐器村的品牌。

僜人印象

孙博婧

初见阿鲁松，是在一个细雨绵绵的夜晚。那天，我们终于到达了下察隅镇，在阿鲁松家借宿。

阿鲁松老人是西藏察隅县沙琼村47号的户主，笑容可掬，精神矍铄，让你联想到邻居那个正在享受幸福晚年的普通老伯。但你会突然提醒自己——曾经，阿鲁松是一个2 000多人的僜人部落首领，而现在，他是沙琼村的村委会主任、党支部副书记，还是林芝地区的政协委员，更是那个中国唯一可以带上他50厘米的佩刀登上飞机的阿鲁松。

阿鲁松就借着橙黄色的灯光坐在他的会客室里，面容慈祥和善，举起一杯酒邀来客共饮。他头上缠着高高的白布缠头，左肩斜挂着一把近半米长的铁剑，贴身一侧有刀鞘，向外一侧能看到青凌凌的刀身；右肩则斜挂着一个用银币做系绳的麻布口袋，这就是僜人部落首领的装束。而在他对面的那面墙上，挂满了风干之后的牛头——那是僜人显示自己财力和威望的重要方式，只有请全体村民吃一顿盛宴而主人自己并不享用，才可以在主人家的墙上摆放一个这样的牛头——而阿鲁松家中的牛头有50多个，占满了整面墙壁。50多只牦牛的头颅用空空的眼睛沉默地注视着我们，一种原始而又神秘的气息就这样扑面而来。

僜人拥有自己的语言，却没有文字；人口数量稀少，仅有2 000多人，所以并未被称为“僜族”。在解放前，他们大多居住在深山老林中，以树枝、干草、兽皮搭建房屋，用刀、剑、镖、木棍等工具狩猎野兽，依靠刀耕火种的方式种植粮食，过着原始社会的生活。而在嫁娶方面，僜人实行一夫多妻的制度，买卖婚姻，男子用牛羊换取女子，妻子是家庭财富的一部分，一个男子的妻子越多就证明他越富有。

作为曾经的僜人部落首领，阿鲁松曾拥有7个老婆。而现在，僜人的民风日益开化，他也任由自己的6个老婆另立门户，只留七老婆照顾自己的日常起居。七老婆36岁，察觉到我们注意她时不好意思地笑了一下，手上的活却不曾停下。她正准备着僜人特有的手抓鸡饭，招待远道而来的宾客。

阿鲁松今年已经快60岁了，精神却相当好，面色红润，酒量超常，笑口常开。推杯换盏间，这位六旬老人最常说的一句话居然是“人家不要嘛”。一边说还一边配合着扭扭身子，眼角眉梢尽是可爱俏皮的神色，萌翻了我们一路来人。

第二天，我们去拜访了阿鲁松的大老婆。她也住在沙琼村里，离阿鲁松家并不远。见到来客，她并没有表现出十分热情，远远地看我们走进来，继续抽着烟筒。她穿着僜人女子传统的筒裙，头戴护额，项戴串珠，最令人称奇的就是耳朵上大大的耳洞和巨大的耳环。她说，这样大的耳洞和耳环在旧时非常有用，女子可以将钱币放入其中，便无人敢偷。无论我们拍照还是录像，她都波澜不惊地抽着僜人最爱的烟筒，眼望远处的群山，在我们离开时挥手道别，美人迟暮而风华依旧，令人赞叹。

临别之际，我们再次见到了阿鲁松。白日里的阿鲁松和昨晚不同，神情坚定而严肃，挎刀而立，不怒自威。他正在指挥族人修建公路，希望有更多游客来到沙琼村游览。我们挥手向他道别，不由得再回望这个风光明媚而充满特色的村庄，心中祝福僜人谱写美好富足的新篇章。

林芝新农村建设缩影

——万元户村唐地村

周文辉

从拉萨方向驶进林芝，在八一镇入口处设立的一块标牌格外引人注目——“错木及日湖由此去”。在这个美丽景区的入口处，坐落着林芝县八一镇唐地村。

8月17日下午，在八一镇党委书记姜飞的陪同下，我们来到八一镇唐地村老支书普罗村布家，和这位有着35年党龄的老党员说西藏、谈林芝、看环境、感变化。这次采访同样是“我行我动”党小组的特别活动之一。

唐地村村民的房子盖得很漂亮，多是精致的藏式“小洋楼”。老支书介绍，这几年，村民在村“两委”班子的带领下搞运输，搞特色种植、养殖，经济收入得到了显著提高。2011年，唐地村年人均收入达到10 100元，现金收入7 590元，跨入了林芝地区万元村行列。

唐地村是林芝地区新农村建设的一个缩影。据了解，2011年，林芝地区共有40个行政村的人均纯收入达到万元以上，与2010年相比，增加了15个万元村。我们也相信林芝地区会如老支书所说，随着新农村建设的不断深入，这里将出现更多的万元户和更多的万元村。

今日僜人部落

周文辉

僜人，居住于西藏察隅县下察隅镇沙琼村，他们不是我们常说的56个民族中的一个，因为他们的总人数不够单独划分一个民族的数量。目前该村有1 300多人，他们有自己的语言，但没有文字。解放前，绝大多数僜人居住在深山老林，过着刀耕火种的原始生活。在党和政府带领下进行民主改革后，僜人的社会地位和生活环境发生了很大的变化。

8月10日，从波密驱车300多公里，我们来到僜人部落采访部落首领阿鲁松，在他家住宿，彻夜长谈。他是一名老共产党员、沙琼村党支部副书记，在他的带领下，村民们开始种地、养牲畜。现在的沙琼村通水、通电、通路、通邮，家家户户都能收听广播、收看电视。

察隅县副县长张鸿君介绍，政府部门已投入350多万元用于发展民俗旅游，过不了多久，民俗旅游业将成为沙琼村的支柱产业。我们采访当天，阿鲁松正带领他的村民们修筑公路，场面热火朝天。我们相信，随着基础设施的完善，游客的逐渐增多，僜人们的收入很快会得到进一步的提高。

林芝布衣店老板王富香的幸福生活

梁星月

我有个爱好是每到一个地方都要收集一两件当地的民族服饰。所以，当我在林芝八一镇采访，无意间路过“王氏布庄”这家位于八一大道上的服装店时，我的脚步就迈不动了。

在这间挂满了美丽衣服的小店，我认识了老板王富香。简单几句交流后，我便为她的热情所打动，决定为她拍一部小片子。她欣然答应：“不过，你来采访前一定要给我先打个电话。”王富香对我叮嘱道，“我要化个妆，换身漂亮衣服！”这个身材瘦弱、戴着一副眼镜的老板娘，虽然已经53岁，但爱美之心似乎不亚于20岁出头的姑娘。

因藏衣而结缘

店里的人都叫她王姐。王姐身材不高，一米五几的个子，虽瘦弱，但是精气神十足。因为从小爱唱歌、跳舞、打扮自己，她父亲专门找来了一位裁缝教她们几姐妹做衣服。虽然小时候家境贫穷，但正是因为这门手艺，王姐和她的姐妹才有今天。

“来，星月，快穿上给王姐看一下合不合适！”

王姐硬是要把一件制作精美的工布藏族连衣裙往我身上套，而且是刚做好的。

队员梁星月与王富香一家建立了深厚的感情

“我们有缘，要不是你从广州大老远来林芝，我们还不认识呢！这是王姐的一份心意，一定要收下啊！”

我很激动，又很不好意思，这可是王姐两人用了一天时间赶制出来的夏秋两用的藏装，锦缎布料，华丽而高贵。早在与王姐第一次见面时，她就一直把要给我做衣服的事挂在嘴边了。到第三次见面，衣服已经完成，而且是量身定做的，这是我见过做工最精细、完全不同于工厂流水线上生产出来的民族服装，一针一线都是情啊！

为了感谢王姐，我特意到八一大道尽头的洗印馆，为王姐做了一张手工图案，写下我想对她说的话并贴上为她拍的照片。王姐拿到这幅图，兴奋异常，逢人就展示一番。

为谋生入藏

在西藏林芝生活、工作的四川人很多，王姐就是其中一位。至于为什么要来西藏，她说在2001年，响应国家开发大西部的号召，她只身一人背着行囊，口袋里揣着5 000块钱，从老家四川内江乘火车来到了西藏。因为老家比较穷，她在老家做过很多工作，但都不见起色，于是冒出了一个来西藏闯荡一下的念头。当时她姐姐打头阵，先来这边探路，发现这确实是个好地方，就让王姐一起过来，并选了林芝八一镇。

虽说林芝是西藏的小江南，但这里毕竟海拔2 000多米，刚来这儿肯定有些不适应。王姐回忆，初到林芝时，她经历过各种高原反应症状，一年后才慢慢适应。这时候自己的丈夫和妹妹也来到林芝，一家人开始了真正的西藏生活。

林芝八一镇其实是一个汉化程度比较高的地区。有的人甚至这样说：林芝啊，都快成了四川的林芝咯！所以，王姐在这儿的亲戚朋友虽然不比在家多，但最起码语言方面障碍不大。不过王姐开的是服装铺，来来往往的客人总有不少是藏民。一开始她一句藏语也听不懂，这成了做生意的一大障碍。但没多久，爱学习的王姐已经能听懂简单的藏语，加上四川人的热情，自己敬业细心的态度，“王氏布庄”的生意开始步上正轨。每天从早忙到晚，12年来几乎没有周末和假期，王姐就这样勤勤恳恳，像老黄牛一样开垦着自己的事业。

让事业腾飞

十几年下来，“王氏布庄”已经小有名气。林芝许多政府部门、国企单位、宾馆酒店都认准了这位戴眼镜的王姐，指定要她做衣服。作为老板娘的她，最骄傲的就是向客人们介绍自己做过的藏装曾荣登中央电视台的《星光大道》，让评委赞不绝口，而且还上过上海世博会、国家大剧院。这应该是对这位勤勤勉勉的制衣者最实在的肯定。王姐每次说起这些事，脸上都会露出欣慰和自豪，“每当累的时候，想想这些就不觉得累了”。

如今，为了让顾客挑衣时有更好的视觉效果，王姐又在离老铺面不远处租了个新铺面。布料种类已经从过去的几种增加到了70多种，而且坚持从四川进货。按王姐的说法是："要让林芝人民的服装也能跟得上时代的潮流。"她说这句话的时候，语气上俨然是林芝人了。不过，她微笑着承认："我把身份证都改了，我已经是西藏林芝人了！"

援藏新启示

在林芝的四川人实在不少，王姐在其中绝对不是最富裕的，但一定是幸福指数最高的。她总说，这里的官员也特别亲民，有一次，一位广东援藏干部来店里修裤脚，王姐念着他们工作辛苦，不肯收他的钱，但干部坚持要给，还特别体谅地说："你们赚的都是血汗钱，不容易！"这给王姐留下了很深的印象。

王姐最感激的应该还是广东援藏工作队对他们工作的支持。在这里，政府为支持、鼓励老百姓自主创业，用勤劳和智慧换取财富，特意免除了个体户工商税。这样，思想上感化，政策上支持，鼓励敢为人先、勤劳致富，林芝的商业欣欣向荣。

我以为王姐是已经在林芝买了房才那么有归属感，但当她顺着店铺角落的一把木梯爬上去拿东西的时候，我才知道他们布庄六个人都睡在店铺十几平方米的隔层里。王姐说，他们节俭惯了，就连有一次丈夫的摩托车被撞得开不了，他们也坚持不换新的，愣是把车修好了继续开。她爱这里不是因为这里有房，而是"因为这里气候好，夏天不热；这里环境好，街道干净；这里人好，淳朴善良；这里官好，亲民爱民"。

有爱就有家

说到这两口子，都是爱学习的人。过去王姐成绩优异，但读到高中，因为妈妈生病，她要帮忙照顾，就辍学了。王姐的丈夫虽然只有小学学历，但很爱钻研电器维修等技艺，因为做得好，林芝电视台也经常请他去维修。

他们的两个孩子都是大学生，毕业后都成了医生。王姐说，她现在还要供自己的儿媳妇读研究生，所以处处得省着些，多留些给孩子们。女儿因为爸爸妈妈在西藏，几年前高考也报了西藏大学学医，现在在拉萨的一家医院工作。一家人都把工作和生活转移到了高原上的西藏。起初只是为了生存，但因为这里的点点滴滴让他们过得幸福，他们自然把这里当成家乡了。

王姐是个特别念他人好的人，一直挂在嘴边的一句话就是：有缘分就要珍惜。所以她善待身边所有人，对谁都视同亲人。李阿姨是王姐来林芝后才招募的员工，但王姐向别人介绍她时都说这是她的家人。后来王姐跟我解释，因为李阿姨有两个儿子，没有女儿，王姐正好有一个女儿，王姐就让自己的女儿当李阿姨的干女儿，于是就有了家人一说。

王姐最大的愿望就是父母健康、儿女幸福。

说到儿女幸福，她总会打开儿子给自己买的新手机，向大家展示儿子、女儿结婚的照片，还会一个劲儿地问“帅不”、“漂亮不”。她每天都会定时跟女儿通电话。

勤学不落伍

王姐的一举一动总让人觉得她的心里就像是种了一个太阳，永远那么乐观。50多岁的人了，几年前还查出糖尿病，但她一点都不显老态。每天靠着一块五一瓶的药控制着病情，病情逐渐好转了，平时干活麻利，她不说自己生了病，还真的看不出来。自从家里买了台手提电脑，王姐开始利用工作之余学打字、炒股、上QQ……她最喜欢的还是工作之余在电脑上痛快地玩一盘“斗地主”，练练脑子。她看到我手里拿着相机，说自己在老家的时候也和丈夫买了台相机，天天去各个小学给孩子们照毕业照，两口子还研究怎么冲洗照片。现在还要我教她怎么把拍出来的照片传到QQ空间。于是我就一步一步教王姐操作，她也像学生一样，学完了还要自己来一次，生怕忘了。

虽然王姐也说，落叶要归根，但她坚持能干就多干些，干到动不了了才回老家去。为此，她还用自己多年来的积蓄在老家买了一套小复式房。不过她说现在还不是回去享受的时候，趁自己还年轻，要多给林芝人民做些衣服。

现在儿子、女儿都有出息了，都争着要带她到处去玩。

王姐因为爱美、爱生活而努力创造美丽和幸福，又因为过上了美丽幸福的生活而爱上这片土地。

我坚信：虽然他们一家在林芝肯定不是最富裕的，但幸福指数一定是最高的。这是他们用勤劳、诚信、快乐编织出的美好生活，也是新西藏人新生活的缩影，更是西藏人在广东援藏干部们的引领下开创新生活的写照！

我在遥远的南方广州祝福他们——扎西德勒！

行走篇

悦读万水千山

万里行知：南疆喀什印象

肖兆路

早在初中时，我就从地理书上看到新疆，最熟悉的就是那吐鲁番的葡萄了。一直都很想去新疆看看那群能歌善舞、热情好客的阿达西，去感受一下鸡蛋放在地面就能烤熟的吐鲁番，让我怎么也没想到的是，自己竟然这么快就可以远行新疆。2012 年 6 月 26 日 11 时 59 分，广州开往新疆乌鲁木齐的火车出发了，火车将行驶 56 个小时。这是中国最长的铁路线，贯穿大半个中国。三天两夜的旅途中，如果没有什么消遣，那欣赏窗外斑斓变化的风景，将会是个很好的选择。

天蓝地阔，一路无我。从轰隆隆的火车上往窗外极目远眺，大地苍茫无际，天空湛蓝高远，心里顿时豪情万丈。我想，在这样壮阔的风光里走一走，人也会变得更加豪爽。

嘉峪关。对我来说，这是个充满历史气息和神秘韵味的地方。小时候，老师给我们讲嘉峪关的故事，说到动情处，我们也跟着感动。我从小就种下了对嘉峪关的情愫。

雪山。虽然是远远观望，可雪山的轮廓却清晰可见。我第一次看见雪山，难免心情激动。静谧的雪山映出山岚云影，山峰直入云霄，若不是云彩随风变换，我们很难分得清哪里是云，哪里是雪。雪山的庄严，是南方的丘陵遥不可及的。

我们穿过了丝绸之路。

乌鲁木齐是个特别的城市，这是我去喀什之前的感受。乌鲁木齐意为优美的牧场，这或许是很久以前的事情了。如今对乌鲁木齐，除了公交车上维汉混杂，让你以为是在国外，以及大街上满是巡逻的警察和打出租车需要等一个多小时之外，我恐怕没有别的印象了。倒是那商业化下的天下第一盘——大盘鸡，着实让我“惊艳”了一把。

这里并非目的地。

喀什噶尔，这是中国铁路可以到达的最西部，也是丝绸之路的重镇。它号称具有“五口通八国，一路连欧亚”的区位优势。冬无严寒，夏无酷暑。7 月份的喀什，白昼可从早上 6 点到晚上 11 点，光照的时间长得让人难以想象。这也造就了喀什甘甜的瓜果。即使是这样，这里的人到了北京时间的晚上 8 点就开始休息，生活节奏缓慢。

疏附县的张杰主任说，喀什这个城市四周都是沙漠，我们能住在这很小的地方，非常难得。其四周戈壁环绕，塔克拉玛干沙漠“虎视眈眈”。风沙在这里是家常便饭。烈风呜咽，沙尘呼啸。车停在路边一会儿，上面便铺了一层厚厚的沙尘。人在路上行走，一张嘴说话，便是满口沙尘。胡杨树，与风沙为伴，却能千年不死、千年不朽，我本想看看它的风姿，却未能如愿。

不到喀什不算到过新疆，到了喀什就要开始采访。我行，我动。

乐器是音乐的两只手，承载着音乐的光华，担负着传递重任。隋唐时期，新疆被称为西域，产生了谜一样的乐器。都塔尔、弹拨尔、热瓦甫、瓦革热等数十种管弦、击打乐器给喀什的维吾尔族人民带来了视觉和听觉上的美的享受。喀什是歌舞之乡，歌舞是维吾尔族人的天性。情之所动，兴之所至。

喀什疏附县吾库萨克村有一批可以使木头唱歌的人。中国最大的维吾尔民族乐器——5 米长的都塔尔和 3.7 米长的热瓦甫，是这个村的得意之作。这个村在 2000 年被国务院命名为民族乐器村。村子里有位制作乐器的大师——热合曼·阿不都拉。他是国家级非物质文化遗产——维吾尔乐器制作技艺的传人。

去采访这位老艺人，是带队的喻老师安排给我的任务。这次行动中，我们每个人都有任务，我完成任务的过程很愉快。喀什干燥的天气，让每一位初来乍到的外地人咽喉有千千结，说话也变得不利索。不过即使再利索，我也很难一下子说好这神奇的维吾尔语，它的文字是从右至左书写的。于是，阿凡提艺术巴扎给我找了个翻译——努尔比耶·艾妮，她高中毕业，在艺术巴扎做兼职。始终微笑着的努尔比耶流利的汉语让我惊诧，我的采访工作因有她的陪同增添了许多便利。这还是我第一次有私人翻译。我们到的时候，热合曼师傅正在雕刻调音器，对他来说，制作乐器算不得什么难事。“人习技巧，攻金镂玉，色色皆精。”选木、配料、木工、雕刻、漆工、镶嵌、校音……他熟悉每个流程。热合曼师傅最会做的就是都塔尔和热瓦甫。对于艺术的传承，祖传、师承是中国古代的常用方法，而热合曼愿意把手艺教给村子里每个想来学的人，让它生生不息。

乐器村的采访是在疏附县张杰主任的引领下进行的。在这个神秘村子里采访，甚是惬意，但也辛苦。采访量之大，让我们措手不及，以至于在采访重要人物时，竟然没有时间把一些信息了解全面。所以，当我们再次拨通张主任电话的时候，自己都觉得不好意思。他很忙，但还是答应星期二带我们去。那一天是星期六。在没有配车的情况下，张杰主任刚开完会就开着自己的车载着我们去采访。那一日，狂风大作，尘沙飞扬，采访还是持续进行着。天色渐渐晚了，可是采访任务仍然没有完成。当我们其中一个队员要再次前往疏附县采访的时候，已经十分劳累的张杰主任还是欣然陪同。回到广州以后，张杰主任对我们咨询的信息仍是有一说一，无一寻一。甘肃是他的家乡，西北人的豪爽、热情在他身上得到了完美呈现。

昔日茫茫戈壁，今日勃勃生机。从广州工业城、广州新城到疏附县富民安居的小二楼，一路摄像下来，疲惫已经不足以形容我的劳累了，透支身体导致我发烧了。庆幸的是，几天的高密度采访之后我们有两天的休养时间。咬咬牙，会挺过去的。我只是担心自己是否能够完成全程摄像的工作，身体的苦痛，忍忍可以过去，而摄像的缺失却是难以挽回的。接下来几天，我的身体没有大碍，这是意料之外的。

捐赠疏附县的铁日木乡中心小学和塔什库尔干塔吉克自治县的达布达尔小

学，我一直认为这是有意义的事情。即使新闻实践的水平没有得到提高，我仍然认为这是我人生中幸福的事情。我们捐赠的物资并不多，两个学校的捐赠物的价值加在一起不足一万元。可是我想，这可以让他们知道其他省份的人并没有忘记他们，他们是大家庭的一分子。

同行的队员一直认为新疆应该是出胖子的地方。因为在这里，我们见识到了真正的羊肉串，真正的夜市，真正的西瓜，真正的酸奶，真正的大盘鸡……这里的食物已经让我们忘记“食在广州”了。然而，这里的人身材壮实而不虚肥。

鹰是塔吉克人的象征。他们跳起的鹰舞，是自然的仿生。他们生活在高处。且不言一路往上看到的旱獭是如何地“卖萌”讨人欢喜，单单是“冰山之父”慕士塔格峰的出现，已让我们兴奋不已。这里更多的是雅丹地貌，红色的山连绵不绝，光秃秃的山上若不是流动着云影，苍凉便是它唯一的色彩。

篝火晚会更让我们兴奋。寒风凛冽，篝火随风乱舞，随着鹰笛和手鼓的节奏，我们跟着塔吉克人载歌载舞。或许就是这样的生活才值得我们留恋。红其拉甫是中国与巴基斯坦交界的地方，这里四季如冬。我们去捐赠探照灯的时候，这些最可爱的人穿着整齐划一的厚军装，以挺拔笔直的军姿迎接我们。大自然的苍凉带给这些边防军人的不是孤独，不是心存抱怨，而是对戍边卫国的更加执着。他们厉兵秣马，坚如磐石，风雨不改，这才有了国之和平，家之安宁。

在喀什的采访，时间是紧迫的。可是喀什的人，喀什的风景，无论是一堵古墙还是一群羊，都会让人伫立很久。可是时间不允许我们伫立，我们抓紧时间看，抓紧时间问，抓紧时间行，谁要是稍微留恋一下，谁就可能跟不上队伍。而我们每个人，却都常常掉队。这是因为，新闻和美丽常常在我们身边闪现。

难得有了闲暇的时候，我们便走访香妃墓、喀什古城、艾提尕尔清真寺……感受得更多的是古文化的厚重。我时有跟维吾尔族的朋友联系，对我来说，他们的文化和习俗，他们的信仰，已内化为见识和胸怀。对人文风俗的感受和采访之行的收获才是这次旅程的价值所在。

夜寒。在夜深人静时有可供回味、咀嚼的记忆是人生一大幸事。这次的旅行，将会永远留在我的记忆里。

5 100 米的敬仰

董　琳

中国西部边陲有个帕米尔高原，在帕米尔高原上有个世界上海拔最高的边防哨所——红其拉甫。红其拉甫是帕米尔高原上的一个通外山谷，与巴基斯坦、阿富汗、塔吉克斯坦交界，素有“血谷”之称。其氧气含量不足平原的50%，风力常年在八级以上，最低气温零下40多摄氏度，也被称为“天上无飞鸟、地上无寸草、风吹石头跑、氧气吃不饱、六月下大雪、四季穿棉袄”的“死亡之谷”，但那里长期驻守着一支边防联队，守护着祖国的界碑和荣誉。

1965年5月17日，18名红其拉甫官兵在“一顶帐篷挡风雪，三块石头支起锅，一口干粮一把雪”的条件下，仅仅用了14天，便在这不毛之地建起了世界上海拔最高的人工气象站。1965年6月2日，红其拉甫官兵在周总理的飞机即将经过红其拉甫山口的前十分钟，点燃油布，燃起了两堆篝火，为总理导航，成功的导航使得总理的飞机顺利经过红其拉甫山口。过后，他们收到周总理的嘉勉电：你们在高山辛勤工作，不畏艰险，克服了重重困难，望你们继续努力。共和国总理向普通士兵致敬，这是何等鼓舞人心的事情！这个鼓励使得红其拉甫一夜成名，也坚定了战士们驻守边疆的决心，一切困难都不可怕了。战士们每年吃八个月脱水菜和罐头的艰苦变得云淡风轻，高原反应引起的高血压和心肌增厚等时时困扰着他们的高山疾病也不值一提了，大家记住了每年的央视春晚现场，主持人都会念一句“红其拉甫前哨班全体指战员向全国人员拜年”，这饱含了战士们的惦念和牵挂。

7月12日，“我行我动”小组从塔什库尔干出发，沿着中巴友谊大道，前往我们敬仰而又敬畏的5 100米的边防哨所，因为小组成员全部都来自海拔500米以下的平原地带，突然要去到那么高海拔的地方，每个人心里都是怯怯的。一路上老师不断提醒，如果有人身体不适，可以在石头城留守休息，尽管看着车里的袋装食物因为逐渐上升的海拔一个个鼓着肚子，尽管头越来越紧，身子越来越重，即使看到外面连绵的雪山也不敢再忘情高歌，一跃而起，但是每个人，真的是每个人，包括一到喀什就因为水土不服而倒下的两个姑娘，都没有退缩。我们清楚，像我们这样的青春少年，来到这种高海拔的地方也有种种不适应，尽管只有两天，我们已经是步步小心、处处留意，生怕有一点疏忽就倒下，那么他们呢？那些不管白天黑夜，即使外面是零下几十度都要站好每一班岗的战士呢？他们又该是以多么强硬的体魄和强大的内心来承受这么大的压力与恐惧啊？

7月是红其拉甫一年中最好的时候，此时这里温度相对较高，景色迷人，两侧的雪山远在天边，又近在眼前，坐在车上的我们仿佛可以追赶得上远处的那团白云。但是，“万山堆积雪，积雪压万山”才是这里的真实写照，“风狂雪骤、飞沙走石”才是美景掩映下的真相。相传在唐僧西天取经之前，就在这里，曾有一个多达万人的商队因遇到暴风雪而全部死亡。至今还有人孜孜不倦地寻找那支商队丢弃的宝藏。

看着窗外的美景，听着红其拉甫的传说，不知不觉就到了我们的目的地——红其拉甫边防哨所，车上的队员一下子精神起来，扛着设备就准备往下冲。一拉车门，哇，一股刺骨的寒风立马弥漫到了车里，这可是北半球最热的时候，这可是这个地方最美好的季节！队员们重新穿上加厚的冲锋衣，才一个个下车。这时候我们才发现，边防战士早已列队欢迎多时了。看着那一张张被强紫外线晒得已经令人难以将其相互区别的脸时，看着那一个个迎着烈风依然保持着标准军容的身姿时，你会突然感慨，海拔也是一种境界，只有这样一种人，才能昂首挺胸地站在5 100米的高度。

队员们赶紧拿出带来的礼物——“猛狮科技”赞助的手持探照灯送给战士们。在这个高寒低温的地方，他们太需要这种射程距离远、耐寒强的探照灯了。红其拉甫边防连的官兵到最远的巡逻点来回一次得4个昼夜，途中要翻达坂、涉冰河、骑牦牛，牦牛太累太冷时就会罢工，战士们不得不搭人梯，一步步往上爬行。跟我们一起来的塔县周政委为边防战士拉来了一后备箱的蔬菜，他解释道：这里海拔太高，所有食物都要从下面运上来，战士们很少能吃到新鲜的蔬菜和瓜果，所以不约而同地，大家谁上来，都会带点新鲜的食物给这里的战士，尽一点微薄之力，表达对他们的敬佩和感激。

“我行我动”队员与红其拉甫哨所官兵合影

红其拉甫前哨班的李发红处长陪同我们一起去了中巴边界，虽有第一次近距离端详边防战士的紧张，第一次走到中国西大门的激动，第一次挑战高海拔的开心，但当看到中华人民共和国的大门时，大家所有的情绪都化为神圣。那时候你会突然懂得，为什么这些跟我们年纪差不多的年轻人愿意远离城市的繁华热闹，来到这个只有阳光、石头和风的“不毛之地”，为什么当他们因为高原反应而指甲脱落、头痛胸闷，连睡觉都成问题时却还是像树一样挺立在祖国的西部边陲。

“因为责任，虽然辛苦，但是我们一定会守好祖国的界碑和国境线。”李发红处长很平和地说出这句话。据他介绍，红其拉甫前哨班主要是驻守中国和巴基斯坦边境口岸，这里氧气含量只有48%，最低温度达零下四十多摄氏度，现在七月了，晚上温度还是零下五摄氏度，烧水的时候，沸点只能到78摄氏度，每个战士的床头都配备有氧气瓶，如果有不适应，赶紧吸氧。冬天的时候尤其艰苦，大雪封山，开不了车，给前哨班官兵的给养物资都是靠人员背上来的。

来之前我们已经有了足够的心理准备，知道这里海拔高、条件差，很多战士的指甲都开始退化，心肌也会增厚，吃不到蔬菜，喝不到开水，氧气稀薄，所以晚上也睡不好，最基本的生活都难以保障，但是看到他们时还是有点出乎意料，也许是男人的坚韧使然，或许是军人的气概使然。看着他们对这些辛苦习以为常，甚至互相打趣、开玩笑，苦中作乐，我们的队员情不自禁地紧紧地拥抱了每一个前哨班的战士，为他们的艰辛和不容易，为他们零失误的功绩和荣耀，为他们选择驻守边疆的青春无悔。

挥手告别了这群“最可爱的人”，在下山的路上，我们的摄像机捕捉到了一只盘旋的鹰，一只冻得瑟瑟发抖却依然不肯脱离蓝天而落在地上短暂休息的雄鹰。车越开越远，但大家的目光一直追逐着它的身影。帕米尔高原是鹰的故乡，鹰是塔吉克人的图腾。鹰活着的时候，在高处，鹰死亡的时候，在高处。它从高处起飞，从高处降落。我们的红其拉甫边防战士，也是高原雄鹰，他们在辽远广阔的天地之间，主宰着一片高度，在中国版图最西端的边陲绝塞践行着“守好国门，永不变质，让党放心”的诺言。

小时候，老师就告诉我们，我们的幸福生活来之不易，五星红旗的红色是用烈士的鲜血染成的。等我有了孩子，我想告诉他，你的平安生活来之不易，那是数不清的边防战士在你看不到的山窝窝里用自己的青春换来的，是一张张英俊刚毅的脸在高原风雪和紫外线的雕琢下换来的，是雪域哨兵对祖国、对人民不离不弃的忠贞换来的。5 100米处的红其拉甫官兵，请接受我们最诚挚的敬仰！

我的喀什印象

喻 澍

此前，我从来没有去过新疆。怀着无限向往，我报名参加了学院“我行我动·暨南大学中华学子喀什、林芝深度采访行”活动，去寻访神秘而古老的喀什，寻访在那里援建的广东人。

火车从广州出发，一路向北，转而向西，5 800多公里，将近80个小时的行程，我们从祖国的最南端来到了最西端。傍晚8点的喀什依然艳阳高照，我还没来得及看清周围的风景，强烈的阳光已将我包围，我在瞬间爱上了这个热情似火的地方。

走近喀什，我才发现此前对这里的印象是多么单薄。走近喀什，就是一场视觉、味觉和嗅觉的盛宴。

这块土地并不荒凉，北部的天山、南部的昆仑山、西部的帕米尔高原，还有东部的塔克拉玛干大沙漠将喀什环抱其中，叶尔羌河、喀什噶尔河让这片土地成为沙漠中的绿洲，它在诸山和沙漠的环绕中犹如绿色的宝石，养育着喀什噶尔的人民。

这座城市也并不荒凉，宽阔的马路，整齐的建筑，川流不息的现代交通工具，古城映衬下的摩天轮，一切都和普通的城市一样，如果不是看到路上穿着长袍、戴着头纱的人们，我不会意识到自己来到了喀什。这里也比我想象中要繁华，在东门大巴扎里，汇聚着最浓郁的维吾尔风情，这里的物品来自欧亚各处，从热气腾腾的奶茶、馕、水果、烤肉等各色食物，五颜六色的布料，到英吉沙的小刀、俄罗斯的银酒杯，乃至锅碗瓢盆，这里一应俱全。所有零零碎碎的小物品都撩起了我的购物欲望，使得我频频驻足。以前这里只有礼拜天才会营业，现在虽然每天都在营业，但每逢礼拜天更是车水马龙，人山人海，最能让人感受到巴扎的热闹劲和空前的规模。这个有着两千多年历史的巴扎，一直见证着喀什的繁华。

这里并不单调，在群山和沙漠的一大片土色当中，喀什充满着绚丽的色彩，无论是他们的工艺品、服装还是室内家居，都有着鲜艳的颜色和丰富的图案，我想这表现了维吾尔族人在单调的环境中对美的追求和热爱。街市、乡村、山野，随处都可见到身穿不同花色、图样长裙的妇女们，她们的长袍裙角飞扬，而头纱的颜色和图案的搭配也是精心挑选过的，如此大胆的色彩和图案，要是在别处，人们肯定会觉得怪异，但在这里，一切都让人觉得和谐而美好。

在喀什，我的味蕾得到了最充分的享受，烤全羊、烤羊肉串、清炖羊肉、馕坑烤肉、烤包子、抓饭、拉面、馕、灌面肺和灌米肠等美食应有尽有，西瓜、哈密瓜、伽师瓜、无花果、杏子、桃子、李子等水果无一不令人垂涎欲滴。喀什的大街小巷到处都在卖烤羊肉串，烤羊肉串的人大汗淋漓，不断吆喝，烟雾缭绕、热气腾腾的烤炉上摆满了一串串羊肉，在炽热炭火的烘烤下，羊肉串会逐渐变得焦黄油亮，即使是这样炎热的夏天也不能阻挡喀什人对烤羊肉串的热情。

不少文人都说喀什是一座充满味道的城市，在艾提尕尔清真寺旁的夜市，我真切地感受到了喀什如此独特而美好的味道。在烧烤的烟雾和维吾尔语的吆喝声中，一种由土腥、香料、羊膻、瓜果香味混合而成的味道扑鼻而来，我仿佛来到了异国他乡，那是一种我在中原从未闻到过的气味，在嗅觉的陶醉中，我似乎觉得离这座城市更近了，而在这谜一般的味道中，喀什又显得更加神秘了。

而当我真正走近喀什，又有了更多不一样的喀什印象。

在当地百姓家里，我发现他们似乎生活在跟我们不一样的时代：他们很多人不会讲汉语，住的还是用泥土搭建的房子，人畜混住；许多人家到了冬天都买不起煤，而是靠烧柴禾取暖，有的家庭连柴禾也烧不起；到 2010 年，离喀什市仅 40 多公里的明尧勒村还没有通电，也没有通公路；他们喜欢吃羊肉，但并不是想吃就能吃，有时候过节都不舍得吃。

喀什的人民是淳朴而善良的，虽然我和他们语言不通，但心与心之间真诚的交流并不存在隔阂，在我看来，他们的眼神中满是对过上好日子的渴望以及对外部世界的好奇。

广东人来到这里，正在努力地帮他们实现这些梦想。喀什有了翻天覆地的变化，从喀什市中心出发，经八里桥进入疏附县，我看到了一个完全不一样的喀什，左边是广州新城，右边是广东商品城，广州新城鳞次栉比的幢幢新楼已经完工，广东商品城的工地上正热火朝天。沿 314 国道一直向县城延伸，在沿途河流、绿洲阡陌之间，还有温州商城、舒富乐美食娱乐城、汽车经销城、林安物流园等大型在建商贸城，我们仿佛进入了一个新型的现代化城市。

由李新全带队的广州援建工作队到达三个月后，新中国成立 60 年没有通电也没有通路的明尧勒村通电了，通路了。在萨依巴格乡五村，我见到了广州援建的富民安居小区，红瓦黄墙，独家的小院落，完善的水、电、厨、厕以及道路绿化等基础设施，俨然是现代化的小区。在老党员阿米提老人家里，建筑内部依然保留着浓郁的维吾尔风情，现代与民族传统的完美结合，让老人竖起了大拇指。

接触这些广东援建者，我发现他们有一个共同的特征——低调、实干、高效。他们来自不同的行业，有行政干部、教师、医生，也有从事规划、建设、国土、旅游的专业技术人才，在喀什两年来，他们做了许多开天辟地的大事。这一群人是在广东众多报名者中挑选出来的各行各业中的佼佼者，但也是一群普通人，他们有父母、有家、有孩子，也有七情六欲，也有想念亲人的时候，也有思乡的时候。

广州援疆医生徐波给我留下了最深刻的印象。2011 年 2 月，他作为广东省第六批援疆干部人才，进入新疆疏附县人民医院开展对口援疆工作，而他的妻子叶璐，则在 2012 年 2 月作为广东省第六批援藏干部远赴西藏林芝，他们把才 3 岁多的女儿送到湖北老家。在徐波的办公室里，到处摆放着家人的照片，办公桌下是三人幸福的全家福照，在来疏附之前，徐波还将女儿的照片做成台历，空余的时候，他就会拿起台历翻看，一遍一遍，怎么也看不够。夫妻俩如此博大的爱深深地打动了我。

出门远行，走入喀什，我也了解到更多我不知道的自己。我怀着忐忑的心情踏上西行之路，长途的跋涉和繁重的行李，让我感受到了队友之间的友爱，也意识到了团队合作的重要性，当我们一起喊着口号，把看似不可能搬完的行李搬上火车时，喜悦和感动无法言表；也许我并不是这个队伍里最出色的队员，但我比自己想象中更快地适应了环境，只希望不要在关键时刻拖大家的后腿；在有矛盾和意见分歧时，我都会很坦然地接受队友的意见并及时改正，因为在这万里之外的喀什，我们是一个集体，是兄弟姐妹，我们需要相互理解、配合和支持。

此行在喀什虽然只有半个月，我还没有来得及深入了解喀什，还没有来得及听到更多的援疆故事，还没来得及感受更多维吾尔族朋友的热情，但我经历了人生从未有过的远行，从未有过的新奇、美好和感动。

走读绿洲

朱海威

从麻赫穆德·喀什噶里麻扎所在的白色主建筑出来，阳光正把天色映得瓦蓝。拾级而下再右转，穿过树荫环绕的小道，耳边的风声就开始鼓动耳膜了。从繁茂绿树下的凉意里乍一脱出，眼前辽阔的麻扎便延伸到了天际。

麻扎在维吾尔语里是“坟墓”之意，呈现在眼前的一大片麻扎，也就是坟地。据说，正是因为麻赫穆德·喀什噶里葬于此，当地人冲着这里的神圣气息，死后会特意葬在附近，也就形成了这片辽阔的麻扎群。

与一般印象中的“坟地”的意境截然不同，这里呈现的是一片让人哑然震惊的景色。呈红色的土地上布满了一座又一座的桃形土堆，因年份的不同，有的已经在西域的风沙洗礼下斑驳了岁月的痕迹，或只剩依稀可辨的一堆残土。麻扎就散落在裸露的土地上，矮小而稀疏的草丛点缀出些许绿色，使这里显得不至于太过荒凉。顺着喀什噶里主墓室的方向，沿着这些错落有致的麻扎放眼望去，终点就从地面移上了天边。

再往前走就是一个小山坡，此时午后的风正巧在这里掠过，也许就在你低头撩头发的一瞬，绿洲就出现在你眼前。与脚下这片土地的荒凉截然不同，呈现在你面前的是一大片渲染成墨绿的景色，未等你从这强烈的反差中回过神来，挺拔笔直的大片绿树告诉你，这里，就是喀什的绿洲。

绿洲上的树木品种很多，大部分都因树干笔直而有一种扶摇直上的气势。在风来沙往的沙漠边缘，这些树都像被用吹风机做过发型一样，树叶顺着同一个方向生长。千万棵树汇聚成林，拥有着同样的姿态，像是军队方阵，林立着整齐划一的军人。

我无法将眼前的绿洲之林与脚下的干裂红土联系起来。这样似乎滴水不存的土壤里如何能长出这般雄壮高大的树来？这样贫瘠荒芜的地方如何能孕育这样绿意盎然的生命之色？回望喀什噶里长眠之所，它正在绿树的掩映中反射出洁白的太阳光芒。一时间，除了我脚下的这片麻扎，四周的绿色已然将我包围。

远处隐约可见的雪山望着我，却默然不语。此时，我忽然找到了答案。雪山融水为这里带来了河流，有水的地方就会有绿洲。以前我总以为绿洲是沙漠中的一个小点，一汪水，几棵树，给疲累的旅人提供延续生命的希望。我从没想过绿洲可以这样绵延辽阔，沃野万里。此时我才意识到，喀什之所以能数千年来成为连接中西方的重镇，产生这么多绚烂多彩的文化，正因为这片土地赐予了他们所有的希望。

绿洲像是大漠瀚海上的美丽岛屿，生活在岛屿上的人们身上闪烁着特有的历史和智慧的光辉，这些光辉的明珠就是除沃土以外，绿洲赋予他们的精神财富——绿洲文化。

绿洲文化的印记处处体现在我们的所见所闻上。戈壁的辽阔赋予了喀什人民豪爽大气的性格，绿洲的肥沃赐给了他们丰饶的物产。

采访期间，正是新疆瓜果成熟的季节，去到各家各户，好客的新疆人民都用最好、最多的瓜果招待我们。除此之外，当你嘴馋了，甚至可以去到路边的杏子园，饱尝甜如蜜的鲜杏，再带一些上路。你不必担心果园的主人会生气，他们只会热情地请你多吃一些。绿洲赋予了他们甘美的果实，他们也学会了绿洲的慷慨。

走在喀什的大巴扎，我们总会被这里琳琅满目、风情各异的商品所震撼。在中西融汇之所，这里既能买到我们所熟悉的来自内地的种种商品，也能看到极富地方特色和异域风情的各类物件。丝绸之路的商业底蕴经历了千年历史的沉淀，砥砺出今日喀什贸易的新盛景。在浩瀚的沙漠和辽阔的戈壁之间，绿洲成为千百年来商人停留、歇息之所，贸易之都就此衍生。随着历史的色彩渐渐淡去，今日的喀什已经是“五口通八国、一陆连欧亚”的咽喉要地，也是步入“特区”之列的繁华都市，交通和政策都为这片绿洲谱写贸易传奇新篇章打下了基础。

绿洲的美食是如此让人难忘。在新鲜出炉的馕坑旁，你能闻到沙漠与风的味道。因为这是一种适合长期储存的旅途食物，几乎不含水分，便于携带，饱腹感强，走出绿洲的人需要这些食品来应对沙漠里的匮乏。馕坑旁总有瓜果摊，摆满了硕大的西瓜、哈密瓜、老汉瓜，维吾尔族老板会剖开其中的几个，供人品尝。绿洲的丰富日照和肥沃土壤赋予了这些瓜果极高的甜度，只需咬下一口，你便无法拒绝，忍不住为之掏腰包。

羊肉的香味也是喀什的味道，它已经丝丝缕缕渗入整个城市的肌理。无论大小，每个饭店前都有一个烤串架，上面总是铺满了大串的羊肉。带着小方帽的维吾尔族师傅摇着扇子，炭火一旺，烤肉的香味便随着那股浓烟逸散到空气中。绿洲上的草原是季节性的，牛羊每年在春秋季节都有浩大的转场，这些牲畜在绿洲草原的馈赠下膘肥体壮，它们孕育着当地人民饮食文化的根基。

绿洲上的人民像这片土地一样慷慨好客，我们在采访中遇到了许多不同民族的人，他们都敞开胸怀，饱含着笑意，将你请进他们最美的世界中。绿洲的水也滋养了这里美丽动人的姑娘和英俊帅气的小伙儿，他们的浓眉大眼与高挺鼻梁总让你感怀，祖国疆域辽阔、民族和睦多元。

我站在喀什噶里麻扎前的山坡上，遥望天际，神思悠远。在碧空流云与葱茏绿意之间，是远处连绵巍峨的昆仑山脉，在雪山之外，就是塔克拉玛干沙漠。我所站之地，绿洲仿佛成了一叶漂浮在浩渺沙海中的“绿舟”，承载着此地的生灵与文化。

此时，书中看到过的句子浮现在脑海，字句都有了呼吸：

我所遭受的一切，我所承担的一切，

我所争取的一切，乃至我所抗争的一切，

——无论何时何地，都是你在我心中种下碧绿的芽，

我才由此继续，衍生不息。

姜维与麦麦提明一家的故事

喻 澍

姜维笑意盈盈地向我们走来，穿着白大褂，脖子上还挂着听诊器，话匣子很快就打开了。采访之前，我稍有了解关于姜维的故事，而他与那位维吾尔族干儿子一家的故事更是广为流传，引起了我极大的兴趣。

2011 年 2 月，姜维作为广州援疆工作队医疗队的一员，来到了新疆喀什地区疏附县人民医院。说起刚来新疆时的印象，姜维记忆犹新："刚到时觉得很好奇，很激动，但很快就被现实所震惊了，这里的医疗条件简陋得令人难以置信，远远落后于内地的医疗水平，而且整个地区群众的贫困程度也远远超出了我们的想象，我接触的病人基本上都是贫困户。""但是维吾尔人天性乐观，也很淳朴，这给我的印象很深。"姜维笑呵呵地补充道。

当被问到他资助的那个维吾尔族小孩子时，姜维向我们娓娓道出整个故事。麦麦提明的父亲曾在姜维负责的科室住院，住院期间，姜维每天都会来病房询问状况。麦麦提明父亲出院以后不久的一个周五，姜维像往常一样在做完重点查房后又将所有的病人认真地看了一遍，结束时已是下午一点多了，正当他收拾着东西，准备下班时，他看见麦麦提明笑眯眯地站在办公室门口。两天前他的父亲才刚刚出院，姜维以为是他的父亲又出了什么事，赶紧找来同事帮忙翻译。他的回答让姜维吃惊，但更多的是深深的欣慰。他说他没事，就是来看看。大概是看出了姜维的惊讶，他又补充了一句："你是个好人。"从医 20 余年来，姜维觉得这是最为值得珍藏的回报。自此，姜维与这个淳朴的维吾尔族青年及他全家的颇有戏剧性的友好往来也开始了。

打这以后，麦麦提明只要到县上办事都会来医院看望姜维，虽然他们之间仅有几句简单的话语。有一次，麦麦提明出乎意料地用汉语说了句"你好"，经同事翻译姜维得知，因早年辍学，麦麦提明一句汉语都不懂，但是为了能够当面用汉语向姜维表达感激之情，他花了好几天时间向儿子学了几句简单的汉语。姜维突然之间觉得很感动。于是，他也向同事学了"亚克西（好）、伙西（再见）"等简单的维吾尔语。姜维也时常买些水果，租车前往离县城 40 公里外的麦麦提明的家看望他们。

麦麦提明是疏附县塔什米力克乡热孜喀村的青年农民，黑而红且颇为粗糙的皮肤和深深的皱纹，让人以为他好像四十开外、奔五十了。但实际上，他今年只有 32 岁。由于家境贫寒，他 15 岁起就开始帮着父母养家，18 岁结婚，先后生育了五个孩子，但仅活下来两个。随着他们交往的加深，姜维提出让麦麦提明帮他介绍一户贫困家庭，在姜维第一次到麦麦提明家做客时，麦麦提明很热心地给他提供了七户人家的情况，经过逐一走访，结果并不符合姜维的要求。姜维又问起麦麦提明家的情况，麦麦提明的说法非常实在：日子过得不是很好，但也不是最差的。这在后来的交往中得到了进一步的证实，姜维很敬重他的这份厚道和朴实，决定将他的帮扶对象定为麦麦提明。

起初，姜维为麦麦提明争取政策贷款，确定这一途径不能实现后，姜维改变了依靠政策帮扶的想法，决定自己出资资助他，最初拿出了第一笔资助金两万元，希望他多养一些羊，逐步地改变生活状况。2011 年 6 月，姜维再次去到麦麦提明家，了解到他全家 11 口人，仅有 5 亩地，一年的收成也就够一家人温饱，依靠这几亩地脱贫显然是不现实的，然而他一家人都没文化，基本上没其他出路。于是姜维作出了第二个决定：希望他能多开一些荒地。不久，由姜维出资 5 万元在戈壁滩上帮他买了 20 亩荒地。他用维吾尔族文字给姜维写了份借条，姜维觉得这是他最有意义的一件收藏品，还满脸高兴地告诉我们："这块地今年已经有了收成了，过几天我还要再去他家看看。"

麦麦提明的儿子木扎依特是一个活泼、可爱的小男孩，姜维觉得那孩子很机灵，而且眼神特别纯净，那种眼神是很多大城市里的孩子所没有的。在他十年多的短暂经历中，从没有离开过喀喇昆仑山脚下的这个小村庄，每次姜维去他家，他总是好奇地对姜维看个不停，也喜欢带着姜维在村子里四处行走，但这孩子的汉语水平大概和内地幼儿园小朋友差不多，开始姜维以为农村小学的孩子都是这样。但柏是克然木乡之行让姜维震撼了。这是喀什郊区的一个比较富裕的村子，在这里，姜维碰到一个同样 10 岁，读小学四年级的小朋友，他能说一口流利的汉语。姜维想到汉语水平比他低得多的木扎依特。姜维想，如果还是在村里的小学读书，木扎依特将像他的父亲一样，成为一个为了糊口而终日忙碌的农民。

姜维决定利用剩余的一年时间，将他接出来，给他创造一个比较好的语言学习环境。起初同麦麦提明交流时，姜维生怕他不同意，毕竟这不同于简单的经济救助，但是，这个淳朴的维吾尔族农民再次给了他充分的信任。2011 年 9 月，姜维把木扎依特带到了县城的明德小学读书，就像自己的儿子一般带在身边，送他上学、放学，教他汉语，和他一起吃维吾尔族餐厅。现在木扎依特的汉语水平有了很大的提高，他已经能够熟练地用汉语和姜维进行日常对话了，就这样，姜维有了一个维吾尔族儿子——木扎依特。

姜维最大的心愿就是在明年的升学考试中，木扎依特能够顺利考上区内初中班，进而考上大学，从而改变自己的命运。说起即将结束的援疆生涯，姜维表示很担忧，将孩子带回广州，这绝对不现实。但是自己离开以后，谁来照顾他？自己的努力会不会是昙花一现？他是不是终要回到来的地方？

故事结束时，室内一片沉默，我陷入了感动与沉思。在姜维看来，这是一件普通的事，可在我们这些外人听来，这是一件多么不普通的事情。开心的是，最近我在网上了解到了姜维与木扎依特一家的后续情况，返回广州前，姜维特意在县城租了一套房子，把木扎依特的奶奶也接到了县城，照顾木扎依特的生活起居，他还委托明德小学的两名教师辅导木扎依特的汉语。现在姜维每天的例行"工作"，就是与远在万里之外的木扎依特通电话，了解他暑假学习情况，叮嘱他假期里不要贪玩，抓紧时间学习，他们之间的情谊还在继续。

阳光茶馆

杨小静

漫步在西藏大城小镇的街头，或许你会在不经意间发现这样一些小馆子——没有豪华的装饰，甚至看起来有些许简陋。简单的招牌，油腻的门帘，略显陈旧的长条木头桌椅；没有玻璃，更没有铁丝网的窗户。从狭窄的店门里进进出出各式各样的客人，有西装革履的白领，有穿着随意的普通百姓，有虔诚的朝拜者，有皮肤黝黑的骑行者。顺着阳光往里看，里边弥漫着白烟——桌面热茶上飘起的烟，厨房的炊烟，客人抽烟时从嘴里缓缓吐出的烟，一圈圈的白烟缓缓地，缓缓地往上飘，渐渐地，渐渐地弥漫了整个屋子。时间仿佛和飘烟搅拌在一起，也随之缓慢了。

如果有一天，你在西藏发现了这样一间小馆子，请走进去，拣个靠窗的地方坐下来，点上一壶甜茶或一碗藏面，然后静静地观察那里边的世界——那里浓缩了一座城市的生活、民俗和文化。忘了告诉你，这是西藏特有的甜茶馆。

对于甜茶进入西藏人生活的缘始，众说纷纭。但值得一提的是，在旧时，喝甜茶在西藏的大贵族中很流行。喝甜茶或用甜茶招待客人被看作是一种品位。然而，当时茶馆在西藏并不盛行。因为，当时有地位的达官贵人认为在外面吃饭、喝茶的人都是没有家底的，或是不守规矩的人。直到西藏解放后，甜茶才逐步被商业化，甜茶馆慢慢在西藏兴盛起来。不少牧民群众还依靠经营茶馆走上了致富之路。

在林芝的八一镇，我们邂逅了这样一间小茶馆。

小茶馆的名字叫“阳光茶馆”，位于林芝八一镇福建路上。茶馆虽然不是在繁华的路段，却有络绎不绝的客人。明媚的阳光只能停留在茶馆窗户的周围，茶馆内部略显昏暗，然而，墙壁上贴着的内地明星张杰的海报却十分醒目。

茶馆里有形形色色的人，茶客们的衣着打扮和谈吐会告诉你这一桌是旅客，那一桌是“上班族”，还有一些是茶馆的“常客”。他们，有独自一人品着茶、抽着烟的，有三两朋友聊着天的，有喝着茶、打着牌的，有一坐就是两三个小时的，有喝了茶、解了渴便匆匆离去的。

煮藏面和熬甜茶的炉子安静地躺在茶馆门外。那炉子的火从早到晚，一直都没熄过。炉子上方的烟囱悠悠地吐着白烟，好似在讲述着什么故事。

茶馆是由当地一个藏族家庭经营的。凡是去过阳光茶馆的人，都会记住那位叫“嘎玛”的姑娘。她的中文说得特别好，她说那是因为她很喜欢小学的语文老师。

嘎玛是茶馆老板娘的侄女，读到高二就辍学了，跟随姑姑在八一镇经营茶馆。她今年22岁，圆圆的眼睛，长长的睫毛，笑起来有深深的小酒窝。瘦小的她却几乎包揽了茶馆里的所有活儿。招呼客人，收拾碗筷，打扫屋子，熬甜茶，煮藏面，全由嘎玛一人包办。嘎玛最拿手的是煮甜茶——先把水烧开，然后把白糖和红茶叶子加入开水中煮沸，片刻后放入奶粉，最后再加开水，整个过程需要用勺子不停地搅拌。

阳光茶馆的生意很好，嘎玛每天从早忙到晚。有时候要忙到四五点，客人少了的时候才能吃上午饭。嘎玛从来不说累，无论什么时候她脸上都带着可爱而真诚的笑容。她收藏着一本特别的笔记本，上面有各种字迹写下的名字、联系方式和祝福语。每当有来自异地的骑行者、徒步旅客光顾茶馆，嘎玛都会让他们在本子上随意留言。本子上有那么一页，是嘎玛格外珍惜的。每次翻到那一页，她脸上总会露出幸福而羞涩的笑容。那是因为写下那一页的人，现在已是嘎玛的男朋友，他叫强子。

嘎玛趁姑姑不在的时候，悄悄跟我们讲了她和强子的故事。强子是北京人，比嘎玛大10岁。今年6月，强子从北京骑行到西藏旅游。那天，他光顾了阳光茶馆。嘎玛看到强子的第一眼就被他阳光的外表、幽默的谈吐和直率的性格吸引了。第二天，嘎玛领着强子在镇上逛了一天。临别前，她主动跟强子告白。她没有多考虑年龄和地域的差距，也不担心遭到无情的拒绝，她只是觉得，喜欢对方就应该勇敢地说出来。

其实，强子也对嘎玛一见钟情。他们就这样在一起了。然而，他们现在只能异地恋。

强子每天晚上都会给嘎玛打电话，一直聊到很晚。他们每天都跟对方讲自己当天遇到的人和事。哪怕是芝麻绿豆的事，他们也能讲个半天。因为，他们不想让对方错过彼此生活中的每一个细节。电话里，他们忘记了彼此的距离。

强子说他喜欢嘎玛的单纯和善良，嘎玛也深爱着强子，但她一直没把强子的事告诉姑姑。她说，现在告诉姑姑还太早。她感性地开始了这份爱，却理性地经营着这份爱。

嘎玛暗暗在心里做了计划。她说，等两年后，她有能力自己经营一间茶馆的时候，她就到北京开一间茶馆，跟强子在一起。我问她为什么不现在去找他，她说自己还没有能力独立挣钱。她不想依靠强子。我心里暗暗佩服着这个小姑娘，她虽然从小在乡下长大，却有着自主开放的现代女性思想。

嘎玛每天招待着各式各样的客人，她真诚可爱的笑容给人温暖的感觉，正如茶馆的名字一样“阳光”。

西藏的甜茶馆文化从产生、发展，到现代，发生了巨大的变化。阳光茶馆还保存着传统的制甜茶工艺，但传统的工艺却泡出了现代化的芳香。现代的甜茶馆里没有贫富的界限，没有男女间的不平等。

嘎玛，用心地经营着阳光茶馆，她的经历是西藏现代茶馆文化的生动诠释。

艳遇南迦巴瓦峰

杨小静

南迦巴瓦，这是一个熟悉又陌生的名字。

熟悉，是因为南迦巴瓦峰早已因其7 782米的高海拔，所在地区板块运动强烈，让攀登者难以征服而闻名于世。

陌生，是因为南迦巴瓦峰高耸入云，长年被云雾遮蔽，从来不轻易向世人露出其真面目。

“南迦巴瓦”在藏语中有两种意思，一是“雷电如火燃烧”，一是“直刺天空的长矛”，单从名字我们就可以揣摩出南迦巴瓦峰的刚烈与霸气。

在威武的名字背后，南迦巴瓦峰有着许多神奇的传说。其中有一个传说讲，天上众神时常会降临其上聚会和煨桑。那萦绕在南迦巴瓦峰四周的云雾就是神仙们燃起的桑烟。相传，山顶上还有豪华的宫殿和连接天宫的路。虽然传说并无科学依据，但我愿意相信——因为我总觉得，西藏是一个有神灵的地方。

我不是一位探险家，没有要征服南迦巴瓦峰的斗志；我也不是一名摄影师，没有想拍摄南迦巴瓦峰真实面目的愿望；我只是一位深爱着大自然，深爱着祖国边疆这块净土的旅行者，我深深地被南迦巴瓦峰的神秘传说所吸引，但从来不敢奢望它有一天会在我面前露出真容。

正如所有美丽的邂逅都是发生在意料之外，那一天，我就那么幸运地和南迦巴瓦峰来了一次奢华的艳遇。

2012年8月15日，结束了在察隅的采访，我们坐车沿318国道赶回林芝。十几个小时的车程把我们折腾得疲惫不堪，在车上，我们都处于昏睡状态。突然，司机大喊：“看，南迦巴瓦峰！”我以为那是梦里的声音。

同伴把我摇醒，指着窗外，竟激动得说不出话来。雪白的山峰绵延数百米，衬托着蔚蓝色的天空，仿佛是在凡·高的油画里。

路边高耸的杉树遮挡了我们的视线。经验丰富的司机把车开到了一个空旷的地方，停下来让我们慢慢观赏。

面对着这壮美的南迦巴瓦峰，我内心久久无法平静——是激动，是感动，连我自已也说不清那是什么感觉了。我就那样痴痴地看着它，看着云朵在它身边慢慢地飘过，心里想着：“那应该就是桑烟，众神们又在上边聚会了吧！”

仿佛是一位怀春的少女邂逅了梦中的白马王子，一时间紧张得不知所措了，我甚至忘了拿出相机来跟南迦巴瓦峰合影。

云渐渐多了，南迦巴瓦峰在其中若隐若现，变幻多姿。渐渐地，南迦巴瓦峰完全消失在云雾当中了。

佛说，“前世的五百次回眸，才换来今生的相遇”。在那一刻，我也相信了轮回。

南迦巴瓦峰，感谢你带给我的美丽与震撼！

爱上那位冰清玉洁的姑娘——米堆冰川

杨小静

她，有个美丽的名字，叫米堆。

她，就像一位冰清玉洁的姑娘，优雅地站立在川藏公路旁。

在国内冰川选美中，这位身材娇小的姑娘（雪线海拔只有 4 600 米，是世界上海拔最低的冰川）被评为中国最美六大冰川之一。

在那个阳光明媚的日子，对米堆姑娘仰慕已久的我们，终于近距离目睹了她的芳容。

从波密县城到米堆姑娘的故乡——乡米村和米堆村大概有一个半小时的车程。路是在西藏罕见的水泥公路，沿路风光无限。雅鲁藏布江的江水“哗啦啦”地在山边流淌，雨季里略显浑浊的江水，急促奔腾向前，在有石头处激起一个个漩涡，别有一番味道。

在探访米堆姑娘的路上，有一段美丽的小插曲。我们在半路停下来小歇的时候，遇到了一位年过七旬的老人，他穿着朴素，虽然满头白发，看起来却精神抖擞。他坐在路边，专心地写着什么，身旁停靠着一辆自行车。我们走上前去，跟他聊了几句。这位老伯今年已经 74 岁，退休后他就开始一个人骑着自行车游览祖国的名山大川。昨天，他骑车去了米堆冰川。此时，他正在写昨天的日记呢。我悄悄地看了一眼他的日记，第一句写着：

“爱上了那位冰清玉洁的姑娘——米堆冰川。”

探访米堆姑娘的旅程，因为偶遇了这位七旬老伯，而增添了淡淡的诗意。

到了米堆冰川景区，我们远远地就感受到了米堆姑娘的气场。两边是棕绿色的高山，米堆冰川挺立在中间，山顶的冰雪在阳光的照耀下闪闪发亮。两边石土裸露的高山刚性十足，仿若一个个挺拔的战士，保护中间温文尔雅的米堆冰川。

要与米堆冰川近距离接触，还要走进一片森林。车开不进森林，只能徒步，或者骑马。进森林有一条路是景区工作人员开辟好的，另一条路是未经开辟的。我们选择了徒步走原始的路。踏着碎石，周围都是古老的树木，如果不是有当地人带路，还真会迷失了方向。

走了大概半个小时，我们来到了一个用木头建起的观景台。在观景台上看，才发现米堆姑娘原来是素面朝天的。米堆姑娘的容颜并不完美，有暗淡的地方，但棱角分明。在这里可以看到冰雪消融又重新凝固的痕迹，还可以看到巨大的冰盘。素颜的米堆姑娘有着高贵的气质。

米堆冰川山脚下有个冰湖，在阳光的照耀下发出闪闪的蓝光。那仿佛是爱美的米堆姑娘特意放置的梳妆镜。

要靠近米堆冰川，还要再翻越三道冰川运动留下的终碛垅。可是我们并没有继续往前走，就止步在观景台，静静地观赏着她。

后来，我们遇到了几位旅客，他们带着探险家的精神，翻过了三道终碛垅，和米堆冰川近距离接触。他们回到观景台，手上拿着一小块冰，兴奋地对我们说：“这是从冰川上采下的。”捧着冰块的他们，流露出一种自豪感，仿佛刚才完成的是一个神圣的仪式。

听当地人说，由于全球气候变暖，米堆冰川正在慢慢地消融，现在的米堆冰川已经没有从前壮观了。有人更大胆地猜想，50 年后，可能米堆冰川会消失不见。听着这些话，我们心里特别难受。

就像一位再漂亮的姑娘也要面对渐渐老去的事实，难道米堆冰川也逃不过衰老的命运吗？

318，我心最美

余虹姗

林芝有幸，318 国道纵横其间。

林芝太美，318 国道为她点缀。

烈日，暴雨，坍塌，美景，感动……318 国道川藏线，旅行者的地狱与天堂。对于她的美丽与险峻，我早有耳闻，但当自己真正行走其间时，还是为之深深震撼。

我们驱车从八一镇前往察隅县，要经过 318 国道风景独特的一段：尼洋河、色季拉山、南迦巴瓦峰、鲁朗林海、一线天瀑布、排龙天险、神泉、米堆冰川、然乌湖……这其中的每一个名字，都足以让你心驰神往，每一处风景都让你永远不能忘怀，行走其间，你才会真正理解为什么世人说 318 是“中国最美风景路”。

清晨，山间雾气还没有完全散去，隐约可以看到太阳穿透云层的缕缕光线，宁静而神秘。车随着盘山公路蜿蜒，犹如行走在天宫中，周围郁郁葱葱的树木送来最新鲜的空气，让人神清气爽。一会儿，太阳爬上山坡，一切变得清晰起来。青山在远处微笑，星星点点的牛羊在金色青稞下觅食，五彩经幡则随风而舞，昭示着藏民们千年不变的信仰，奔腾的雅鲁藏布江撞击石头的咆哮声，仿佛在提醒着我们要小心谨慎，不要激怒了神灵。藏族司机车上那永不停歇的转经筒，仿佛传诵着长生不老的传奇。公路一旁常常有成片的玛尼堆，这些是朝拜、转山的人们留下的印迹，垒叠起来的石头中满载着藏民们对大自然的敬畏与崇拜。我想，那些朝拜的人儿，一定不会感到孤单，因为神灵化作这些壮美山河，一路相伴。

还沉浸在蓝天白云与青山绿水的惬意中，一阵颠簸将我拉回到 318 国道上，原来我们已经驶入天险地段。排龙天险只有短短 14 公里，却要行驶近 1 个小时。细细窄窄的土路，只要有车驶过，便黄尘漫天，连路都难以看清，如果遇到对方来车，就需要退到路稍宽的转弯处才能相互避让；车窗前的挂件早已失去了平衡，大幅度摆动着，我们惊坐在车里，不敢作声，稍伸长脖子就能看到脚下像煮沸了一般翻滚着的江水。此刻，我终于体会到“身体在地狱，眼睛在天堂”的无穷深意。

如果你不出发，就不知道有多少人在路上。在 318 国道上，骑行的、徒步的、转山的、朝拜的，不绝如缕。成都到拉萨，全长 2 159 公里，每一公里都有他们深深的足迹，饱含着对这雪域高原的眷恋，对神佛永世虔诚的敬仰。

我想，人生需要一次这样的风马飞扬。无惧泥石流、塌方、烈日、暴雨，在每一座山峰的转脚，在每一个高高盘踞的雪山之巅远眺，心灵仿佛都在接受洗礼。远处传来的藏经不绝入耳，仿佛在召唤着——只要你愿意，随时可以领略西藏的灵魂。

做经幡的男人

余虹姗

今年八月，我们在西藏林芝。

这里的青山绿水能绿进人心坎儿里，这里的蓝天白云让人觉得宁静祥和。然而，当看到山头随风而动的五彩经幡时，人会心生一种莫名的感动与敬仰，那飘扬的经幡里蕴藏着的不仅仅是美好的祝福与真挚的希望，更是一种信仰，一种虔诚，亘古不变。

林芝地区，旧称工布。有着山高、水急、沟深、林密的自然环境，因此神湖、神山、神石、神树等原始崇拜物比比皆是。人们通常将经幡竖挂在一棵棵参天古柏之上，远远望去恰似一片片幡海旗林，整个山体几乎被全部覆盖，好似穿上了一件五彩神衣，别致而壮观。

经幡又称风马旗，象征着世间万物的祥和。它飞舞的姿态几乎遍布了西藏的每一座山、每一条溪流，是藏民们祈求山神、水神保佑一方水土和人畜平安的精神寄托。望着已经被经幡覆盖了大半的山体，我不禁好奇这些经幡从何而来？生活在现代的藏民们是否还保留着这门古老的手工艺传统呢？

一路询问下，我们几乎横穿了整个八一城区（林芝地区中心镇），终于在一条小巷的尽头找到了一家卖经幡的店铺。当时夜幕已经降临，许多店面都已歇业，风呼呼地灌满了整条小巷，偶尔有三两个路人从我们身旁走过，都是行色匆匆。远远地，街道尽头的一家店铺中透出昏暗的灯光，走近一看，这不是我们寻觅已久的经幡店吗？店面不大不小，大约有 30 平方米，店面前还搭了一个 2 米宽的小摊，摆满了酥油、佛珠、手链、藏香等，供路人选购。走进店铺，一股浓烈的檀香味扑鼻而来，两边的墙架上塞满了一捆捆的经幡，夹杂着转经筒、油灯、佛珠、经书等，还有许多我叫不出名的物什，想必是藏传佛教里做什么仪式用的道具。

“请问有人吗？”话音刚落，我听到“蹬蹬蹬”几声，一个约 30 岁的藏族男人从几个纸箱子后面钻出来，脸上挂着笑意，用带有藏语腔调的普通话说：“我是老板，你们要买什么吗？”“这些经幡是你们自己做的吗？”我问道。老板自豪地回答说，都是他们亲手做的。压制不住内心的喜悦，我们很兴奋地说想看看经幡的制作过程。老板一听，一副这事儿还不简单的表情，引着我们往他钻出来的地方走去，说楼上就是他们做经幡的地方。跟着他走近一看，我不禁心里打鼓，横七竖八的箱子后面竟然是一条不足半米宽的楼梯，只容得下一人行走，并且里面黑漆漆的，没有一点光亮。最后，因为光线太暗，我们决定明日再来拜访。临行前，我们问老板要联系方式，他不好意思地从包里摸出两张名片递给我们，原来他叫多吉旦增。

第二天，我们再次走到这条街巷，差点怀疑自己走错了。这里人来人往，热闹非凡，与昨晚截然不同，它还有个洋气的名字——“香港路步行南街”，原来这里竟是当地繁华的商业街。路中间摆满了做缝纫生意的小摊，两边则是各种店铺，不一而足。经幡店在这些小店铺中特别显眼，里面和外面都是五颜六色的，转经筒在阳光下越发显得熠熠生辉，收音机里传出让人驻足的佛经音乐。

店铺里面依旧没有人看店。我们以为老板在楼上，便径直上了二楼。这狭窄的楼道，即使在白天也没有几道光影，没想到二楼也不太亮敞。屋里有3个男人正在做工，这间小作坊不足20平方米，堆积如山的经幡、布以及做经幡的工具则占据了房间的3/4面积。

3个男人停下手中的活，惊异地望着我们。扫视了一圈，才发现老板不在这里，我们顿时觉得十分冒昧。正欲解释之时，老板旦增“蹬蹬蹬”地上来了，用藏语跟3个男人交谈了几句，他们脸上便展露出笑容，还朝我们挥手问好，便继续各自手中的活，时不时地抬头看一下我们摆弄脚架和相机。

老板旦增告诉我们，藏语里称经幡为“隆达”，“隆”在藏语中是风的意思，“达”是马的意思，所以经幡又称风马旗。这些五彩经幡上都印有藏经文，人们把这经幡挂在有风的地方，风吹动经幡就意味着人在诵念经幡上的经文，祈求神仙保佑。藏历中，6月的8、10、15、20、25、30号是到山上挂经幡的日子。

这经幡的每一种颜色背后都有着深层的代表意义。经幡至少是蓝、白、红、绿、黄五面旗为一组。蓝色象征蓝天，白色象征白云，红色象征火焰，绿色象征绿水，黄色象征土地。这五彩经幡，其实就是整个西藏的写照，青山绿水在蓝天白云的映衬下，更显得纯净了。

随着时间的推移，原始的做经幡的人生活也在改变。听旦增说，10年之前八一镇还在建设时，他也还没有这家店铺，都是背着经幡去家家户户叫卖的。就像现在我们在色季拉山口遇到的卖幡人一样，背篓里装满着经幡，一捆一捆，卖给游客或是朝圣的人。

旦增和这3个做经幡的男人都是拉萨人，都是一个村的，在他们的村子里，几乎家家户户都会做经幡。而林芝地区很少藏民会自己做经幡，都是从拉萨批发过来贩卖。旦增就是由此发现了商机，开了这家“拉萨正宗经幡批发店”。

这间不足20平方米的小作坊既是工房，也是卧室。每个人只有一张不到1米宽的沙发式小床，白天就是工作椅，坐在上面印刻经幡。床上铺着的毯子原本色彩应该是很鲜艳的，但也许是因为使用多年而变得陈旧，也许是因为做工使用的墨汁洒在了上面，已经不再艳丽。

经幡的制作过程并不复杂。首先，对照着藏经书，采用阳刻的手法把经文刻在青冈木块上，这个印刻过程称作“Ba Xing”，大约需要3个月的时间。每一木刻大概可以用3年，直到突出部分被磨平就需要刻一块新的了。“这些木刻都是他刻的，其中有带来好运的，有佑人平安的，有驱鬼防魔的……”旦增指指正在做印染活的罗布次仁。罗布现在每天的工作，就是将墨汁涂在刻有经文的木块上，再将布铺在上面，用一块硬纸板施压，将布铺平，这样整个木刻上的经文就能印在布上了。最后，将这些五彩旗缝穿起来便可。

3个人当中，罗布次仁年纪最长，今年30岁，可看起来却像40岁有余。他比较沉默寡言。我们刚刚开始摄像时，大家都停下了手中的活，一边好奇地打量着我们，一边用藏语交谈着什么。只有他在不停地印染之余，偷偷地瞄一下我们，似乎有些害羞。他一点汉语都不会讲，只能听懂简单的“谢谢”、“再见”。每次我们问他问题时，他总是愣一下，然后不好意思地朝我们笑笑，望向他的同伴，仿佛在求助。可惜的是，他们3位讲的汉语口音实在太重，大多我们都听不懂。幸好此时，隔壁茶馆的姑娘嘎玛送来外卖，她讲得一口流利的普通话，我们便请她当翻译。

原来，罗布次仁是做了20年的老手艺家了，在村子里名声不错，老板旦增费了好大劲才请他到林芝来做活。由于家里比较穷，经幡这门手艺又是传承下来的，罗布几乎没上过学，也不会讲汉语，从10岁起就开始了刻印经幡的生活，而木刻这门技术学了足足三年。

从林芝到拉萨有400多公里，但这点距离在地大物博的西藏并不算太远，路况也不错，但罗布说他们每年只回两次家，所以他每天都会给家人打电话，记挂着他的3个女儿和1个儿子，其中最大的孩子今年读初三。虽然是祖传家业，但罗布并不希望孩子继承他的衣钵，而是希望他们好好读书，到更广阔、更发达的地方去工作，比如北京。这是他唯一知道的内地城市。

“每天重复着这些工作，会不会无聊?”罗布大概从来都没有想过“无聊”这样的词语会出现在他的生活中，嘎玛帮我们解释了老半天，他才明白我们的意图。罗布耸了耸肩，在自己的工作围裙上擦了擦被墨汁染得黑糊糊的手，拿起桌子上的酥油茶喝了一大口，摆手道：“不会无聊，习惯了这样的生活。”罗布就打算把他的一辈子奉献给五彩经幡了，在这个不足20平方米的昏暗小屋里，一张1米宽的小床，与布、木块、墨汁为生，就这样过一辈子。

和罗布一样做印染工作的还有一位年轻小伙，名叫扎西次仁，名字是吉祥和长寿的意思。他今年刚满20岁，是刚从拉萨过来的新学徒。他坐在靠窗的位置，穿着比另外两位时尚很多，一件红白条纹的POLO长袖衫搭着一条破旧的牛仔裤，头发是20岁年纪流行的中长发型，刘海要稍微遮盖眼睛的那种。他十分喜欢偷瞄镜头，张望中又透露出些许紧张，如果被我们发现他在偷望，他会立刻把头埋得很低，几乎要贴到沾有墨汁的木刻上。也许镜头让他感到有些不自在，他每几分钟就要换个姿势或者挪动一下。他还有一顶很钟爱的棒球帽，桃红色的，就放在他身边，一会儿戴上，一会儿又摘下，好像在暗示我们关注那顶很潮的帽子。

“你这么年轻，为什么没有继续上学呢?”他抓了抓脑袋，发型都被抓乱了，嘟囔了几句藏语，断断续续的。扎西只能说简单的一些汉语，嘎玛给我们翻译说，是因为家里太穷，功课也不好，所以小学没有读完就辍学了。我们之前听说，在西藏这边，藏族小孩15、16岁还在读小学的情况是很常见的，当时觉得有些不可思议，现在看来确有其事。

扎西悄悄透露说，他其实并不喜欢现在的工作，觉得挺无聊的。他的愿望是买一辆车，自己当司机拉客，但现在没有钱，所以只好先做经幡攒钱。他们每个月的工钱不足2 000块，从早上10点做工到晚上10点，可他们仍觉得不累，说条件比在村子里的时候好很多。然而，林芝是西藏的旅游点，物价并不低，这点工资维持生计都挺困难的，不知道扎西何时才能存够钱，实现他的梦想。

房间里突然响起了欢快的藏族音乐，原来是平措顿珠刚打开了一台老式的VCD播放机，正望着我们傻笑。他是3人中话最多、最活泼的一个，胖胖的身躯把身上那件耐克的蓝色T恤撑得满满的。他是半个裁缝，有两台缝纫机供他专用，负责把已经印染好的布旗穿在一起，每个颜色不能重复。

平措今年28岁了，在老家已经结了婚，但还没有孩子。谈到婚姻这个话题，一向笑盈盈的平措还显得有些羞涩。原来，在几百公里之外的老家，他的妻子还要服侍他的两个亲兄弟，与《大红灯笼高高挂》电影里一夫多妻的情况相反。一女侍多夫，这是我们无法想象的婚姻生活。历史上，新中国成立后的第一部法律新《婚姻法》中明确废除了一夫多妻的传统婚姻形式，也明令禁止一妻多夫。没想到至今，这种情况在拉萨偏远的小村庄中仍然沿袭着。

面对让人尴尬的私生活话题，平措似乎不愿意多说。但对我们的吃惊，胖胖的平措也不怕大家哄笑，很大方地坦白说："所以我想在这边找个林芝女孩做老婆。"这也许真是他内心的期待，因为他说他每天最开心的事就是在休息的时候和隔壁的女孩聊天。

听到这里，大家都哈哈地笑开了。他们一边做活，一边也跟着轻快的藏乐哼唱起来，还互相打趣，讲笑话，我们虽然听不懂，却能从他们的笑脸和浑厚的笑声中感受到一种惬意。

每日，他们用自己的双手缝制出上千米长的经幡，除了知道可以用来祝福和祈求神佛保佑之外，他们并不清楚经幡的起源，只说有生以来，世世代代一直都有。而实际上，据历史记载，经幡是由战争中的长矛演变而来，后来成为佛教行为，它的象征意义就在于它能够激活人类灵魂深处的斗志。

虽然他们并不懂五彩经幡背后更多的历史和真意，但他们这份真诚祈愿的心一定会得到神的庇佑和祝福。

僜人部落

余虹姗

这里，离中印边境只有十几公里。

这里，有着特殊少数民族部落。

这里，部落首领就是村长，传说他可以佩刀登上飞机。

2012年8月10日，“我行我动”采访组从波密驱车300多公里，来到了察隅县下察隅镇的沙琼村。我们拜访了僜人部落首领阿鲁松，与之彻夜长谈。他既是老共产党员，又是僜人部落的致富带头人，部落里事无巨细，他悉究本末。宝刀象征着他至高无上的权力与权威。我们正好拍摄下他带领村里人修缮村道、围墙的场景。

如今，沙琼村在政府规划和资金资助下已经被打造为“僜人民俗风情村”，家家户户都可接待旅客，因此村民都增收不少，也都唯阿鲁松马首是瞻。

人间仙境——鲁朗

余虹姗

在318国道骑行西藏的人，都知道川藏线上处处都是风景，相信谁都忘不了那恬静的田园风光仙境——鲁朗。

鲁朗藏语意为“龙王谷”，就是有神灵庇佑的地方，这里草木繁盛，一片生机。这里海拔约3 700米，从八一镇出发，翻过色季拉山口，便可感受到一阵绿意袭来。这里是一片典型的高原山地草甸狭长地带，两边是山，莽莽林海连绵不断，一条小溪清澈弯曲，中间是高原草甸，蜿蜒无边，花草满地。

只有到过鲁朗，才知道什么是真正的田园生活。这里的天是蓝的，山间云雾缭绕。这里的草地是绿的，牛羊自在地在乡间吃草。微风吹来收获的味道，远处的青稞黄了，金色麦浪层叠起伏，甚是迷人。

在此间漫步，一切都是安静的，唯有“叽叽喳喳”的鸟叫声。走着走着，远远望见一湾绿塘，水平如镜，湖边长满了芦苇和蒲公英，羞答答地低着头。这湖名叫“贡措”，是当地藏民们心中的圣湖，传说可以预测来年运势。不远处有一个五彩经幡阵，走近才知道原来我们已经到了扎西岗民俗村——吉祥坡。它曾经是一个名不见经传的小村，古时只有几户人居住，连个正式的名字都没有。直到有一天，文成公主路过扎西岗歇脚时，观天测地，不由得惊叹这里是个吉祥宝地，将村庄取名为“吉祥坡”，藏语“扎西岗”。扎西岗村的经幡阵相传是英雄格萨尔王点将、驱魔之地，因此鲁朗百姓视之为圣地，每逢大型祭祀、丰收季节或藏区传统节日，都会到此煨桑、转经、悬挂经幡、抛洒风马，祈求神灵庇佑。

现在的村子，生活依然恬静而安详，虽然已经有许多家庭旅馆应时而生，但淳朴的藏民们仍旧保持着传统的生活习惯，牧羊、放牛、祈祷，远离一切喧嚣。

美景须有美食相伴，才可称得上完美，鲁朗的石锅鸡让我们觉得不虚此行。景区一旁就是餐饮集中地，在这里，除了石锅鸡，还是石锅鸡，几乎每家餐馆都以石锅鸡为特色。“石锅鸡”其实就是以藏鸡汤为锅底的石头火锅，这种石锅是墨脱的特色，里面加有很多的藏地药材，红枣、枸杞、手掌参……鲜嫩的鸡肉加上店家特制的辣椒酱，营养丰富，美味至极。

尝过美味后，我们来到了鲁朗五寨。所谓“五寨”，是指沿着德木冷泉河分布的工布、波密、门巴、珞巴、僜人五个充满不同民族风情的村寨，从民居、服饰到饮食、生活习惯等，都各具民族特色。

目前五寨多数的旅游项目正处于规划之中，在广东的支援下，鲁朗要打造成仅次于布达拉宫的西藏第二个旅游目的地，实现春季赏花、夏季纳凉、秋季品色、冬季滑雪。

人们习惯把鲁朗称为“东方瑞士”，但来过这里，我更觉得瑞士不过是“西方鲁朗”。

美丽如画的鲁朗风光

扎西央宗：三尺讲台就是幸福开始的地方

余虹姗

从20岁踏上讲台至今，19年了，扎西央宗自己也感叹时光飞逝。黑板上留下了多少知识的足迹，也许只有粉笔知道。但每每听到教室里天使般的笑声，她都觉得，这三尺讲台就是幸福开始的地方。

初出茅庐的劝学时光

那三年，让我明白老师的职责不仅是教书，育人同样重要。

——扎西央宗

央宗初三那年，家里遭遇了一场变故，她选择了辍学。回家15天，她哭了15天。那时候村里还没有电话，校长和老师走了几十公里路，亲自到她家里劝她复学，家人哭着送她回到学校。那时，她就在心里暗自许下了一个愿望：长大后，我要成为你，成为一名老师。

20岁时，央宗如愿以偿，从西藏民族学院毕业，她放弃了留在大城市工作的机会，回到了自己的家乡波密，在玉普乡小学当起了乡村教师。

那年，她是乡里第一批会讲汉语的藏族老师。

一开始，孩子们对于这位刚从内地大城市学成归来的“双语”老师并不认可，在他们眼里，央宗穿着时尚，青春靓丽，留着齐腰的长发，是个典型的“汉族女人”。正因如此，央宗还被学生捉弄过。有一次，学生往她的洗发水里放盐，“如果用那水洗了头，头发会全部变白，我差点就中招了！”现在回忆起来，央宗还觉得十分好笑。

在西藏，拉萨口音就相当于内地的普通话。央宗不仅汉语发音标准，藏语也是标准的拉萨口音。这让许多孩子对她产生了敬畏，不再把她当“汉族老师”，渐渐愿意跟她学习汉语了。

在内地，十五六岁的孩子正读高中，而这里，10岁才上一年级的大有人在。所以，藏区的孩子更像一匹匹野马，学习起来并不安分，往往十五六岁的孩子，个子已经比央宗还高，却还在想办法如何捉弄她。更让人头疼的是，一到挖虫草的季节，教室里的学生就会少一半，因为孩子们都回家务农去了。

看到山里的孩子们过了上学的年龄还在家务农，该上学时却旷课跑去山上挖虫草，祖祖辈辈靠天吃饭的乡亲们还在面朝黄土背朝天地耕种，央宗忽然觉得自己有责任劝服家长们转变观念，教会孩子们扛起梦想，好好学习，走出大山，看看外面的世界。

央宗带的毕业班，总共才16人，她决定挨家挨户地劝学。但这并不像一般的家访那样简单。在这里，每到一户都需要翻山越岭，跋山涉水。饿了，摘野果子吃；渴了，就喝山涧泉水。

30公里的山路，央宗和一位女老师，整整走了一天一夜。路途中，还遭遇了泥石流，她们差点被冲进了水里。“初生牛犊不怕虎。那会儿真是天不怕地不怕。”央宗说，在西藏，做好事的人都会得神灵庇佑。

不久，央宗做的好事真的开了花，结了果。也许是被央宗这份执着所感动，也许是不想让孩子重复自己的命运，总之，家长们答应央宗，按时送小孩上学，不再让他们跟着挖虫草了。小学毕业时，央宗所教的孩子们大多能说一口流利的汉语，学习努力的孩子还考上了内地的初中班，她心里笑开了花。

是老师，也是保姆

在通木教学的日子，是我毕生难忘的岁月。

——扎西央宗

央宗在玉普乡小学待了三年，因其双语教学效果显著，被调往松宗镇完全小学，一教就是10年。

镇里各方面条件好了许多，央宗却有些想念在玉普乡的艰苦岁月。她听说在扎木镇通木村有个教学点，40个学生，却没有一个正式老师，请的全是代课老师，没有固定的课时。有老师来，孩子们就上课，没有老师，孩子们就自己“放羊”，还有的代课老师才初中毕业，自己都讲不好汉语。“老师水平不高，学生怎么能学得好呢？”心疼那里的孩子，央宗于是向教育局写申请，要求调过去任教。

到了那里，央宗才明白为什么谁也不愿意去——所谓的教学点，就是一排土瓦房，其中几间作为教室，几间作为教师宿舍，除此之外，再没有其他什么设施了。自愿和央宗一起去通木教学的，还有边觉，他后来成了央宗的丈夫。结婚那年，央宗33岁，夫妻俩齐心协力为这40个孩子撑起了一片天。

为了能留住孩子，两人拿出自己的积蓄，建了一个小操场，修缮了走廊，种了些花草，校园变得像模像样了。很多人背地里笑夫妻俩傻，有这么高的学历还要留在这么艰苦的地方，挣钱不多，甚至要自己掏腰包，咋想的呢？也有人被夫妻俩的无私奉献所感动，送给他们20株果树苗。夫妻俩开心不已，不过等这些树苗结果了，孩子们也长大了呢！

让人头疼的是，这里的许多家长并不相信知识能给家里带来财富。

无论条件怎么艰苦，都不能让孩子没有学上，央宗想起自己以前翻山越岭劝学的经验，便和边觉三番四次跑去做家长的思想工作，动之以情，晓之以理，还请来村支书助阵。

有几个孩子家住在河对面，木桥年久失修，踩上去咯吱咯吱地摇晃，木板残缺不全，能看得见脚下湍急的河流。村子里农活多，人们大多早出晚归，家长们没有时间接送孩子，又担心孩子发生意外，都不愿意让孩子来上学。边觉拍胸膛保证说："每天我来背孩子们过河!"话都说到这份儿上了，家长们也不好再执拗。

每天清晨，央宗和边觉就起早来到河边等，看到小小的身影出现，边觉就赶过去背孩子过河，央宗则在一边照应着。13 个小孩，最小的才 6 岁。放学时，边觉再一一把他们背过河去。

4 个年级，12 门课，夫妻俩全包了，天天忙得不亦乐乎。

除了给孩子们上课，夫妻俩几乎成了孩子们的全职保姆，还负责给他们洗澡、做饭。

山里的孩子们个个像"野孩子"，破衣烂衫，蓬头垢面，央宗看了十分心疼。为此，边觉特地去了趟波密县城，在理发店里观摩了一天，自己买了些简单工具，回教学点给孩子们理发。央宗则在一旁负责给孩子们洗头冲澡，一个个野孩子，变成了干净娃娃。

许多学生离家太远，央宗决定中午给孩子们做饭。夫妻俩自己动手松土，在瓦房旁开垦了几十平方米的耕地，种上了白菜、西红柿、青椒。央宗手上有块疤，就是那时留下的。酥油茶、白菜、土豆……虽然很少能吃得上肉，但孩子们仍然吃得很开心。

"一天 24 小时，都围着这帮小鬼转悠，几乎没有休息时间，做梦都梦到怎么给孩子们讲作文。"一幕幕还那么清晰，央宗自己都感到惊讶，那时好像有使不完的劲儿。

"央宗"在藏语里是"天籁之音"的意思，扎西央宗也确实是通木村的希望之音。孩子们在央宗和边觉的教授与帮助下都顺利毕业了，甚至有 4 位考上了内地班。在此之前，能念完小学的通木人屈指可数。夫妻俩调走的时候，许多家长带着孩子去教育局申请，想留住这样的好老师。

再后来，通木教学点被并入其他乡镇小学，而通木人也都相信了"知识能改变命运"，正是央宗和边觉的坚持，改写了山区无数个孩子的命运。

教学有方，为藏区学生打开一扇窗

只有身心愉悦、没有距离的教学，才能给予孩子们最大的幸福感。

——扎西央宗

在藏区小学，80% 的孩子来自当地农牧民家庭，藏语世世代代口口相传，要教他们学习汉语，就如教外国人学习中文一样艰难。双语教学的实施为藏区学生开辟了学习汉语的快捷途径。截至 2008 年底，林芝地区的双语教学普及率已达 100%。

因为双语教学工作表现突出，央宗先后被调往波密县小学和林芝地区第一小学，她也把最好的双语教学经验从波密带到了八一，为孩子们学习汉语打开了一扇窗。

“‘祖国’是一个寓意深刻的词语，意思就像我们藏语里的‘米接’，是一个大家庭，由千千万万个小家庭组成，在这个大家庭里有56个不同的民族。”央宗在给三年级的学生讲《我爱祖国》一文时，用藏语解释道。而孩子们就是通过如此简单易懂却深刻的藏语讲解，渐渐地将每一个汉语词汇深深印在了脑海里。

央宗能在藏、汉语之间如此游刃有余地转换，有她自己的小秘密：“我小时候学习汉语时，就觉得中文晦涩难懂，只能靠死记硬背，所以现在深知孩子们学习汉语的困惑。”培养孩子听、说双语的兴趣和自信心是她教学的一个切入点。

巴姆是她曾经教过的一位小学生，如今已经毕业于东北林业大学，考取了波密县政府的公务员，能说一口流利的普通话。央宗是她的汉语启蒙老师，“如果没有央宗老师，我汉语也不可能这么好，当年更考不上内地班”。巴姆想起自己第一次接触汉语时，都不好意思开口，怕说不好。央宗就找她单独谈话、聊天，试着跟她用汉语交流，培养起她说汉语的自信心。“老师的课堂气氛很活泼，经常给我们举行一些猜词、猜谜的趣味活动，这样我们都愿意学汉语。”回忆起当年的课堂，巴姆说上央宗的课，总觉得时间过得特别快。

在央宗的课堂上经常可以看到这样的场景——学生们几人一组，兴高采烈地讨论着、模仿着，央宗正用电脑给学生们放视频或图片。这些视频或图片大多是央宗自己拍摄的。她说，拍摄离孩子们生活近的素材更能提高他们的兴趣。

如今“电教”已经很普及了，在县级以上的小学，电脑、投影仪等“电教”设施一应俱全，央宗现在所在的学校已经有6年“电教”历史了。但10年前，正是央宗开创了林芝地区“电教”的雏形——电视教学。

扎西央宗在备课

那是在2002年，央宗到江苏常州师范学院进修，培训之余，她在逛街时买了一张教学光盘，这实际上是内地家长们用来加强孩子记忆的课外光碟。当找到语文课文中相应的篇章时，她欣喜万分，觉得自己终于找到了能提高孩子们学习兴趣、加强记忆的新教学方法。

央宗仍然记得当时她刚开始电视教学的画面，当时讲解的是二年级课文《北京亮起来了》——电视里放映着北京的高楼大厦，万里长城气势恢宏，天安门广场上鸽子飞翔——孩子们目不转睛地盯着电视，从来没有如此专注过。“孩子们可以直观地看到北京是什么样子，为什么亮起来了……”央宗感叹说，“这样能让‘汉语’更加形象化，效果也出奇的好。”

央宗的教学成就有目共睹，她还时时总结、自勉：“只有身心愉悦、没有距离的教学，才能给予孩子们最大的幸福感，课堂才能真正成为孩子们放飞梦想的乐园。”

学生对她说，我想叫你妈妈

我要努力做到，用自我的生命去涵养学生的生命。

——扎西央宗

“西藏河里的鱼是没有鳞的，因为这里没有伤害。”在央宗看来，这片养育她的土地处处充满着爱，她想通过教书育人将这份爱传递下去，为此，她对自己的要求一直是：用自我的生命去涵养学生的生命。

央宗是一位素食主义者，她时常教育学生要保护动物，爱惜生态环境，学会“给予”。高年级的学生进入叛逆的青春期，她时常找学生谈心、聊天，不是在办公室，而是在送学生回家的路上。为此，学生们都愿意跟央宗说心里话，在学生眼里，央宗就像他们的大朋友。下课了，学生们会用央宗的电脑放歌听、看视频、玩游戏，央宗不阻止，并参与其中，“这是属于孩子们的自由活动时间”。巴姆说：“虽然称呼上是老师，但在我心底一直当她是姐姐。”

谈起与学生的关系，央宗说有这么一堆“小朋友”是很幸运的事，教师节的时候，她会收到学生们自己制作的卡片、爱心纸条等。

幸福之余，她眉宇间隐现一丝伤感。

她叹了口气说，没有留住刘斌权是她这辈子最大的遗憾。

刘斌权是她五年级五班的学生，今年 12 岁，但因父母离异影响了学习，所以经常迟到、逃课。央宗便找刘斌权谈心，家访。让央宗意想不到的是，刘斌权的父亲对于自己孩子的情况完全不理会，既不配合央宗，也不听央宗劝告。

看着真心实意对待自己的老师被父亲拒之门外，刘斌权对央宗敞开了心扉，讲出了自己心里所有的不快——后妈对他不好，经常给他吃冷饭剩菜，他很想念自己的亲妈。央宗当时就泪如雨下，很心疼刘斌权，并且暗自在心里对自己承诺，一定要帮这孩子走回正道，劝他好好学习。

从那以后，央宗放学后和刘斌权一起吃饭，再给他辅导之前落下的功课，最后再送他回家。刘斌权在央宗的劝导下，觉得自己是有人疼爱的孩子，学习也努力多了，2 个多月没有逃过课，期中考试成绩从班上最差上升到了中等。

这一切，央宗看在眼里，喜在心里。

没想到，好景不长，有一个周末，刘斌权失踪了。这让央宗心急如焚，打电话给刘斌权父亲，他父亲却说不知道，不用你管。

“半夜十一二点的，这孩子上哪儿去了啊？”央宗急得快哭了，边觉在旁一边安慰着，一边托人到处打听。最后，刘斌权给央宗来电话了。

“你现在在哪儿呢？”

“你管不着！”刘斌权此话一出就后悔了，因为央宗在电话那头哭了起来。

“你要跳河的话，老师也跳河！”听到央宗这样说，刘斌权哭着答应央宗立刻回家。

原来，刘斌权离家出走是因为父亲不同意他搬到央宗家里住，因此他和父亲大吵了一架。

后来，刘斌权一直没有来上课，家里电话也没有人接。

有一天，央宗收到刘斌权的QQ留言：

老师，我已经辍学，不在西藏了，回老家去学开车。

老师，我最听你的话了，你就像我的妈妈。

老师，你可以做我的妈妈吗？

至今还保留着这些信息的央宗，眼里泛着泪花，不断地重复说：“没有留住他是我这辈子最遗憾的事。”

扎西央宗与《紫丁香》

如今，央宗仍是林芝地区第一小学里一名勤劳的园丁，悉心照顾着她心中最可爱的花朵，就如她的诗歌——《紫丁香》一般，满满的全是爱。这首诗是央宗在下课十分钟的时间里写出来的，只要能看着那些孩子们健康成长，她就觉得很幸福了……

紫丁香

扎西央宗

漫山遍野的丁香
犹豫中透露心香朵朵
每一片童心交织的快乐
一朵一朵朝着阳光绽放喜悦的笑容
泥土中承载的滴滴香汗
只为原野的故事充满收获
我可爱的孩子们啊
你们是老师心间的那颗朱砂痣
用心呵护的执着
那灿烂的童颜
那哭泣的声音
时时牵动着满园的丁香
我心的花园啊
为你们盛开
怒放在字里行间
人生虽风雨飘摇
只要枕着你们银铃般的笑声
夜夜装点老师的梦
此生足矣

比日神山

张　曦

位于林芝地区八一镇东侧的比日神山是藏地享有盛名的神山，其藏语意为“猴子山”。比日神山虽高耸入云，但没有一座十分突出的山峰，而是由一组山峦攒聚在一起，云山雾罩，森林密布，四季鲜花不绝，景色各异。神山附近一带的树木都是歪歪斜斜的，在藏族宗教传说里认为是古代佛苯相争时，工布地区苯教首领阿穷杰博与推动佛教的莲花生大师比试法力所致。据说，当日莲花生大师来到比日神山，调集狂风，试图将神山附近的村庄和树木一扫而光，阿穷杰博情急之下招来巨石压住树木，方使得当地苯教得以保存，但附近一带的树梢却因此变得歪歪斜斜。

远眺比日神山

天空湛蓝，白云浮动群山间。风吹起，满山经幡飘动。在藏族宗教文化里，让风吹动五色经幡是向神祈福的一种方式，所以淳朴的藏民们将印上经文的经幡成串成串地挂在山上，系在树梢。象征天空的蓝色、象征火焰的红色、象征河流的绿色、象征大地的黄色、象征白云的白色，五色连成一片，色彩纯美，仿佛一幅绝美的油画，让人感到震撼。转山、转湖也是藏族宗教中祈福的方式。所以，当地藏民经常来到这里转山。他们手里拿着转经筒，口中念着经文，徒步绕山一圈，以示虔诚。藏历十五是藏地最重要的节日，这时神山脚下可谓人山人海，他们向神山倾诉着对新一年的希望与祝福。

比日神山的景区分为神山生态广场、小溪景区、唐城寺景区、经幡阵和古遗迹区等。在半山腰俯视，可尽观八一镇全景。蓝天白云，群山环抱，街道房屋星罗棋布，当真有“天似穹庐，笼盖四野”的世外桃源之感。

经幡飘扬

比日神山内还建有林芝自然生态博物馆，它是全国第二大、西藏唯一的一座以自然资源为主题的动植物活体标本博物馆，收藏了藏羚羊、孟加拉虎、小熊猫等丰富的动植物标本，达586种，直观地展示了林芝地区千姿百态的原始生态景观。

雪山下的守望者

——记墨脱 52K 检查站

张　曦

它可能是国内最简陋的检查站，孤零零地立在一条乱石铺成的凹凸不平的公路边。一个用木板搭起来的不足两平方米的小哨所，加上一根需要手动抬起的满是褐色锈迹的长铁杆，组成了这座检查站。哨所没有门，昏暗的屋内挤着一张四脚矮桌和一把黄色木椅，几张手写的公务通知单钉在墙壁一角。矮桌上放着一本厚厚的登记册，还有一支用布缠了几圈的钢笔。当地印刷设备奇缺，费用也高得出奇，检查站的大多数日常工作都是靠这支笔来完成的。

这就是 52K 检查站，外界进入墨脱的第一站。墨脱是全国最后通公路的地方，它的名字在藏文中的意思是“隐秘的莲花”。从波密往墨脱的公路有 140 多公里，沿途雪山湖泊，林海飞瀑，壮美无比。但是由于当地地震、塌方、泥石流等地质灾害频发，加之气候潮湿多雨，所以去往墨脱的路又被人们称为“生死之路”。

墨脱生死路

最初修公路的人为了方便歇脚，在距离波密 52 公里的地方修建了一所木屋，这便是 52K（52km）名字的由来。通路后，木屋被改建成旅馆小店，与现在的哨所仅相隔一条六七米宽的路。尽管小店外侧墙壁刚刷上了天蓝色的油漆，但简单的搭建方法和随处可见的泥垢，还是让人觉得小店简陋又破旧。尽管小店经营吃、住，兼售卖杂货，但由于是进入墨脱的第一站，歇脚的人多，吃住的人少，生意一直冷冷清清的。唯一的常客便是检查站的三位警察。他们租住小店的偏房，每人3平方米左右的隔间仅容放一张床。房租每月500块钱。

遥望52K检查站

老田是三位警察中资历最老的一个。他正准备下面条做晚饭。刚续完木柴，火正旺，老田方正的国字脸被炉火映得通红。这个生性爽朗的西北汉子抓起一把面条撇在铁锅里，又撒上了一勺盐。由于是常客，小店老板把老田当作自家人，大家轮流做饭，油盐米醋等都不算计。小店的厨房即客厅，一盏老式灯泡摇摇晃晃地悬在房梁上，散发着昏黄的光。锅炉壁橱的一侧摆放着一台21寸彩色电视机。由于电流不稳，电视上专门放置了铁盒状的调压器。

老田说，他刚到这里时，还没有电视机，唯一的消遣便是跟来往司机聊天，谈谈路况、天气。老田今年31岁，陕西人，1999年底进藏，在八一镇边防支队当了5年的兵。退伍后，他做了几年生意，后来通过报名考试，于2010年成为墨脱县公安局第一批辅警。尽管老田曾在部队立过三等功，但由于是在内地入伍，西藏地区不做安置，所以十多年来一直没有编制。

除了老田，同是辅警的还有白玛。白玛今年不到22岁，是当地门巴族人。次仁平措是三人中唯一的正式警察，身材瘦削，头发略蜷曲，戴着黑框眼镜，举止儒雅。他是一名毕业于西藏大学的藏族大学生，考取了公安方向的公务员，之后被分配到了墨脱县公安局。

52K是外界进入墨脱的首个检查点。检查站的主要工作是登记来往车辆人员的行车证、驾驶证与身份证，工作内容虽然不复杂，但繁重、枯燥。次仁说，检查一辆满员的越野车要花10分钟左右，来往车辆有时一天能达到120多辆。“你不知道车什么时候来。半夜一点、三点还是五点，什么时候来车，你都得起来。晚上睡不好，白天更没办法休息……眼睛一直是通红的。”

这里的生活条件也非常恶劣。老田说，每年这条公路都会发生雪崩，要等五月份挖土机挖完雪后，车辆才能通行。“下雪天特别冷，人盖着被子也哆嗦。等五月过了，不下雪了，又开始下雨。3 个月来，出太阳的日子总共也就五六天。被子潮湿得厉害，衣服挂在墙上都长毛……”

由于 52K 检查站的条件特别艰苦，墨脱县公安局规定每个月警员要轮换一次。但由于警力缺乏，老田已经连续驻守 3 个多月了。刚来半个月的白玛想通过家里的关系调回县城，次仁也准备报考内地的警察大学，以求更好的发展。

“在哪工作不都一样嘛！”老田笑道。然而，他的脸上还是流露出忧虑的神色。尽管两天时间就能从墨脱赶到在八一的家，但由于工作繁重，老田一年才回家一趟。

“上有父母，下有儿子，辅警待遇又低，生活压力非常大。老婆、儿子都在埋怨，我也觉得愧疚……”老田点开手机看了下，抬起头接着说：“老婆一直想说服我转行，可我知道，自己这辈子已经跟当兵、当警察挂上钩了，如果转其他的，会特别不适应……只是，如果将来国家政策能照顾的话，我很想成为一名正式警察……”

一旁的次仁悄悄告诉我，老田经常一天往家里打五六个电话。

虽然 52K 检查站的主要职责是检查与登记过往人员车辆，但由于交通不便，它俨然成了附近村民的便民服务站。做旅游生意的司机罗桑大叔，每隔两三天就会跑一趟到墨脱的路，一来二去，跟这里的人都成了朋友。这个四十三岁的康巴汉子非常佩服老田，他讲了一个关于老田的故事。今年七月中旬的时候，一个挖虫草的村民从噶梅龙雪山山顶失足摔下，当时海拔 5 000 多米的山顶上覆盖着厚厚的冰雪，又陡又滑，随行的人没有一个敢去寻。老田接到报警后，动员了 20 多个人连续找了两天，最后在半山腰发现了村民的遗体。山腰峭壁几乎与地面垂直，身边又没有绳子可捆绑，老田硬是从岩缝爬了下去……两天后，他们终于把遗体搬运出了雪山。

罗桑说老田不怕死，直夸他是个英雄。老田却呵呵一笑，说：“哪有不怕死的人，只是那会儿我穿着警服呢……”

风景秀丽的尼洋阁

——藏东南文化博览园

邢莉莉

尼洋阁藏东南文化博览园坐落在林芝雅鲁藏布江与尼洋河的交汇处，距八一镇1.5公里。博览园里尼洋阁高高耸立，阁内是藏族文化博物馆，博览园园里有阁，阁里藏馆，园、阁、馆三位一体。可以说，这里是藏东南最具文化价值的旅游景点之一。

从远处拍摄尼洋阁，夕阳的余晖不但给阁身镀上一层金辉，还给在远处的山坡涂抹出一层奇妙的蓝光，简直美不胜收。

藏东南文化博览园从大门开始就彰显着藏东南地域文化和民族文化特色。大门的设计创意取自波密县历史悠久、代代相传的八盖木锁。右边是一把竖直向上的凹凸状钥匙，左边则是一个用木头雕凿成的锁，象征着游客进入此门即将开启神奇的藏东南文化之旅。大门中间有一根木柱，一如藏东南人民顶天立地的气概。

尼洋阁是贡布王为苯教始祖辛饶所建的传教宫殿，为西藏的第一座阁楼。尼洋阁高36.9米，整座建筑继承了西藏古代民间建筑的风格，恢宏的外观和雄伟的气势，使其享有“藏东南名片”和“林芝标志性建筑”的美誉。

历史上的尼洋阁自建成之日起，曾数次被毁，历经磨难。如今的尼洋阁，在修复、重建的基础上焕发出新的光彩。这里设立了西藏第一个非物质文化遗产博物馆和中国第一个门巴族与珞巴族文化展示馆，这两个民族是中国人口最少、没有文字的民族。

这里地势开阔，风景秀丽，登临阁顶，尼洋河两岸景色一览无遗，林芝新城尽收眼底。阁顶实则是尼洋河观景台，站在尼洋阁上，可俯瞰八一镇全貌及尼洋河娘乳湿地的绚丽美景，遥望阿布堆珠神山、比日神山、穷布增根神山等众多神山的雄姿，令人心旷神怡。

林芝，素有“西藏江南”之称，位于西藏东南部，境内生活着藏、门巴、珞巴、回、怒、独龙、傈僳、僜人等少数民族。

博物馆共有14个展厅，分别从民族服饰、农耕文化、狩猎文化、宗教信仰、建筑艺术等十多个方面，集中展示了藏东南各族群的民间传统文化。博物馆还收藏有工布地区最具代表性的原始生产工具和生活器具，集中展示了工布藏族、门巴族、珞巴族、僜人等几个族群独特的生活习俗和传统文化。

博物馆运用多种现代展示形式，包括声光展示、实物展示和场景复原，真实、完整、原生态地展现这些非物质文化遗产。在这里，你能领略藏东南地区各个族群独特的民俗风情，认识历史的林芝、文化的林芝、民族的林芝、宗教的林芝和自然的林芝。

这座独特的博物馆，承载了林芝地区各族人民保护文化多样性的美好心愿。我想，这园、阁、馆三位一体的博览园，更是林芝各族人民团结奋进的一座丰碑。

西藏林芝采访散记

梁星月

如果不走这一趟，我不会感受到人与人之间的距离是那么近，直到在成都接到古拉的一通电话，说只想跟我说说话，那时我才发现，你给别人一点温暖，别人会倍加珍惜，也许给予比得到要快乐得多；如果不走这一趟，我也许不会将“相信”进行到底，那是因为我看到了骑行者一路不畏艰难，哪怕是孤独的一个人也要骑完川藏线；如果不走这一趟，我会以为“花甲背包客”已经足够代表新老年人，在去米堆冰川的途中，看见一位年过七旬的老人，独自在冰川下写骑行日记；如果不走这一趟，我更不会深刻地感受到什么叫“人民的公仆”，在察隅见到了援藏的朱荣辉副院长，面对“两分靠看，八分靠猜”的落后医疗设备，他仍然想尽一切办法为病人治病，常对他的同事说“只要死不了，朱大哥都有办法”；只有走完这一趟，我才知道什么叫“天路”——“天啊！这也叫路！”怪不得“要想富，先通路”。

（左上：古拉，左下：花甲骑行者，右：广东援藏干部朱荣辉副院长）

由于种种原因，我们没能去拉萨、阿里等游人聚集的地方，而是扎在了西藏林芝地区。这里虽被称为西藏的小江南，亚洲的小瑞士，各种宣传都说这里风景如画、气候宜人、海拔低，是藏区内最适合居住的地方，但当你踏上这片土地，你会发现，宣传总是比现实要好得多。到这里的前几天，我们队好几位成员都出现了轻微的高原反应；太阳晒得叫人睁不开眼睛，客栈里的洗澡水是涓涓细流，需花10块钱跑到澡堂洗澡……不过接下来的20天时间证明，我们没来错，这绝对是人生中最值得纪念的一次出行。

这次我们虽然是跟着组织出去，有采访任务的，但途中不经意间遇到了很多人，他们的素材不足以成篇，可小小的细节和故事却能让我感受到一种力量。

在这里，能感受到一种叫做“生命”的力量。

生命可以很渺小，这我们都很清楚，几年前的一场“非典”让不少生命就此陨落。但生命也可以很强大，我要说的并不是“与天斗其乐无穷”，而是在大自然面前，原本弱小的生灵，却可以通过他们的意志、信仰和虔诚的心让一个个看似不可克服的困难化为碎石。

在察隅，不知为何，我一大早起来便有呼吸不畅的感觉，幸好当时正在采访来察隅援藏的广东干部，其中有一位就是察隅卫生院的副院长。他叫朱荣辉，个子不高，广西人，来援藏前在深圳蛇口人民医院当内科大夫。来到这儿，他可变成了医院里最值得信赖的大夫，所有患有疑难杂症的病人都来找他。朱医生的敬业是全院乃至整个察隅都有目共睹的。朱医生说：来了这里，他才感受到医生的使命与责任，一种被需要的迫切。这里的医患关系很纯粹，比内地要简单得多。这附近有一个叫古拉乡的乡村，是西藏除墨脱外又一个困难的地方，从察隅开车，山路崎岖，要走上10多个小时，而且这还是在天气好的时候。古拉乡一年中有半年时间是处于封山状态的，那里闭塞、贫穷、落后，冬天只能吃夏天存下来的一些食物，但夏天的食物并不多。极差的环境下，病痛一定也不少，但只有一个医疗点，其实就是一间简陋无比的小房间，朱医生用“家徒四壁”来形容它。那里药物极缺，有也基本都是一些过期的药。有一次，一位70多岁的老太太半夜发病，朱医生知道后，立马从察隅连夜派车去接，这来回一趟就得近20个小时，接着连夜手术，才救回老太太一条命。

来西藏后，朱医生的上班时间很不固定，基本没有周末，而且晚上经常需要加班。前几天医院来了几位因误食毒蘑菇而中毒的村民，为救他们，朱医生鏖战了一个通宵，第二天继续上班。日复一日的劳累，加上察隅县水质太硬，这里的援藏干部大都长有结石，心脏功能也有一定程度的损伤。但是这一切都阻止不了他们在这片土地上埋下深厚的感情。朱医生每次讲到成功联系深圳一家医院免费救治两位心脏病儿童的事情时，脸上总会露出欣慰的表情；但每次讲到孩子的家长是怎样送茶杯、送糌粑请求大夫救孩子的情形，眼眶总会禁不住湿润。

说到援藏干部，不得不提的是，在林芝地区广东第六批对口援藏的51名干部中唯一的女性——叶璐，她的丈夫徐波也是远在千里之外的援疆干部。他们留下三岁的小女儿在湖北老家。一个家庭两个“顶梁柱”都跑到祖国最艰苦的地方进行援助工作，全国亿万个家庭中又有多少呢？林芝是广东省援建的地区之一，这里有无数感人的援藏故事。你会觉得，人生有一次这样的经历真不错，因为我们在他们身上看到了一种精神，催人奋进。

同样，各种催人奋进的故事也发生在我们的团队中。为了更好地完成拍摄任务，我们需要单兵作战。这20天时间，每个人身上都肩负着很重的担子。让我印象深刻的事情太多太多：十几个人窝在旅馆走廊上，姿势各异地趴在电脑前跟老师一起讨论当天的拍摄成果；三位男生为了拍摄出最佳效果的图像，骑着单车跑到318国道上采访、拍摄，回来掉了好几层皮；陈老师带着“吉祥三宝”徒步进墨脱；女生们临走前慷慨捐献；男生徒步进墨脱的第一晚，睡在冰川旁、悬崖边，生怕明天起不来，提心吊胆；而我们女生组在喻老师的带领下颠簸到波密，辗转到察隅，回来途中还遇到塌方……

说实在的，这一路很开心，很充实，但更多的是感动，以至于我现在想起来仍然眼眶湿润。从林芝回到成都，我们仍处于“打鸡血”状态。直到回到广州，好几位同学都出现了长睡难醒的状况，真是太累了。

但我坚信，再怎么累，这一路都值了！我们见到了那么多令人感动的人，徒步到拉萨的、打车到拉萨的、骑行到拉萨的……我们这点累算什么啊？所以，我们这群年轻人打算明年毕业后骑行去拉萨！就像骑行者说的：这么点困难都征服不了、克服不了，以后还能做什么？

西藏的美，不仅在于山高水急，更在于这里一路上对人们意志的磨炼与心灵的陶冶。有大山大水一样宽广胸怀的人，幸福指数一定很高。常穿梭于钢筋水泥世界的人应该走进大自然去看看，感受它的虚怀若谷、豁达坦荡。

小记波密牧民马达的幸福生活

孙博婧

"在波密，如果你说阿果果，没有人知道他是谁；但如果你说马达，大家都会对你说，就是那个整天笑得合不拢嘴的人呀！"西藏林芝地区波密县科技局局长郝海利就这样把马达介绍给我们。

马达的本名叫做阿果果，但是这个名字早已经被当地人忘记了——"因为我有用不完的精力！所以大家都叫我马达了。"马达开心地咧嘴一笑，这位38岁的藏族汉子的笑容有如20多岁的小伙子，充满活力，更洋溢着浓浓的幸福。

马达的家就在波密县扎木镇桑登村。桑登村距离波密县中心很近，驱车5分钟即可到达。马达拥有自己的小庭院——漂亮的小牛犊被拴在两层小白楼旁边的草坪上，眼睛滴溜溜地望着来客；在波密澄澈纯净的天空下，自家小花圃中盛开着大盆的月季；绿草鲜美，阳光热情。马达就这样站在自己的小庭院里，神采飞扬，像一个国王。

穿过庭院，就是马达家的客厅了。任何人走进他的客厅都会瞠目结舌，你也许没有见过装潢如此富丽的普通民居——橱柜、壁炉完全用雕刻着藏地花纹的优质楠木打造。当你踏入室内，就会看见楠木家具反射出的黄棕色光芒，光彩照人。

马达好客地带我们在客厅里坐下："喝点我们正宗的酥油茶嘛！这茶要热着喝！"马达的酥油茶香浓可口，他也嘬一口酥油茶，从酥油茶讲起了近几年藏家的变化。"从前我们的酥油茶都是要用'甲洛'上下抽打的，现在有豆浆机了，我们就直接把酥油和浓茶放进豆浆机里，豆浆机转几下，酥油茶就做好了。我们现在都用豆浆机打酥油茶，现代科技就是方便呀！"藏族汉子开朗地一笑。

饮过酥油茶，马达又邀请我们去他的果园。马达的果园就在他的小白楼旁边，而要到达果园，还要穿过一片天麻田。就是这一小片天麻，在去年帮他增收了9万多元。一提起这个，马达就开心地拍着波密县科技局局长郝海利的手说："这还要多谢你们送来的科学技术！"

穿过天麻田，继续向前走，便是马达的果园了。马达的果园虽然只是小有雏形，但已足够惹人艳羡了。这里种植着各种各样的果苗、树苗，还有果蔬大棚。然而，最惹人注目的却是梨树——那么低矮，却坠满了青青黄黄的果实，看上去让人心情格外明朗。马达顺手从梨树上摘下几个拳头大小的梨子递给我们吃："放心吧！我们的梨子都是没喷过农药的，擦擦就可以吃了！尝一尝，特别脆！"藏地的梨子入口果然清脆有声，也无香梨一般的甜腻，反而清爽润滑，就像藏家的女儿一般毫不扭捏作态，却有天然的独特气质。

吃着梨子，我们继续随着马达向前走，在一方木丛边上停下了脚步。马达把这方木丛介绍给我们时，脸上颇有得意之色。原来这是他实验种植的果苗，而且采用了嫁接的技术，把桃李嫁接在了一起。马达告诉我们："这样的果子比李子的口感要好得多呢！"在桃李果苗的后面就是高大的果蔬大棚，里面种植着西红柿、玉米、白菜、辣椒等各式各样的蔬菜，茜红的西红柿滚在地上，辣椒泛着紫黑的色泽挂在枝头，种种果蔬饱满欲滴，姹紫嫣红的甚是好看。马达说，他每天吃的蔬菜就是从这蔬菜大棚里采来的，从来不需要花钱再从外面买菜。

"这东西也是我们这里的特产，叫悬钩子。"马达的一句话让我们把目光聚集在了他身旁一片茂盛的灌木丛上。这片灌木丛上结满了橙红色的小果实，让人联想到天上错落的繁星。马达替我们揪下几颗，仔细看来，这种悬钩子从外形到色彩就像一个个小灯笼，时刻挑逗着你的味蕾。在它背面叶脉上有细钩刺，但不会扎人舌头，还给牙齿带来咀嚼的快感。马达让我们多塞几个在嘴里一起嚼，他说这样才吃得痛快，而他说话时神采飞扬，浓眉上挑，充满了对物华天宝的家乡的深深热爱。

不知不觉中，我们已经在马达的果园度过了一个下午。下午六点，藏地的天空依然明亮，如同内地下午四点般灿烂。站在果园里向外望，远处青山巍峨，山顶冰川皑皑；近处的屋舍俨然，护门犬的步伐都随意闲散；果园深处，蔬果飘香，硕果累累……此般景象，让我们深深羡慕起这里的主人——如果人生中可以享受拥有一方半亩如此田园的安逸生活，真是幸福中的幸福了。

回到客厅，马达为我们续上了热热的酥油茶，他也开始讲起了自己的故事。

马达年轻的时候参加过318国道的修建工作，之后又做过木材生意，终于有所积蓄。现在他种植着天麻和蔬果，还参与波密市区的建筑工程。"他们都叫我马达呀，我就是这样，只要能致富，我就像越跑越快的马达一样去努力！"马达的眼神中，有着生意人的精细，农民的质朴真诚，更有着奋斗的激情和对生活的挚爱。

"这是我女儿。"马达指着一张相片，相片上是个漂亮的藏族小姑娘，穿着传统的藏族服装。马达继续向我们介绍："我的妻子，她叫青梅卓玛。""青梅？是哪个青梅呀？是'青梅竹马'的'青梅'吗？""对，她就叫那个名字。"马达微微笑着，丝毫不掩饰夫妻间的恩爱。"我和卓玛只有一个女儿，我们想，有她就够啦。一家人和和美美就好。"

离开马达家时已经夕阳西下了。送我们走时，马达递上了自己的名片，上面印着"汽车出租"的字样。我们笑称，这样一来，"阿果果"就更是"马达"了。阿果果也笑称："我觉得自己本来就叫马达！让我们都马到成功吧！"

写意经幡

孙博婧

以山河锦绣为画卷，可以织日月；

以天地轮回为背景，可以撰星辰。

当我们透过层层经幡仰望西藏的天空时，没有理由不相信，这里的天空上有满天神佛。

西藏人始终相信，每一次风吹起写满了繁复经文的经幡时，也相当于自己虔诚地吟诵了一遍经文。

经幡，象征着世间万物的祥和，是藏民们祈求山神、水神保佑一方水土和人畜平安的精神寄托。

罗布次仁制作经幡已经有20年的时间了，虽然他今年只有30岁。现在，罗布在林芝八一镇香港街的一家经幡制作批发店工作。将墨汁涂到木雕模具上，再将模具上的经幡图案印到五色的布旗上，就是他每天工作的全部内容。制作经幡所用的木刻模具是罗布手工雕刻而成的，而学习这门手艺，就花了罗布3年时光。这些图案都拥有着美好的寓意，有的能保人平安，有的可以驱鬼辟邪。而这些寓意幸福吉祥的经幡也要选择藏历中的好日子，挂到附近的比日神山上去，方能显灵。

和罗布一起工作的还有扎西和平措。

扎西今年才20出头，是经幡店里最年轻的学徒。他有些羞涩，工作起来却很认真，毫不吝惜自己的体力——他的梦想是通过工作能够拥有一辆自己的面包车。

28岁的平措最爱笑，他的快乐好像没有原因，也经常惹起在这间光线阴暗的小屋里制作经幡的三个男人的笑声。平措出乎意料的细心，经幡店里细致的手工都由他来完成。他也算半个裁缝，有时会负责把已经染好图案的经幡穿成一条布旗，每面经幡的颜色不能重复，必须是蓝、白、红、绿、黄五面旗为一组。蓝是蓝天，白是白云，红是火焰，绿是流水，黄是土地——藏族人千百年流传下来的经幡规则里，包含了天地间无数生灵。

每一天，他们用自己的双手缝制出上千米长的经幡，印染、排列、缝制，每一个步骤都有条不紊地进行着。当我们看到飞扬的经幡时，也许并不能联想到制经幡人日复一日单调枯燥的生活，但正是由于他们制作出印满虔诚的经幡，才使得西藏成为充满信仰的西藏。

当第一缕阳光照耀在经幡上时，当清澈的溪流从经幡下潺潺流过时，当天空风起云涌、云卷云舒时，五彩绚丽的经幡，就这样代替藏民守望着这片亘古安详的大地——沧海浮生仿佛就在这飘扬的经幡中缓缓流逝了。

经幡，是用虔诚描绘的信仰，也描绘着西藏被祝福的未来。

墨脱之美

张骏宇

“在去往雅鲁藏布大峡谷的路上，曾经以为自己会死去。晚上在山谷中的木头棚子里留宿，临睡前，会问自己，明天是否能够依旧活着赶路，而不是被塌方和泥石流砸死。每天都是如此。这段经验，使我知道自己已经与以往不同。”

几年前，我看过安妮宝贝写的这样一段话。那是一本关于墨脱的文学作品，从那时候开始我知道了墨脱，潜意识里开始向往这个地方，也不知道是好奇还是有一种力量吸引着自己。但我从未想过，有朝一日我会踏上墨脱的土地。

许多人向往墨脱，如我一样，期待其中会有何种美丽等待着自己。

可是当你启程，你才会明白，这一切并未如你所想。

有些人爱以风景的美丑简单地衡量一个地方是否值得前往，如同通过外表来猜测一个人的内心，那么墨脱对其而言或许不值一提。

因为那是一个不美的地方，那里绝对没有你期待的一切。

只有真正踏上路途，并到达终点，你才会明白，墨脱是因为你那颗被高山河流与茫茫长路洗涤而净的心才显得如此美丽。它因你而美丽。

我觉得我们是幸运的。一路上我们露宿冰川，穿越塌方，我们遇见了数月难见的晴天，我们成功走过一个又一个充满挑战性的关卡。每次当我回望踏过的山涧、摇摇晃晃却依旧没有断开的钢铁桥、异常狭窄却并无塌陷迹象的碎石路，我都觉得，有那么一种力量在指引着我，在庇佑着我。而这种力量让我倍感温暖。我相信，它来自我的队友，也来自这一望无际、满是灵性的土地。

在某种意义上，墨脱只是地图上的一个标识。而对于我，或者对于更多曾经踏上这路途的人而言，它或许是一段在未来再难以触及和体会却又想再经历一次的记忆，一次有着目的地却更加享受过程的旅行。

这无疑是生命中难忘的一课，是所有眼前所见之风景无法带给你我的心灵震撼。

谁都无法给予你这种感动，只有你自己曾经走过，才能明白生命之美。

我感恩这一切，感恩天地，感恩与我同行的人，感恩路途中帮助我的人，感恩自己还有一颗勇敢的心……

微博篇

行程点滴

官方微博节选

6 月 22 日　14:42

【发起词】“我行我动”是暨南大学新闻与传播学院的实践育人理念——做最勇于行动的新闻人。2012 年 6—8 月，我们赴西藏、新疆深度采访——展示“大学生眼中的西藏新疆”。由于有广东猛狮电源科技的支持，我们这次行动简称为猛狮科技“我行我动·暨南大学中华学子喀什、林芝深度采访行”。

6 月 22 日　18:44

【预告】你知道喀什吗？你感受过这西部之城的魅力吗？“我行我动”新疆小组将在这 20 天的特别采访中，把我们的心、情、爱，把我们的见、闻、感，与你一起分享，和你一起见证。@南方日报 @南方都市报 @羊城晚报 @广东电视台 @南方电视台 @头条新闻 @范以锦 @谭天论道 @汤景泰

6 月 24 日　23:51

感谢广东猛狮科技对我们的支持。他们开了 12 个小时的车，从汕头赶到广州，为我们送来了冲锋衣，送来了捐赠给西藏、新疆的物资。😭😭👍我们一起加油哦！

6 月 25 日　00:44

我们的报道《暨大中华学子喀什、林芝深度采访行》在《南方都市报》登出后，得到了很多人的关注。不管前面的路怎样，结果如何，我们在行动……

6 月 26 日　14:30

【我行我动·喀什、林芝采访行启动仪式】上午猛狮科技“我行我动·暨南大学中华学子喀什、林芝深度采访行”启动仪式在暨南大学曾宪梓科学馆举行。感谢广东省委宣传部，感谢学校、学院多位领导的出席和鼓励，感谢猛狮科技集团的爱心奉献，谢谢你们！

暨南大学副校长、副书记叶勤教授在出发仪式上致辞

出发仪式上学校与学院领导向“猛师科技”代表（左二）赠送锦旗

6 月 27 日　00:52

【我行我动·喀什、林芝采访行启程啦】6 月 26 日晚上 23：53，猛狮科技“我行我动·暨南大学中华学子喀什、林芝深度采访行”新疆组的 8 名同学在广州火车站乘坐 T38 启程啦。临行前，新闻与传播学院领导、带队老师和同学代表与 8 位同学殷殷话别。8 位同学兴高采烈，兴奋不已。祝同学们一路平安！祝福你们！

6 月 27 日　12:15

（转发）谢谢社会各界对我们的关注和支持，我们一定不辱使命，圆满完成任务！

@广东共青团：#南粤青春视点#昨日上午，“暨南大学中华学子喀什、林芝深度采访行”出发仪式在暨南大学曾宪梓科学馆举行。社会各界和暨大师生隆重欢送由两位老师带队的来自内地和港澳的 30 名本科和硕士生前往新疆、西藏深入采访。《南方日报》http：//t. cn/zWybr8I

6 月 28 日　19:27

暨南大学中华学子新疆西藏深度采访行的出发仪式得到了@南方日报 @南方电视台 @新华网 等媒体的关注与报道，谢谢大家的支持。同时希望@喀什电视台党晓波 @喀什发布 @喀什日报 @喀什日报张爱丽 @新疆电视台徐樟梅 @新疆日报陈艳能给予我们支持！我们会继续努力，不断前行！http：//t. cn/zWU2tFC

6 月 29 日　06:34

经过 54 个小时的颠簸与等待，“我行我动・新疆采访组”的 8 名同学顺利抵达乌鲁木齐。乌鲁木齐，我们来啦！（新疆维吾尔自治区，乌鲁木齐市，天山区，古城东路）

6 月 29 日　23:59

【边塞风光】我们在开往乌鲁木齐的火车上。虽未见王维诗中“大漠孤烟直，长河落日圆”的壮丽景象，但此时的夕阳亦让人沉醉。

6月30日　10:40

【动态】昨天中午新疆和田发生截机事件、今天早上新疆发生6.4级地震，因为近期形势紧张，这里到处可见警察和行色匆匆的乘客。“我行我动·新疆采访团”的8名队员拖着30多件器材与行李赶赴火车站，再次踏上征程。每个人都拖着行李，背着背包，护着器材，努力登上火车。大家加油！@支支V

7月1日　23:06

历经30个小时，我们平安到达喀什，广东省对口援疆工作前方指挥部的领导热情地接待了我们，队员们的心情紧张又激动，接下来半个月我们会小心谨慎、全力以赴，争取圆满完成任务！@范以锦 @支支V @吉吉可微 @喀什日报 @猛狮科技 @南方都市报 @南方日报

7月2日　13:14

喀什，我们来啦！@猛狮科技 @吉吉可微 @范以锦 @喀什日报 @南方都市报

7月2日　13:24

平安到达喀什后，两位老师开始给队员们安排行程，部署任务。“我行我动·新疆采访行”新疆小组即将在喀什展开全面深入的采访活动，大家拭目以待吧！

7月3日　01:02

【动态】到达喀什，我们今天来到了采访的第一站——香妃墓旁边一个特别的维吾尔族家庭。2008 年 8 月，领队喻老师在这里遇上刚刚考上大学的女孩阿衣先木古丽，得知她家庭贫困，便开始资助她上学。四年过去了，古丽已经大学毕业。今天，我们专程来到古丽家里，与她再续情谊。@范以锦　@支支 V

7月3日　01:12

【我眼中的喀什】令我们意外的是，喀什东郊的香妃墓并不是香妃一个人的墓，这位被称作“伊帕尔罕”的香妃的墓只是这一家族 5 代 72 人的陵墓中的一座，且位于里边的拐角处。香妃墓是维、汉民族自古以来团结互爱的见证，大家对香妃娘娘充满敬意。

7月3日　09:11

【记者手记】走进高台民居，这个当地维吾尔族人世代居住的地方，由于年代久远，危房增多，正在改造中。这里的游客络绎不绝，他们寻找和感受着一个民族独特的生活环境与文化魅力。陪同我们来参观的，是暨大艺术学院的一位志愿者张同学。他颇有点专家味道地介绍：作为旧城改造，高台民居是喀什历史与未来的纽带。

7月3日　14:59

【动态】出喀什市区西行，沿314国道过八里桥后，便是广州市对口支援疏附县的巨大工程——广州新城。这里是我们今天采访的第一站。这座商贸新城投资超过100亿，占地4平方公里，与清晰可见的世界第二高峰乔戈里峰遥遥相望。这是广州人民献给疏附人民的经济引擎和美好明天。

7月3日 15:35

【疏附美丽“小二楼”】看过“广州新城”，我们来到吾库萨克乡四村的新居民点。一座座新型四合院整齐鲜明。这是广州援建的富民安居工程，首建594户，是户户有花园，户平均面积120平方米的两层小楼，当地群众称之为“小二楼”。我们来到全村第一个搬进新居的巴图江·阿米提家，他连连对我们称“亚克西”。

7 月 3 日　15:35

【动态 · 新疆民乐第一村】早闻新疆民乐村，今日得以一睹芳容。未进门，乐声阵阵；进乐厅，乐舞欢欣。姑娘笑容灿烂，大婶舞姿曼妙，大爷唢呐朝天，小伙颤步轻捷。游人不由自主融一体，手舞足蹈共翩跹。音乐、人民、生活，美丽和谐！@范以锦　@吉吉可微　@支支 V

7 月 4 日　22:03

【眼福、耳福、口福、心福】这两天的疏附采访，实在令我们大饱眼福、耳福、口福。4 平方公里的“广州新城”、鳞次栉比的富民安居“小二楼”、奇妙优雅的乐器村，无一不让人惊叹感慨。而中午一桌丰盛的维吾尔族美食，更让我们大快朵颐。陪同我们的县委干部张杰笑着说：“还有更多更多哦。”今天真是幸福啊！

7 月 5 日　00:45

【记者手记】以前在喀什疏附县一中与二中之间立着一堵墙，这堵墙隔开了维吾尔族学校和汉族学校，维吾尔族子女是不准许进入疏附县二中这样的汉族学校上学的。但 2009 年 5 月，这堵墙终于被推倒了，开启了一中的维吾尔族师生和二中的汉族师生之间的交流与合作。（下图中男孩身后，原来的墙址隐约可见）

7 月 5 日　14:56

【我眼中的喀什】在喀什疏附县乌帕尔乡艾孜来特毛拉山山岗上，维吾尔族著名的语言学家、《突厥语大辞典》的编纂者麻赫穆德·喀什噶里在那安息着。这里是荒漠中的一片绿洲，树木繁盛，树荫下人群围坐。陵墓的正前方有一眼清泉，清澈见底，当地人称之为“金泉”，堪称戈壁中的一大奇观。

7 月 5 日　19:17

今天我们走进了新疆乐器第一村，第一次近距离接触热合曼·阿不都拉，感受乐器制作者的魅力。热合曼·阿不都拉制作民族传统乐器已 40 多年，先后两次被文化部授予“国家级非物质文化遗产代表性传承人”称号，他现场为我们展示了各种乐器的演奏方式，令我们大开眼界！

7月5日　19:22

（转发）有一种人生，你不去经历就不知道它痛并快乐着。我行我动，我们一直在路上……

@周-文辉：离开广州已经8天，“我行我动”团队基本进入状态。也许呈现在微博里的，是美景、美食，似乎很光鲜，但没有展现的是大家上火的嘴角，晒得通红的脸庞，被背带勒得通红的背。一支学生队伍不远万里来到喀什，遭遇的各种困难是难以想象的，付出的努力和辛苦也是一般的实习远远不及的。

7月5日15:26 来自新浪微博

7月5日　19:55

刚进喀什疏附县，就能看到来来往往的三轮摩的，这是疏附县常见的交通工具。因为其后座是块板子，而被人们亲切地称为“板板车”。板板车一次可乘五六个人，每人车费一块钱，每天有固定的路线。疏附县二中的援疆老师就是靠板板车上下班的，风雨无阻。这种不易与艰辛不是每个人都能体会到的，向所有的援疆老师致敬！

7月6日　00:15

今晚，我们和中国侨联组织的来自数十个国家和地区的中国侨联海外委员、海外青年委员一起观看了由喀什地委宣传部主办的《掀起你的盖头来》喀什专场文艺演出，我们不仅欣赏了维吾尔族的舞蹈和音乐，还领略了哈萨克斯坦、乌兹别克斯坦等其他国家的艺术风情，这真是一个让人难以忘怀的夜晚。@范以锦 @支支V

7月6日　12:45

【队员简介】我是朱海威，抵达喀什六天，我们每天看到的都是辽阔苍茫的景色，每天接触的都是热情好客的人民。我们在这里记录、体验、感受，美景让我们无法停止按快门，美食让我们无法停下嘴来，当地人民不断带给我们惊喜。我们在此感受到祖国辽阔，风情各异，也感受到民族融洽，他们胜似亲人。@范以锦

7月6日　12:49

【队员简介】我是董琳，一个爱新闻、有梦想的女生，很幸运能参与此次采访活动。虽然这里太阳暴晒，抹任何防晒霜、穿防晒衣都无济于事，虽然这里风大沙多，虽然每个人都多少有点水土不服，虽然我们极度缺乏睡眠，每天讨论工作到凌晨一点多，但是我们骄傲，我们一起经历、一起成长、一起蜕变、一起慢慢接近一个真正的新闻记者的标准。

7月6日　12:51

【队员简介】爱自己，爱他人，爱生活，爱喀什，爱采访，爱西瓜、桃子、李子、柿子、栗子、梨，也爱烤全羊。我不是90后，也不是勤奋帝，我是正在奋斗的小青年，我和你一样，我是喻澍。

7月6日　12:58

【队员简介】我是肖兆路。来到喀什，还没来得及细细领略它的风采，我们便肩扛摄像机、脖子挂着单反去采访了。爱喀什，爱拍摄。奔忙于古丽的家里、“小二村”阿米提家的房顶上、高台民居里、张老师的课堂上……有新闻的地方，就有我们。

7月6日　12:58

【7月5日在喀什】今天的喀什又是艳阳高照。我们一早就直奔疏附县医院采访广东援疆干部徐医生，他的事迹令人感动。下午，大家分头整理资料并在街头感受巴扎、商场的热闹。来疆30年的刘总从自家菜园采薯叶，为我们准备了一顿独具特色的晚餐。晚上10点，我们在剧院看《掀起你的盖头来》，演出到12点结束。全天活动按计划进行顺利。

7月6日　13:07

【我们的起床号】我们住的龙都宾馆附近有一个菜市场，这里每天早晨5点就人声鼎沸，300平方米的菜市场摆满了各种蔬菜、水果、肉类。我们刚开始都一点不懂维吾尔族语叫卖声，几天下来竟有3人学会了用维吾尔族语叫卖白菜、西瓜。最有意思的是，每天菜市场一早的叫卖声成了我们的起床号：“童鞋”们，起床啦！

7月6日　13:10

【队员简介】我是周文辉，作为此行为数不多的研二学生之一，我不敢以所谓学生领队自居，更多的还是觉得师兄应该多点担待，多点辛苦。出来才知团队采访是多么不容易，如何协调个人与组织的关系，任务与应酬的关系，业务与管理的关系，这也许是我此行最大的收获。

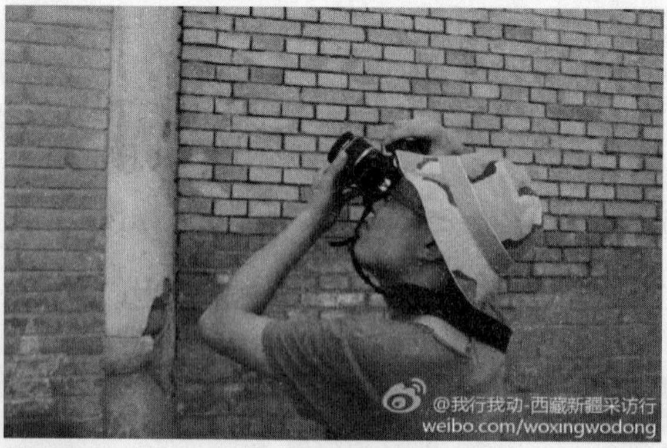

7 月 6 日　13:22

【记者手记 · 我们与馕】来到喀什将近 10 天，这里的天气和饮食都让我们难以适应，新疆人民喜爱的主食——馕成为我们的生活必备品。外出采访时可以用它充饥，而且携带方便、易于保存。肠胃不适、水土不服时馕也是很好的食品。我们发现馕是越嚼越带劲，越品越香的，仿佛所有味蕾都被调动起来。

7 月 6 日　13:27

【记者手记 · 友谊】来之前，我一直有点胆怯，怕语言障碍，怕文化隔阂，怕习惯不同，但接触后，这些淳朴的人让我一下子抛开所有顾虑，投入他们的世界。下图右边是乐器村的一位民间艺人，我们听不懂彼此的语言，但我们能读懂对方的眼神和内心，我们紧紧地握着彼此的手，传递着友谊和温暖。

7月6日　13:29

【记者手记】喀什的天气干燥得很，在这里，我们的嘴唇常常干裂，喉咙也是涩涩的。出去采访完回来，我们的声音也变得沙哑了，润喉糖和醋润不了嗓子，只能暂时忍一忍。很佩服援疆的干部们能坚持，向他们学习，坚持～～

7月6日 13:37

【记者手记·杏子】我们到的这段时间正好是杏子成熟的季节，昨天在疏附县采访，途中司机突然把车停下，告诉我们路边是大片的杏子园，可以任意采摘食用。我们带着惊喜扑入果园，满目都是挂满了黄澄澄杏子的果树，大家馋得来不及洗，摘下来的杏子立马投入口中。这里的人们乐于分享，敞开怀抱欢迎所有人！

7月7日　01:18

（转发）队员们的衣服每天都是色彩斑斓。

@周－文辉：色彩缤纷的@我行我动·喀什、林芝采访行 之新疆组！（＋摄影师@还是一笑 2012年7月6日晚饭后摄于喀什地委）

7 月 6 日 23:56 来自新浪微博

7月7日　01:19

（转发）我行我动小组真是会就地取材啊……

@周－文辉：7 月 6 日晚@我行我动·喀什、林芝采访行 在我房间里进行业务讨论，新疆组全体成员出席，对前期采访搜集的素材进行评点，策划后期采访活动。@吉吉可微 老师不远万里带来的投影仪派上了用场，我们扯了一块干净的床单挂在窗前当银幕，气场十足。

7 月 7 日 00:06 来自新浪微博

7月9日　00:58

今天上午，由@猛狮科技 捐赠的 10 余箱物资经过 10 多天的物流配送，从万里之外的汕头运抵喀什，十分感激企业的热心赞助和广东省对口援疆工作前方指挥部对我们的帮助。我们已经联系当地希望小学、哨所等有关机构，在接下来的几天中，我们将着手捐赠工作，传递这份来自广东的爱。

7月9日　01:07

（转发）向喀什的警察们致敬！你们辛苦啦！

【睡到自然醒】@喀什警 sir　连日来，喀什警察连续工作，斗酷暑，战高温，行走在街区，他们说，最大的愿望就是执勤间隙能好好睡一觉，睡到自然醒。

7 月 8 日 23:12 来自新浪微博

7月9日　02:01

【代纠个错：麦盖提县并未改名“刀郎”】能走路的人就会跳刀郎舞，会说话的人就能唱刀郎曲，这是刀郎之乡麦盖提的写照。歌舞、绘画、服饰，甚至包括饮食，都是刀郎文化的内容。作为刀郎文化的发祥地，所谓麦盖提县要改名为刀郎县的说法纯属讹传。这是昨天该县宣传部负责人切切告诉我们的。

7月9日　23:50

“篮球放这边，彩笔放第三个箱子。”暨南大学“我行我动”的队员在紧张地对买来的文具进行分类和打包。今天八名队员兵分四路，选购物资、装裱图画等工作分头进行，只为能更好地传递猛狮科技和暨南大学全体师生的爱心，希望明天的活动一切顺利，喀什的小朋友快乐成长。@范以锦　@喀什发布　@吉吉可微　@我行我动_甲

7 月 10 日　00:03

明天上午，“我行我动”新疆采访小组将带着@猛狮科技 的爱心捐赠以及我们暨南大学附属小学学生们的一片心意，前往喀什疏附县铁日木乡中心小学看望那里的孩子，为他们送去温暖，传递爱心。现在队员们都很激动，迫不及待地想见到可爱的孩子们！@喀什发布 @支支 V@阿虎哥儿世界 @南方都市报 @范以锦@喀什日报

7 月 10 日　23:41

【动态】上午，“我行我动”新疆采访小组来到了疏附县铁日木乡中心小学，在@猛狮科技 的大力支持下，我们为孩子们带去了文体用品、美术用品、乐器等礼物，而暨大附小小朋友们的画和视频，是广州小朋友遥远的祝福。当看到孩子们明亮的眼睛和略带腼腆的笑容时，我们觉得一切都很值得，真好！

7 月 11 日　00:01

【4 个西瓜一片心】3 女 1 男，4 位同学每人抱个大西瓜献给笔直挺立的 4 个兵哥哥，后排的 8 个兵哥哥使劲地鼓起掌来，爽！今天下午，我们来到喀什地委机关武警备勤分队慰问。接着又参观他们的宿舍，整齐划一，服！4 个西瓜一片心，甜！来喀什 10 天，我们的采访平平安安。

7 月 11 日　00:03

【记者手记】在今天捐赠铁日木乡中心小学的文体用品中，最显眼的就是那两架电子琴。一开始队员们绞尽脑汁，轮番上阵，把压箱底的那些曲谱从脑海里搜索出来，在键盘上捣鼓得不亦乐乎。后来铁日木的老师上阵，弹了一首维吾尔族童谣，全体小学生轻声欢唱，一时间音乐仿若有形，倾洒到所有人心里。

7 月 11 日　00:05

【记者手记】“我行我动”采访团此行还带来一份特别的礼物，就是来自暨南大学附属小学的小朋友们的绘画作品。他们用绚丽多彩的笔，描绘了他们眼中的广州，并希望将这份礼物协同美好的祝愿传递给万里之外的喀什小朋友。收到我们捐赠的彩色铅笔后，铁日木乡中心小学的小朋友们迫不及待地拿起笔，开始描绘他们眼中的世界。

7 月 11 日　00:10

【记者手记】赠送完礼物之后，疏附县铁日木乡中心小学的孩子们非常兴奋，虽炎炎烈日，我们仍与小伙伴们一起在操场上欢乐地玩耍：姑娘们跳起绳

来，男孩子们拍起篮球、踢起足球……他们的欢乐就是我们最大的收获，感谢辛勤挑选礼品的队员，也感谢猛狮科技的慷慨资助～～

7 月 11 日　14:05

（转发）风景这边独好……

@周－文辉：红山口。沿途美景，我们几乎是 30 分钟一停！@我行我动·喀什、林芝采访行

7 月 11 日 12:27 来自新浪微博

7 月 12 日　11:29

“我行我动”新疆采访组的成员来到了红其拉甫哨所，向边防战士致敬！（定位：新疆维吾尔自治区，喀什地区，塔什库尔干塔吉克自治县，314 国道）

7 月 13 日　00:31

【动态】在塔县县委宣传部李副部长的帮助下，我们终于落实了一位资助读书的对象——10 岁的塔吉克族姑娘米日古丽·夏热甫，四年级，父母都是牧民，家离县城 90 公里，暑假一到，她就和家人去 30 公里外的牧场放牧。喀什采访即将结束，我们的情意将会绵延继续。米日古丽·夏热甫，我们永远和你在一起。@范以锦

7 月 13 日　00:44

【动态】今天上午，“我行我动”新疆采访小组来到了塔县达布达尔小学，带去了@猛狮科技的爱心、暨大附属小学孩子们的礼物和我们行动小组的美好祝福。至此，我们行动小组受猛狮科技所托的捐赠活动告一段落，但我们对这些孩

子的关爱还会延续。祝福这里的小孩子学习进步，快乐成长！

7 月 14 日　01:14

（转发）美丽的风景背后是我们每天忙碌奔行的身影……

@吉吉可微：我行我动——从喀什去塔县采访的路上……@我行我动·喀什、林芝采访行 @阿虎哥儿世界@范以锦 @暨大新传院

7 月 13 日 19:39 来自新浪微博

7 月 14 日　09:33

@吉吉可微：相隔 9 年，我第二次来到喀什，又发现了她的许多神秘之处，并见到了她的巨大变化。@我行我动·喀什、林芝采访行 @我行我动_甲 @范以锦 @支支 V@殷立飞 1228@还是一笑@张昊 nddaily @天全道长 @汤景泰 @雅婷婷竟然厌食了 @暨大 09 广电 @吹牛小哥 @莉之_ @阳翼微博@星星月亮种太阳 @巴恒星 @郭小烽

7 月 14 日　12:28

（转发）原来短短的时间里，我们采访了这么多人，走过了这么多地方，忍不住为我们自己欢呼！@喀什发布 @张小曦 LING @莉之_ @我行我动_甲 @星星月亮种太阳

@吉吉可微：关注我行我动——①喀什疏附县人民医院郭宝云院长细看队员拍摄的视频；②喀什地区电视台记者现场拍摄队员采访过程；③塔县达布达尔乡小学几位塔吉克族老师对暨大附小学生赠送的绘画很有兴趣；④疏附县电视台的女记者现场拍摄@我行我动·喀什、林芝采访行 @阿虎哥儿世界 @支支 V@我行我动_甲 @_梁宇_

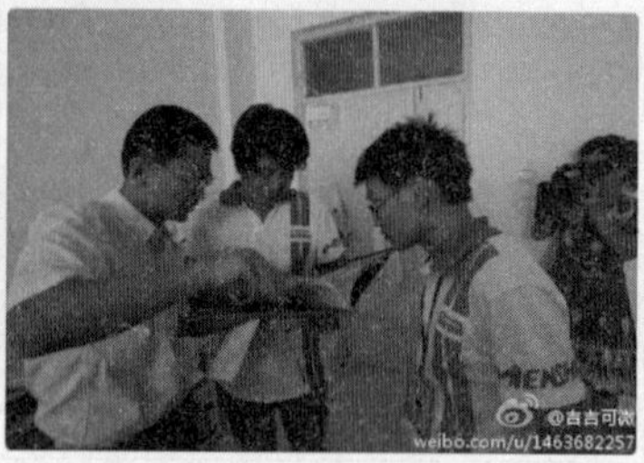

7 月 14 日 12:28 来自新浪微博

7 月 14 日　18:45

（转发）这些孩子们是古城里一道美丽的风景，让人忍不住去接近他们。

【喀什古城之一——古城孩子】@吉吉可微：垒筑在黄坯剥离的高台上，巷道深幽。《汉书·西域传》有 2 100 余年前张骞对喀什古城最早的文字记录。看看这些快乐的孩子们@我行我动·喀什、林芝采访行 @阿虎哥儿世界 @范以锦 @P2684 @我行我动_甲 @_梁宇_ @张昊 nddaily @骆凌巍 @周-文辉 @_海威_ @天全道长

7 月 14 日　18:36

【喀什古城之二——古城旅游】@ 吉吉可微：到喀什游览必到古城@ 我行我动 · 喀什、林芝采访行@ 阿虎哥儿世界@ 范以锦@ Candy 唐瑶@ 我行我动_甲@ 韩萌的家@ _海威_ @ 天全道长@ 雅婷婷竟然厌食了@ Sushi_文雅

7 月 14 日　19:01

【喀什古城之三——古城内外】@ 吉吉可微：许多家庭搬出了斑驳的古城，住进了新房。@ 我行我动 · 喀什、林芝采访行 @ 阿虎哥儿世界 @ 范以锦 @ 支支 V @ 我行我动_甲 @ 张云梦梦小螃蟹 @ 星星月亮种太阳 @ 潇彤_五月要开心

7 月 15 日　09:47

@ 我行我动_甲：15 日弹指一挥间，要说再见好为难。我行喀什，我动心弦。行如歌，动如诗。喀什！喀什！喀什！

7 月 15 日　23:53

【我行喀什　我动心弦（1）】@ 我行我动_甲　不到喀什不算到新疆？奇！拜谒玉素甫·哈斯·哈吉甫墓得知：这位维吾尔族的“孔圣人”，以历史上第一部纯粹用回鹘文写成并标明准确年代的史诗《福乐智慧》，开启“文学的喀什噶尔时代”先声。他和李白都出生于隋唐碎叶城，晚李白 310 年。@ 范以锦 @ 阿虎哥儿世界@ 吉吉可微

7 月 16 日　01:40

【我行喀什 我动心弦（2）】@ 我行我动_甲　和《福乐智慧》成书几乎同时，与喀什噶尔血肉相连的另一伟人麻赫穆德·喀什噶里，完成了世界上第一部《突厥语大词典》。而这部巨著仅有的三个手抄本之一，1914 年差点被一位迫于生计的土耳其妇女以 32 个金币弃之。幸有收藏者以 34 个金币得之，随即震惊世界。@ 范以锦

7 月 16 日　11:38

【我行喀什 我动心弦（3）】@ 我行我动_甲　清末诗人萧雄 1892 年在长沙写有诗文《访香娘娘庙》忆在疆往昔，喀什噶尔有“香妃墓”的说法得以流传。这香不单指娘娘身有体香，更是她对人民、对民族心有芬芳。浪漫总传奇，芳香永袭人。@ 范以锦 @ 阿虎哥儿世界 @ 汤景泰

7 月 16 日　12:41

【我行喀什 我动心弦（4）】@ 我行我动_甲　喀什老城 PK 城中村。远看老城，虽然就像当今随处可见的城中村，但它沉淀了喀什人千百年的生活智慧与血脉精神，所以老城是古城、是名城。老城是文化样本，城中村是无良过客。@ 范以锦 @ 喻国明@ 阿虎哥儿世界@ 支支 V @ 麦尚文@ 汤景泰@ 微博小秘书

7 月 16 日　13:34

【我行喀什 我动心弦（5）】@ 我行我动_甲　喀什一宝：地区图书馆。到达

喀什当天，我们就扑进了图书馆，在这里，大家可以随意看书。图书馆建于1984年9月，4层，藏书20余万册，有关喀什的资料多样、全面。管理员们很热情，其中一位的女儿放暑期，正在这做作业、学汉语，场面特别温馨。

7月28日　08:54

【动态】7月21日，暨南大学新闻与传播学院张晋升副院长代表学院、带着全院师生的关怀，来到乌鲁木齐看望与慰问“我行我动”小组成员，充分肯定了“我行我动”活动对完善实践教学体系、提高人才培养质量的意义和影响。接连几天，他与“我行我动”小组一起深入一线采访。

7月28日　09:28

【动态】在新疆最大的油田克拉玛依，我们采访到了采油38年的哈萨克族老工人阿铁别克师傅，他给我们详细介绍了油田的发展和如今采油的情况。他戴着厚厚的手套，拿着几公斤的扳手，黝黑的脸庞、挺拔的身姿，让我们对他肃然起敬，和他合影留念。

7 月 28 日　09:31

【动态】在深入北疆山区采访时，我们巧遇华南农业大学在此调查昆虫物种情况的田教授，一起深入田野，获取一手资料，大家兴奋之余，合影留念。

7 月 28 日　17:19

（转发）刚离开喀什，我们就开始想念那里美丽的人和事了。//@ Candy 唐瑶：我怀念喀什千年巍然的老城，白色胡须、戴着花帽的老人慈祥的面容和笑容清澈的儿童。

@猫猫影子：在喀什噶尔街角遇到的维吾尔族两兄妹。小城像一碗不起波澜的水，安静得让人觉得甜蜜。在午夜翻看这些照片，好像还身在那个阳光跳跃的城市一样。@_海威_ @洒家张永旭 @Candy 唐瑶 @澍－子 @猫咪墙角唱情歌 @周－文辉

7 月 29 日　11:15

初步统计，在喀什深度采访期间，“我行我动”新疆小组一共拍摄了将近 400G 的视频素材，7 000 多张照片，队员们的笔记本上满满都是工作记录，原来我们结出了这么丰富的半成果。目前，进入了后期整理和视频剪辑阶段，我们要努力将半成果变为成果哦，一起加油吧！

8 月 2 日

经幡让我相信西藏的天空上满天神佛。

8 月 3 日

每天晚上我们都要集中在一起交流采访和拍摄的素材。因为我们都住在集体宿舍，房子空间十分有限，大家都坐在宿舍外面的走廊里！虽然艰苦些，但这种感觉十分美妙。

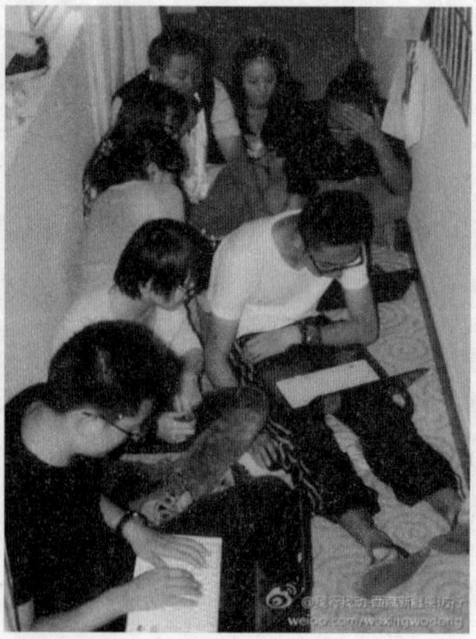

8 月 4 日

明天我们将把猛狮科技赞助的物资和暨大附小的小朋友们用爱心制作的卡片捐赠给更张门巴民族乡完全小学，把祝福从祖国东南部的广东送往西部边陲的西藏！捐赠物资包括暨大附小同学们绘制的画和卡片、文体用品、猛狮科技捐赠的电池和手电筒等。希望他们喜欢 ~ @ 猛狮科技@ 范以锦@ 吉吉可微@ 我行我动_甲

9 月 12 日

回到广州 20 天，才对此行的意义有所感悟。当我们坐上离开西藏的飞机时，真正的旅程才刚刚拉开序幕，我们的每一条片子、每一篇文字，都是对她深深的思念。@ 我行我动_甲@ 吉吉可微@ 周 - 文辉@ 莉之_ @ 星星月亮种太阳@ 伍仁薯熟@ _ 阿姗_ @ kissableberry@ 秃驴你好卑鄙@ 宝龙在亚洲大国

11 月 18 日

谢谢大家的支持！“我行我动”团队还要做得更好，走得更远！

@吉吉可微　2012 全国大学生社会实践评选活动落幕——由共青团中央学校部、人民日报政文部、人民网主办的“青春使命”2012 全国大学生社会实践评选活动近日落下帷幕。经过多轮评选，复旦大学苗乡支医队、暨南大学喀什、林芝深度采访队、北京林业大学岳蹊暑期实践队等获得一等奖。@ 暨南大学@ 暨大新传院@ 范以锦

学生微博节选

8月4日　邢莉莉

林芝。自己一人跑藏医院整整2天，了解藏医医术与藏医院善良质朴的人们。采访藏医院副院长边仓、外治科顿珠主任、住院主任扎西平措，他们的事迹令我非常感动，差点泪如泉涌，敬佩藏民的保护神。藏医与藏民亲如父子，这让人反思内地西医医院为何那么多医疗纠纷？@扎西丹增@帅晋美扎西@加肥猫Ricky@简单曾嵘@我行我动_甲

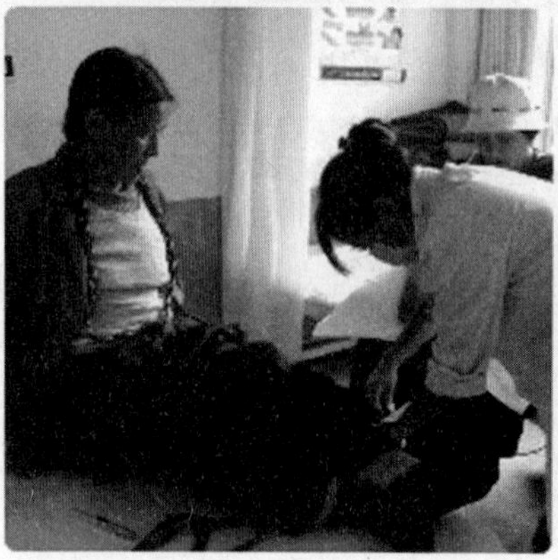

8月6日　邢莉莉

我教过的弹电子琴的门巴族学生们，在我的本子上写下了自己的名字，门巴族孩子的藏文、汉字均写得很整洁，我会一直留着这些小小的名字——索朗央措、扎西卓玛、仓决、贡静、次久卓玛、次旺桑姆。@我行我动_甲@吉吉可微@加肥猫Ricky@简单曾嵘@周立波@秃驴你好卑鄙@宝龙在亚洲大国@范以锦@麦尚文@支支V

7 月 6 日　周文辉

近几天采访了一些援疆干部。我们想挖掘一些典型，其实每个人都有值得呈现的故事。当然，他们身上有一些共同的地方。比如乡愁，是他们的一种情愫；远方的爱人和孩子、父母，是他们的泪点。对于我们这样一群大学生，他们能敞开心胸，畅所欲言，仅仅是因为，我们来自他们的家乡——广东。

8 月 7 日　周文辉

西藏是一片多么神奇的土地！林芝如江南一般秀美，但又远比江南壮丽。这里的人，有四川人的麻辣爽利，也有藏族人的淳朴天然。这是一片多么广阔的土地，有太多的故事和风景，怎是一次能采访够的？以后我肯定还要来，以自己的脚步来丈量这里的美丽和神奇。

8 月 12 日　周文辉

被塌方困了 24 小时，排除艰难，从察隅赶回波密的路上，这醉人的晚霞叫人心潮澎湃~

9 月 17 日　周文辉

19 个人，历时两个月，行程两万余公里，采访数百人！跨越戈壁荒漠，登上雪域高原，徒步生死墨脱路——我行我动！暨大新闻与传播学院大学生暑期社会实践大动作！人民网“青春使命”全国评选，敬请支持关注！http://t.cn/zl7U8vv @我行我动·喀什、林芝采访行@范以锦 @暨南大学 @暨南大学暨南人网

8 月 4 日　余虹姗

【感动】西藏江河里的鱼为什么没有鱼鳞，那是因为这里没有污染与伤害。大美无言。@我行我动·喀什、林芝采访行@李小棕 ZY－bala@Lotus 提拉米苏@珍珠米 VVV@G 小安@我叫邹小样@任娠纹

8 月 5 日　余虹姗

叶璐，在林芝地区的第六批广东对口援藏 51 名干部中唯一的一名女性。她的丈夫徐波是远在千里之外的援疆干部，他们留下三岁的小女儿在湖北老家。“我行我动”采访团在新疆采访时，其丈夫徐波拜托我们给叶璐带来一份迟到的生日礼物。一向健谈开朗的叶璐看到丈夫给自己录的饱含真情的视频，不禁落泪。

8 月 5 日　梁星月

今天我们来到了林芝县更张门巴民族乡完全小学，孩子们太可爱了，我们都想把他们带回家！因为有林芝县政府及教育部门的重视，孩子们的学习条件越来越好，不过老师还是奇缺的。如果有想来支教或做志愿者的同学，欢迎联系我们！

2012. 8. 15　梁星月

人生总有遗憾。一个人跑出来采访，手不够用，三部机子实在操控不过来，只好变成文字加图片。旦增一家善良朴实，真心希望他们永远这样幸福，所以采访完赶紧找了家相馆把照片洗出来，那样旦增即便出远门也可以每天看到他的宝贝女儿了。

8 月 4 日　张曦

【藏婚追踪】偶遇婚车，从司机入手，一路追寻到结婚的藏族家庭。新郎和新娘均是藏族人，从高中网恋到大学异地，携手四年，在今日步入婚姻的殿堂。小伙 23 岁，戴着漂亮的狐狸皮帽子。姑娘 22 岁，笑起来很甜。

8 月 16 日　张曦

【墨脱图记】残桥、山路、悬崖、高物价、有虫子的汤、湿冷的床、危险的拍摄地点和高涨的激情。我们真不是来了就走……照片记录了我们的身影。

8 月 2 日　张俊宇

所有的美丽，都不应该被错过。冒雨骑行的 318 国道，时有阳光，无论是上坡的困难，还是下坡的舒爽，都让人难忘怀。34 公里，往返八一镇与林芝镇，顿生此生无悔之感。

7 月 4 日　朱海威

【麻赫穆德·喀什噶里麻扎】疏附县蓝天白云，麻扎辽阔。（资料：麻赫穆德·喀什噶里是公元 11 世纪维吾尔族著名学者、语言学家，《突厥语大辞典》的作者）

8 月 3 日　王宝龙

318 沿途的山上有很多这样的经幡，神秘而震撼，川藏线上众多坚毅的骑行者或许就此深受鼓舞。

8 月 14 日　杨小静

【一路】从八一到波密，从波密到察隅，沿路风光无限。认识了不同的人：援藏干部、志愿者、医生、司机、制经幡人、甜茶馆里的藏族姑娘、徒步者、僜人首领……每个人有每个人的故事，只可惜时间太短，我的阅历太浅，没能读懂每一个人的故事。

8 月 8 日　杨小静

【“马桶”培育】第一次吃天麻，总觉得它带有牛粪的气味。今天去野生天麻培育基地采访，一进基地，局长就说先要带我们去看“马桶”培育。我心想：还真是从马桶里培育出来的呀！后来才知道，局长说的是“麻种”培育，不是“马桶”。天麻需两年育种，一年种植，第三年才能丰收呢！今天听了宝贵的一课。

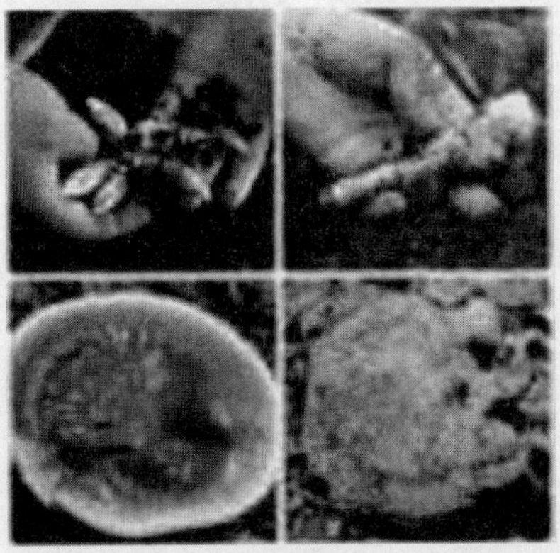

感悟篇

思考心得

社会实践创新传媒实践教学模式

——暨南大学“我行我动·喀什林芝深度采访行”的启示

周文辉　喻　澍　刑莉莉

［**摘要**］传媒专业的教学离不开实践，通过大学生假期社会实践活动来开展新闻传播的实践教学，具有时间周期短、针对性强、灵活度高的特点。暨南大学新闻与传播学院通过开展“我行我动·喀什、林芝深度采访行”系列活动，创新“采访+公益”的实践教学模式，充分调动学生积极性，注重从专业技能和社会责任意识两个方面同时提升学生的专业素养，达到较好的教学效果。

［**关键词**］实践教学、新传媒

新闻传播学是一门操作性很强的实务学科，它的教学离不开实践。作为新闻传媒人才的培养单位，传媒院校如何紧贴时代的要求，把马克思主义新闻观教育和专业能力培养结合起来，在实践教学中培养学生的大局意识、责任意识和实践能力，是教育界同行一直在探索的问题。今年暑假期间，暨南大学新闻与传播学院“我行我动·喀什林芝深度采访行”的17名学生在两位老师带领下，历时62天，行程2万余公里，在新疆、西藏开展深度采访调研，投身公益活动，取得了良好的教学效果，是新闻传播实践教学模式的一次成功探索。

一、学生社会实践：传媒实践教学的新方向

暨南大学新闻与传播学院院长范以锦教授曾说过：“传媒院校既不是纯学术型的科研机构，也不是培养‘新闻技工’的职业学校，我们的传媒大学生既不要把自己关在书斋里，成为新闻经验贫乏的‘空头理论家’，也不要把自己降低到无理论厚度而只懂肤浅操作技术的‘新闻技工’的地步。”传媒教育既要“学”也要“术”，把“学”与“术”结合起来，把学生培养成“上手快”而又“后劲足”的高素质人才。[①]学院一直重视在新闻传播实践教学方面的投入，“暨大准记者南方训练营”、“广告兵法训练营”等品牌活动在学界和业界都深受好评，今年的“我行我动·喀什、林芝深度采访行”则是从大学生社会实践活动出发，在实践教学模式上又一次新的探索。

一般来说，新闻与传播专业的实践教学主要有几种方式：一是在课程上开设案例教学；二是依托经济实力的媒体实验室教学；三是充分利用学生报纸、校园广播等校内资源教学；四是挖掘社会资源，联合媒体打造实习基地。这些实践教学方式各有特点，能将新闻传播理论的学习跟实践操作能力的培养相结合。但是它们的局限性也很明显，案例教学再生动也是“纸上谈兵”，媒体实验室、校园

媒体平台则跟社会环境和业界的实际情况存在较大差距，而打造实习基地也不容易，并不是所有高校都能找到合适的社会资源。

许多学者指出，我们的实践教学应该多带领学生“走出去”。我们认为，利用假期开展大学生社会实践应该是新闻传播实践教学的一个重要内容。一个成功的社会实践活动可以囊括专业实习、项目调研等多个层面的内容，它能够让学生更多地观察社会，了解社会，开阔眼界，锻炼提高自己的各项能力，并增强自己的社会责任感和使命感。从操作角度上来说优点也明显，一是时间周期短，少则一个星期，长也基本不会超过两个月；二是针对性强，可以针对不同的主题开展活动，易形成成果；三是灵活度高，队伍一般不大，容易调度。然而，从现实效果来看，不少大学生社会实践活动流于形式，尤其是我们新闻传播类，学生在采访调研中容易走马观花，无法深入基层开展实践，成效并不显著。这一方面是由于很多高校对此还不够重视，另一方面也由于专业老师缺乏指导经验。

因此，大学生社会实践活动应该成为探索新闻传播实践教学模式的一个新的方向。“我行我动·喀什、林芝深度采访行”不仅仅是一次大学生社会实践，它也是传媒教育的“走转改”，是业界“走转改”活动的延伸，目的在于进一步丰富实践教学的内容，创新新闻传媒人才培养模式。围绕这一时代课题，暨南大学新闻与传播学院在带领学生走基层中，注重启发学生要站在国家发展战略的高度来思考问题，学会从丰富的社会生活中把握大局，从鲜活的采写实践中提升专业技能。

二、“采访＋公益”，开创新闻传播教学新模式

根据大学生社会实践活动“受教育、长才干、作贡献”的要求，结合新时代传媒人才的培养需求，我们探索出“采访＋公益”的活动模式，围绕新闻传播实践教学这一目标设计和开展活动内容，具体反映在以下四个方面：

（1）到基层中培养大局意识。之所以选择喀什和林芝，因为这是两个广东省对口支援十多年的地区。援藏援疆是我国全面推进社会主义现代化建设的重大战略部署，是邓小平同志“两个大局”思想的具体体现。本次深度采访行以此为切入口，分两个小组先后行动。在两个月时间内，同学们采访各族干部、群众和支教、支医专业技术人员超过200人，广东援建项目26个，深入55户农牧民家庭同吃同住，到4所希望小学捐赠文体用品，资助3名少数民族贫困学生，上帕米尔高原红其拉普边防哨所慰问，住察隅县僜人村农家体验民族文化，到5家当地新闻单位学习交流。从未有过的万里行程，祖国幅员辽阔、地区发展不平衡的具体观感，不同人群的生活状态，各地文化风情，让同学们震撼不已；通过采访调研，他们对社会大局的宏观与微观方面有了新的认知，对国家战略决策有了深刻而生动的理解。只有置身广阔的社会生活当中，同学们才能真正理解什么是社会大局、民族利益，从而把握好新闻报道的取向。

（2）在实践中树立马克思主义新闻观。什么是马克思主义新闻观？书本上

说了，课堂上讲了。但身处社会思潮多元化的时代，同学们有自己的思考，他们希望从亲身感受中作出判断和选择。源自实践的思考，化作同学们的学习动力。在新疆和西藏的采访报道过程中，同学们讨论了在课堂上困扰他们的许多问题。比如，党的宣传理论和客观真实的报道原则是否冲突？在新疆和西藏的采访调研中，了解到的情况有贫穷也有富足，有落后也有进步，该如何选择报道视角？同学们意识到，在宣传成就的时候并不能回避不足，关键是将新疆和西藏放在历史的纵轴线上，就能深刻感受到其取得的巨大成就，从而把握报道的客观和真实。而这正是马克思和恩格斯所指出的，新闻记者应当“以历史学家的公正态度来记述事实”②。

随着采访的不断深入和活动内容的扩展，在潜移默化中同学们运用马克思主义新闻观在指导自己的报道实践，这不仅加深了他们对马克思主义新闻观的认知理解，树立马克思主义新闻观的自觉性也不断增强。

（3）在操作中培养全媒体记者行动力。台湾政治大学传播学院院长钟蔚文教授在题为“寻找未来的传播教育”的演讲中认为，在信息全球化、媒体融合化的时代，新闻教育应该朝着“八种力”的人才培养方向努力：第一，趋势力，传播人才必须与时俱变；第二，创造力；第三，根本力，咨询搜集、分析、诠释、呈现；第四，设计力，新媒体时代必须就传播内容找到一个最有效的方式去设计；第五，整合力，整合不同媒体与不同行业的能力；第六，故事力，把平凡的事物说得有故事趣味，让人感动；第七，行动力，新闻人必须把想法变成行动，变成真正可行的方案；第八，团队力。今天各类媒体无法再分家，从开始生产到最后行销、经营都必须在一起工作。④这种界定有一定道理，但我们认为，传媒人才的培养重心还是行动力，或者说，其他所有的能力最终都要体现到行动上来。

新媒体时代，一方面由于各种形态的媒体相互融合，一方面由于客观上媒体资源有限，很多采访环境下媒体单位派遣的记者人数不会很多，而新闻产品又需要呈现多种形态，因此这对媒体从业者的业务技能提出了更高的挑战。一个记者可能既需要提供文字稿件又需要提供新闻图片，甚至还要有视频节目，他不仅需要通过微博实现新闻的实时报道，还要有进行后续深度报道的能力，这就是所谓的全媒体记者。全媒体记者是指具备突破传统媒体界限的思维与能力，并适应融合媒体岗位的流通与互动，集采、写、摄、录、编、网络技能运用及现代设备操作等多种能力于一身的人才。客观上说，真正能够做到各方面都精通的全能记者是极其稀少的，但“一专多能”的复合型人才可以实现，我们的传媒教育正朝着这方面的要求而努力。

具体到“我行我动·喀什林芝深度采访行“这一活动，17名学生，每个人在采访中都是既采写又拍摄，在活动中从策划、执行到宣传全程参与，各项业务技能都得到了锻炼。通过音频、视频、文字、图片等各种形态的媒介产品以及最后综合性的展示，不仅提高了自身的业务素养，也加深了对于全媒体的理解。

（4）在公益行动中提升社会责任感。诚如学者指出，教育的价值不仅是为了传递知识，还在于构建起人与世界的融洽关系，改善人的品质，充实人的生活。对新闻传播教育来说，就是要培养学生对社会的责任感。作为精神文化的传播者，新闻传播的未来从业者必须要培养起自己的社会责任感。④记者的社会责任感在构建和谐社会的进程中，无论是对记者的新闻生命、对所在媒体良好形象的塑造，还是对整个社会形成良好的舆论环境，都起着重要的作用。新闻媒体是我们国家党和人民的喉舌、党和政府联系人民群众的桥梁和纽带，新闻记者既是公众的代言人，又是党的方针政策的宣传者，因此作为一名记者，没有强烈的社会责任感，就不能担当这一重要角色。

从组织这次活动开始，暨南大学新闻与传播学院就明确了一个思路：深入实践求知求解，参与社会身体力行。为此，这次活动特别策划了社会公益内容，目的是让同学们不仅懂得传播新闻资讯，更要学会传递社会真善美，提升新闻传媒人的责任意识和人文关怀。这些社会公益活动，主要有向喀什、林芝地区 4 所希望小学捐赠 2 万余元的文体用品，资助贫困学生，到边防哨所慰问等。通过这些公益行动，让这批 80 年代、90 年代出生的学生们学会感恩，也体会到奉献的快乐，从而在活动中提升人文关怀和社会责任感。

三、开展学生社会实践活动的几个要点

从“我行我动·喀什林芝深度采访行”的效果来看，活动成果丰富，影响广泛，最重要的是同学们都表示收获巨大，证明通过假期学生社会实践活动来开展专业实践教学是十分可行的。我们认为，它的成功取决于以下几点，也是以后开展类似活动的关键。

（1）精心策划，结合专业特色，整合教学资源，联系社会主流形势，围绕业界对新闻传媒人才能力的要求，从活动的主题设定、活动内容方面进行精心设计。这次活动以“追访广东精神，传递中华大爱”为主题，定位深刻，因而获得了广东省委宣传部、组织部以及广东省对口支援工作办公室的大力支持；活动不仅注重学生专业实践操作能力的锻炼，还重视学生在思想意识层面的提升，教学效果是依托在“采访 + 公益”活动中的点点滴滴来实现的。

（2）周密组织，分工明确，互助协作，在队伍组建时，应充分考虑活动内容需要和专业学科特色。我们现在所讲的“新闻传播”教学，是广泛意义上的“大传播”，不局限于新闻的采写技巧，宣传、企划、公关都应该是我们着力培养的实践操作能力。将新闻与传播学院下面不同专业的学生组织在一起，有利于突破专业门槛，促进学生间相互交流学习。另一方面，活动对指导老师的媒体从业经验、理论修养和教学水平也提出了更高的要求，促使老师们也不断提升自己。

（3）打造品牌，形成长效机制。大学生社会实践活动最大的一个不足是人数上的限制，由于在外调研采访，队伍太大增加了安全风险，因而人数上必须严格控制。教学效果必须普及更多的学生中去，因此有必要借助品牌活动的模范效

应，结合成功的活动经验，打造一个社会实践活动标准化操作流程，形成长效机制；学校和学院应该有配套的活动激励体系，鼓励老师和学生将社会实践活动长期、广泛、深入地推广下去。

（本文发表于《岭南传媒探索》2012 年第 6 期）

[**注释**]

① 董天策. 专业训练营：新闻实践教学的一种新模式. 中国记者，2009（03）.

②马克思恩格斯全集（中文版第 8 卷）. 北京：人民出版社，1961. 76.

③ 骆正林. 新闻传播教育面临的难点. 当代传播，2006（01）.

④ 全球知名新闻传播学院院长论坛. http://www.ldxw.org/lzupage/2010/04/09/N20100409225725.html.

当代中华学子对民族认同的实践与启示

——暨南大学“我行我动·喀什、林芝深度采访行”创新人才培养思考

喻季欣

习近平总书记深刻指出：“实现中华民族伟大复兴，就是中华民族近代以来最伟大的梦想。这个梦想，凝聚了几代中国人的夙愿，体现了中华民族和中国人民的整体利益，是每一个中华儿女的共同期盼。”

“民族认同”是爱国主义最深广的内涵，是中国梦想最深厚的心理与文化基础。暨南大学作为第一所由国家创办的华侨学府，目前在校的3.4万学生中，侨生占将近一半，民族认同成为重要的教学实践。如何创新和提升这一实践，是我们首应面对的时代课题与承担的历史使命。

2012年6月26日至8月28日，暨南大学“我行我动·喀什、林芝深度采访行”17名包括侨生在内的本科生、研究生，在两位老师带领下，怀抱民族梦想、弘扬时代精神，赴广东对口支援的新疆喀什、西藏林芝两个地区，开展以“追访广东精神，传递中华大爱”为主题的社会实践和公益活动，历时62天，行程2万余公里，体验中华文化，感受中国的发展变化；传递中华大爱，增进民族团结；从“我行我动”到“求知求解”，以崭新的方式与广泛的内容，提升和拓展了暨大侨校中华学子对中华民族的深刻认同，创新和丰富了当代大学生爱国主义教育的形式与方法。

一、在认知国家战略中，感受国家进步、民族团结，提升民族认同的自豪感

援藏援疆是我国全面推进社会主义现代化建设的重大战略部署。按照中央部署，广东已对口援藏援疆16年。今年6月，广东在全省开始大力宣传“厚于德、诚于信、敏于行”的广东精神。广东又是我国华侨大省，结合实际，我们确定以广东对口支援的新疆喀什和西藏林芝两个地区为主要活动范围，以“追访广东精神，传递中华大爱”为突出主题，通过自愿报名、考核选拔，组成有侨生参加的17人中华学子团队。本次活动特别提出“我行我动”，意在培养“最富于行动的新闻人”。多方面目标的结合，使本次活动更具广泛性、参与性和公益性。

民族认同，关键在于增进侨生和广大学生对国家和民族的认知。从我校侨生的生源地和年龄看，他们来自不同的国家和地区，刚踏入社会，对中华民族的认知较为浅显。来到大陆求学，是他们接触与认识中国的开始。随着时间的推移，他们希望有更多的机会了解大陆尤其是老少边穷地区的情况。对援藏援疆国家战略的亲身体察，成为当代中华学子民族认同的独特视角和新颖内容。

广东省委、省政府对援藏援疆工作高度重视，动员全省各界力量，大投入带

动林芝、喀什地区经济社会大发展，走在全国前列；以“民生为重，富民优先”，创造了“以项目支撑造血，以智力机制创新”的援藏援疆“广东模式”。近年来，西藏林芝地区按照“以商贸旅游业加快城镇化建设”和“畅游西藏，从‘林’开始”的发展思路，以林芝八一镇福清河景观带建设及民族特色改造项目、鲁朗国际旅游小镇建设、波密县城市规划和察隅县僜人村等旅游项目建设为重要节点，打造国际高端旅游目的地。新疆喀什地区疏附县的“广州新城”预计耗资70亿元，是南疆地区产业最大的援疆项目，开发面积达4平方公里。2015年建成后，它将是集商贸、旅游于一体的城市综合体，可为当地提供1万个就业岗位和近5亿元的税收贡献。

62天的深度采访，使同学们深深感受到喀什、林芝地区经济发展、社会稳定、民族团结的繁荣景象。

广东援藏援疆中的“富民安居工程”尤为打动同学们。广东援藏援疆队探索总结出“规划先行、政府帮助、拆旧建新、自建家园、富民安居”的安居房建设原则。到2011年底，喀什地区建设安居房80 022套，全地区6万余户农牧民住上了安居房。到2011年底，林芝地区累计投入资金30亿多元，完成安居工程26 000余户，受益人口13万余人。同学们所到之处，沿途尽见一套套民族特色浓郁的崭新农牧民安居房，呈现一派祥和的社会主义新农村，完全颠覆了大家对新疆、西藏游牧民传统生活的认知。波密县岗松村藏族牧民白玛家，农庄式的庭院高大敞亮，成片的牧场牛羊成群，让同学们仿佛进入了影视剧中的贵族庄园。白玛告诉同学们，他们村户户如此。深入村庄，的确如他所说，岗松村在国家政策支持和广东对口支援下，以发展旅游和市场经济致富，农牧民们过上了富庶的现代生活，这令同学们大开眼界。

亲身体察，同学们深切感受到在国家战略实施中，社会进步、民族团结、人民富裕已成为今日西藏、新疆的崭新面貌，这无不提升了大家对民族认同的自豪感。

二、在体验中华文化中，感受中华文化的和而不同与博大精深，提升民族认同的文化自觉性

体验中华文化，是民族认同的根系之情。随着采访广东对口援藏援疆工作的深入，同学们广泛接触了喀什、林芝地区不同环境、不同层面的少数民族干部、群众和家庭，感受到不同民族的文化、风俗和风情，体验了中华民族文化的博大精深与多姿多彩。

坐落在新疆疏附县吾库萨克乡7村的“中国新疆民族乐器村”，是2000年由国务院命名的。该村从事乐器制作已有150多年的历史，570户人口中有290户从事乐器制作。广东对口援建后，乐器村成立了艺术团，并打造出大型文化旅游项目阿凡提艺术巴扎，创新了文化援疆。2004年，该村民间艺人艾尔肯·铁木尔等制作的5米长的都塔尔和3.7米长的热瓦甫巨型民族乐器被列入吉尼斯世界纪录；2007年，维吾尔族乐器制作技艺被列入第二批国家级非物质文化遗产名录；2008 年，民族乐器制作传人热合曼·阿布都拉被列入第三批国家级非物质文化遗产项目代表性传承人目录。

7 月 8 日，同学们从喀什市来到乐器村采访。在阿凡提艺术巴扎观看了艺术团的舞蹈表演、参观了展览厅的各种乐器后，同学们去拜访热合曼·阿布都拉老人。老人正在为刚做好的热瓦甫上弦，只见他轻柔地把琴弦固定在调制器上，再不紧不慢一圈一圈地缠绕上去，仿佛要把自己的过往岁月也一圈圈缠绕到心爱的乐器里。

热合曼制作民族传统乐器近 50 年，先后两次被文化部授予“国家级非物质文化遗产代表性传承人”，他的爷爷吾沙尔·艾依萍汗是乐器村里第一个演奏乐器和制作乐器的人。据热合曼的弟弟回忆，当年，有个叫约曼·热瓦甫的人来到村里，他演奏的曲子非常好听，热合曼的爷爷立即就迷恋上了，他拜约曼·热瓦甫为师，学会了他的全部手艺。于是，疏附县吾库萨克村有了第一个懂乐器、做乐器的演奏师和乐器制造师，婚礼上、节日里都会响起音乐的美妙旋律。

热合曼家有一个宽敞的乐器展示厅，厅里摆满了他亲手制作的各种乐器。热合曼 7 岁就跟着父亲学习制作乐器，5 年里，他学会了各种乐器的制作方法，也成了阿布都拉家族新一代的技术传承人。近 50 年来，他做了数千把乐器，收了 50 多个徒弟，得了大大小小的说不完的奖。“我会一直做下去，直到我死才停止。”老人快乐地说。

因为阿布都拉家族，这个村子开始响起此起彼伏的音乐声；也因为阿布都拉家族，这个村子开始了另一条谋生致富的道路；还因为阿布都拉家族，这个村子成为赫赫有名的乐器村。

文化传承，是一种文化自觉，也是一代代人的发扬光大。正是有了千千万万个阿布都拉家族这样执着地热爱民族文化的人们，中华文化才能生生不息，与世界各民族文化交相辉映。

8 月 11 日，同学们从林芝八一镇来到察隅县。这段 500 余公里的路程，沿途悬崖峭壁，塌方、滚石时常出现，一般要经历整整两天的汽车颠簸。而 7 位师生，乘坐一辆微型小面包车，两天一晚长途跋涉，才到达察隅县城。察隅，藏语的意思是“人居住的地方”，位于藏东南，与缅甸、印度接壤，边境线长达 588 公里。察隅县有个著名的僜人部落，有句话说：不到僜人村就不算来过察隅。

在中国 56 个民族中，僜人并没有被列入其中，因为他们的总人数才 1 800 余人（国家民政部规定需要 5 000 人以上才能成为单独民族），所以叫僜人。大家对此无不感到新奇，这很意外地补充了同学们对中华民族大家庭的认识，使他们收获了一个重要常识，也增添了僜人的神秘感。察隅县的僜人，分布在上、下察隅镇的 9 个村庄，其中下察隅镇沙琼村是僜人聚居村，也是集中体现僜人文化的地方。他们有自己独特的语言，但没有文字，过去多使用结绳或刻木的记事方法。僜人的服饰也十分独特：妇女一般戴一对银制喇叭形耳鼓，颈项挂串珠或银饰；僜人男子头上盘着长长黑帕，挎 60 厘米的砍刀，十分威武。僜人的婚姻还留有一夫多妻的原始痕迹。

西藏和平解放后，僜人走出深山，在党和政府的关怀下，生活发生了翻天覆地的变化。广东对口援藏以来，专门建设了僜人民俗文化村。同学们专程拜访了僜人村党支部副书记、僜王阿鲁松，并夜宿他家。用流利的普通话和我们交流的阿鲁松，曾是全国人大代表，他是受特许可以佩刀上飞机、进人民大会堂的名人。跨入现代生活的阿鲁松还是僜人民俗文化村的董事长。对僜人生活以及他们民俗文化的深度采访，给我们留下了深刻印象和强烈感受。

了解、感受中国传统文化，是广大侨生的寻根情怀。他们过去接触的是不同的文化传统、生活方式和价值观念，而来中国读书，仅通过课程教学，对中华文化的体验也很有限，很多同学几乎没有听说过西藏的珞巴族、门巴族和新疆的塔吉克族、柯尔克孜族。这次深度采访行有效地弥补了同学们对中华文化整体性认知的不足，让他们对中华文化的和而不同、博大精深有了具体、真切的体验，民族认同之情油然而生，并因此内化为体验中华文化的自觉意识。

三、在传递中华大爱中，我行我动，求知求解，提升民族认同的亲情愉悦感

民族认同，是一个民族对千百年来共同历史传承与文化基因相袭的深切情感与亲近。对海外侨生而言，如何感受中华民族共书悠久历史的篇章细节？如何在不同的现实文化背景下感悟中华文化的情愫因子？尤其对相距千万里、陌生如异域的西藏、新疆，如何化为民族认同的内心亲近？这在课堂教学中，无疑是空洞理论难以解答的。

传递爱心，担当公益；我行我动，求知求解。怀抱这一想法，同学们开始积极奔走。活动得到了热心公益的“广东猛狮科技”企业的支持与帮助，暨南大学附属小学的同学们专门为西藏、新疆的小朋友们准备了绘画作品。同学们拍下视频，录下祝福，带上物品，于7月10日、12日，在喀什分别捐赠给疏附县铁日木乡中心小学、塔什库尔干塔吉克族自治县达布达尔乡小学。8月5日、13日，在林芝捐赠给林芝县更张门巴民族乡完全小学、墨脱县背崩乡希望小学，并以团队名义资助了两名家境贫困的塔吉克族小学生。在这些特殊环境里，每个队员都表达了自己内心特殊的情感，与这些不同民族的小弟弟、小妹妹们建立了特殊的友谊，收获了特殊的喜悦，更受到了特别的教育：爱与被爱，是中华民族大家庭里相互转化的温暖。

7月12日，同学们专程来到帕米尔高原红其拉甫哨所，看望、慰问边防官兵。这里海拔5 100多米，“天上无飞鸟、地上无寸草，风吹石头跑、氧气吃不饱，六月下大雪、四季穿棉袄”，被称为“死亡之谷”。当看到和自己同龄的边防战士们那一张张带着高原红的朴实笑脸，由于高原反应而指甲发黑的双手，了解到边防战士们长年坚守、默默奉献的艰苦生活，同学们感动得落泪，有位女研究生还表达了要当一名军嫂的心愿。大家真挚地上前紧紧拥抱每一位战士，久久不愿松开。这样的场面还出现在喀什市区执勤的武警中队，同学们将祝福深情地献给这些可爱的人。

8月14日，同学们来到墨脱县政府，向这个全国最后通公路的县的藏族干部，捐赠适合他们使用的户外手持探照灯，希望用自己的真情化作一束亮光，与他们相伴，一起前行在建设西藏的道路上。

7 月 4 日，同学们在疏附县人民医院采访，该院副院长、广州援疆队队员徐波博士在接受采访后请同学们帮他给妻子带去一件生日礼物。他的妻子叶璐是一名援藏队员，现任林芝地区妇幼保健院副院长。如果从喀什邮寄到林芝则需要近两个月的时间。同学们顿时被这对年轻的援藏援疆干部夫妇所打动，专门拍下徐波的视频，在广州的同学又专程到徐波老家湖北孝感给他的女儿拍视频，于 8 月 4 日晚邀请叶璐观看这段视频，送上徐波的礼物。一起观看时，同学们个个被他们真挚的爱情和无私奉献的援藏援疆之情深深打动，女同学们感动得热泪盈眶。

这打动来自一种力量，这感动发自肺腑。香港籍学生陈梓斌这样表达自己的感受："在香港，人们经常对大陆报道的英雄人物持怀疑态度，认为只是作宣传。今天在现场，我亲身感受到他们普通而不平常的生活，他们的英雄主义精神非常高尚，令我有亲近感，让我佩服。"

几乎每位援藏援疆干部都有让同学们感动的故事和生活。在西藏高原，有很多援建干部的身体出现"三高"病症、心脏肥大和谢顶等状况，但他们照样坚持工作，把职责当作使命，没有一个人放弃自己的岗位。这不仅让同学们加深了对边疆、对援建工作的认识，也深深为援建干部们身上闪烁的高尚情操所鼓舞。

感动在内心涌动，感动化作自我行动。同学们学榜样，见行动，汲取精神力量，释放热情干劲。持续两个多月的奔走采访，冒酷暑炎热，忍高原缺氧，同学们没有一个叫苦，没有一个退缩。大家只有一个心愿：多采访，多了解，多学习，多收获，多受益。同学们天天马不停蹄，去寻找新闻素材，去发现美丽故事。晨曦初露，有的扛着摄像器材、背上照相机去拍视频、照片，有的带上录音设备和纸笔去集市、街巷追访目标人物；夜深人静，大家围坐在一起，或交流心得，或撰写文章，或制作视频，发微博、写感想、发信息，只为更多地记录亲历的生活，尽快把感动传递给更多的人。那兴奋和热情，那愉悦与温暖，在年轻学子们的心里升华。

62 天的采访、62 天的受教、62 天的感动，对当代大学生，尤其是对侨生而言，国家对口支援西藏、新疆的宏伟战略不再是一串串反映建设成就的数字，不再是一页页纸张文件，而是一个个生动的故事，一幅幅真实的画面；国家大局、民族复兴、中国梦想，不再是一句句宏大的言辞，而是亲身经历的生活真实，是看得见、摸得着的具体人物、自我行程。

"回到广州一个多月了，我越来越怀念在西藏采访的日子，所受的教益也越来越深刻，这将伴随我一生，永远珍藏。"西藏组队员、大四学生孙博婧在自己的微博中这样写道。

她写出了全体队员们的共同心声。

走基层我行我动　实践中求知求解

——暨南大学实践教学探新路

周文辉

历时62天，行程2万余公里。6月26日至8月28日，暨南大学新闻与传播学院的17名学生，在喻季欣和陈喆两位老师的带领下，走戈壁、上高原，分赴新疆喀什和西藏林芝地区开展深度采访调研、捐资助学活动，到边防哨所慰问，和农牧民同吃同住，在基层一线深入实践，探索当代大学生社会实践的新方法、新课题，收效十分明显。

采访：做最富于行动的新闻人

新疆和西藏是新闻“富矿”地区，但远距离采访仍面临着许多难以预测的困难。6月30日，新疆西部发生6.6级地震，采访团被迫滞留火车站4个多小时；8月5日，林芝地区波密县发生4.2级地震时，师生们正在邻县采访；8月11日，从察隅县结束采访返回途中，唯一进出察隅的公路发生塌方，队员们又被滞留一天多的时间。

7月的喀什户外温度将近40摄氏度，为采访广东对口支援的疏附县广州工业园项目，队员们冒着酷暑，扛着摄影器材奔走在沙漠、公路、戈壁和荒滩，一天下来，摄像机的背带将他们的肩膀勒出了深深的印痕，衣服让汗水浸透。为拍摄墨脱公路，陈喆老师带着3位男队员，每人背着20多公斤的摄影器材徒步行进，在贡嘎拉山冰川，晚上气温很低，4个人挤在一个帐篷里过夜，抱团取暖。

“我行我动，意在培养最富于行动的新闻人。富于行动，是方法也是执行力。”提出“我行我动”理念的喻季欣教授这样告诉记者。

通过采访，学生们既写又拍，广泛锻炼了全能记者的各项业务技能，心理素质也得到了磨炼。在喀什采访时，由于水土不服，加上工作强度大，队员肖兆路发了两天低烧，但是他一直坚持工作，作为摄像记者的他不愿意错过每一个镜头。他说：“做新闻从来都不是轻松的工作，这次活动让我有了更深刻的体会。但行动既是挑战，也是新闻工作的乐趣所在。”这个个性有点粗心大意的男孩，在开往乌鲁木齐的火车上手机就丢了，但是每次采访时却能做到提前检查好自己的所有设备。

62天的行动中，暨大师生共采访广东援藏援疆干部56人，各族干部、群众78人，收获了大量的第一手素材。广东省第六批援藏工作队领队、林芝地委常务副书记李雅林这样肯定这次活动：“这种深入老少边远、戈壁荒漠、雪域高原的远距离、大范围、长时间大型采访调研活动，在前来林芝采访的国内媒体中也不多见，新闻院校更是稀少，体现了‘我行我动’的创新与勇气。”

“我行我动”队员在墨脱县政府门前合影

调研：在国家战略中感悟时代主题

在采访调研中，以农牧民安居工程为突破口的社会主义新农村建设给同学们留下了深刻的印象。“民生为重，富民优先”，到 2011 年底，喀什地区建设安居房80 022套，全地区 6 万余户农牧民住上了安居房；林芝地区累计投入资金 30 亿多元，完成安居工程 26 000 余户，受益人口 13 万余人。

队员们所到之处，沿途尽见一套套民族特色浓郁的崭新农牧民安居房，呈现出一派祥和的社会主义新农村，完全颠覆了大学生们原本对新疆、西藏游牧民传统生活的印象。波密县岗松村藏族牧民白玛家，农庄式的庭院高大敞亮，宽阔的牧场牛羊成群，队员们仿佛进入了影视剧中的贵族庄园。白玛给队员们满上香浓的酥油茶，告诉未来的“准记者”们：在他们村，家家户户都如此。深入村庄，的确如他所说，岗松村在国家政策支持和广东对口支援下，以发展旅游和市场经济致富，农牧民们过上了富庶的现代生活，令队员们大开眼界。

来自香港的大四学生陈梓斌是西藏组队员，原本他对内地的政策并不了解也不“感冒”，但通过实地走访，亲身体验，他有了一些新的感触：“境外媒体有时候不大相信内地媒体对西藏的报道，觉得过于宣传。但其实只要多亲自来走走，就可能会有更多的认同。”

大四学生杨小静则在总结中写道：“我们看到的成就与国家对口支援的战略密不可分，对我而言，这不仅仅是一串串反映建设成就的数字，不是一个个文件，而是一个个生动的故事，我从被访者的口中真切感受到生活变化给他们带来的喜悦。”

公益：传递爱心，完善人格

“传递中华大爱”是暨南大学本次活动的一个主题。在出发之前，师生们积极奔走，得到一家热心公益企业的赞助，暨南大学附属小学的学生们也专门为西藏、新疆的小朋友们准备了绘画作品和贺卡。队员们拍下视频，录下祝福，带上物资，分别捐赠给了喀什地区疏附县铁日木乡中心小学、塔什库尔干塔吉克族自治县达布达尔乡小学，林芝地区林芝县更张门巴民族乡完全小学、墨脱县背崩乡希望小学，并以团队名义资助了两名家境贫困的塔吉克族小学生。

“我行我动”队员向塔县达布达尔乡小学捐赠文具

更张门巴民族乡完全小学是他们在西藏捐赠的第一所小学。捐赠仪式一结束，采访团成员就把电子琴、篮球、乒乓球等文体用品分到小朋友们手中，教小朋友们弹电子琴，和他们一起打球、下棋，一起画画、唱歌，破旧的教室里充满了欢乐。研二学生张曦说：“当看到小朋友们兴高采烈地玩起来的时候，我们用手中的镜头记录着他们的笑脸，不知不觉就被感染，融入他们当中。”分别时刻，许多队员还在忙着跟小朋友们合影，留下彼此的姓名和联系方式，直到司机鸣响客车，“再见”说了四五遍，队员们才依依不舍地上车离开。车辆渐行渐远，透过车窗看着小朋友们还站在校门口不停挥手，队员王宝龙有感触地说：“我们捐赠的物资有限，但我们可以给这里的小朋友带去快乐，我们真挚的情谊，他们也都能感受得到。虽然以后未必能够常来，却可以跟他们保持长久的联系。”

“我行我动”采访团还当了一回“爱的使者”。在疏附县人民医院采访时，该院副院长、广州援疆队队员徐波博士在接受采访后请队员们带一件生日礼物给他的妻子。原来，他的妻子叶璐也参加了援藏工作，现任林芝地区妇幼保健院副院长，不久前刚过完生日，徐波却没有送生日礼物，因为从喀什邮寄物品到林芝需要近两个月的时间，还经常发生遗失邮件的情况。采访团的队员们都被这对年轻的援疆援藏干部夫妇所打动，专门为徐波拍了一段视频，录下他对妻子的深情

在林芝县更张门巴民族乡完全小学，队员们用捐赠的电子琴教孩子们唱歌

祝福。在广州的同学又专程到徐波老家湖北孝感拍下了他们女儿的视频。8 月 4 日晚，“我行我动”采访团在林芝请叶璐观看队员们精心制作的视频，并送上徐波的礼物。当叶璐被丈夫感动落泪时，几个女队员也热泪盈眶，大家既被他们一家的深情小爱和无私奉献的援疆援藏大爱深深打动，也为“我行我动”这一次特别的爱心传递而感到高兴。

感动：我行我动中收获真知真情

7 月 12 日，“我行我动”采访团新疆组来到帕米尔高原红其拉甫哨所，看望、慰问边防官兵。这里海拔 5 200 多米，“天上无飞鸟、地上无寸草，风吹石头跑、氧气吃不饱，六月下大雪、四季穿棉袄”，被称为“死亡之谷”。当看到同龄的边防战士们一张张带着高原红的朴实笑脸，由于高原反应而指甲发黑的双手，了解到边防战士们长年坚守、默默奉献的艰苦生活，采访团的队员们感动得泪流满面，一位女队员还产生了要当一名军嫂的想法。送上一批实用的物资后，队员们上前紧紧地拥抱每一位战士，久久不愿松开。

“我行我动”队员们与当地群众建立了深厚的感情。9 月刚开学，回到广州的“我行我动”新疆组队员唐瑶给喀什古城一户维吾尔族人家的小孩邮寄了她精心挑选的书包和文具，那是她在拍摄喀什古城时认识的当地老百姓。她说，采访的时候，这一家的老爷爷让她在家里随意拍摄，跟他们一家人一起吃饭，唠家常，完全不当她是外人。

西藏组的大三学生梁星月在林芝八一镇拍摄藏族服饰时，一家布庄的老板王富香亲自制作了一件精美的工布藏族连衣裙送给她，“我们有缘，要不是你从广州跑那么大老远来林芝，我们还不认识呢！这是我的一份心意”。

采访过程中，队员们常常为援疆援藏的干部们所感动。他们每个人背后都有感人肺腑的故事。跨越千山万水，他们从祖国南部来到西域边陲，面对不同的地理气候、文化传统、政治环境，身体出现结石、心脏肥大等各种状况，但他们乐观向上、积极拼搏的精神令人动容。

对于队员们而言，更令他们感动的是这些干部的浓浓故乡情。朱海威在总结中写到："远方的爱人、孩子和父母，这是援建干部们共同的泪点，采访时一提起这些话题他们就眼睛泛红。而对于我们这样一群大学生，他们能敞开心胸，无话不谈，也许仅仅是因为我们来自他们的家乡——广东。"

在这次社会实践活动中，采访团专门开通了"我行我动"官方微博，随时发布采访素材和队员们的感想。队员们都认为应该通过自己的笔和镜头，将采访到的人和事传播给更多的人，展现出真实的新疆和西藏。目前，视频、文字、图片作品都进入紧张的后期制作阶段，采访团将以多种形式呈现实践成果。

在战争中学习战争

——“我行我动·西藏、林芝深度采访行”的启示

余虹姗

“纸上得来终觉浅，绝知此事要躬行。”陆游在冬夜读书时，仅面对书本就能生此感慨，作为新闻学子的我们，在经历了“实地作战”后，对此更是深有体会。

新闻学原本就是一门实践性、操作性很强的学科，除了理论教学之外，实践教学是最重要的有机组成部分。所有的“采、写、编、拍、摄”只有建立在到达新闻现场的基础之上，才能更加得心应手。

这一次深度采访行，我们是受益者。在喻季欣老师和陈喆老师的亲自指导下，我的写作水平和摄影水平都有了很大的提高，与此同时，走出去，有时候需要独当一面，这不仅锻炼了我的意志，还提高了我随机应变的能力。

我们采访和拍摄的对象，从政府官员，到田间农民、山间牧民，不一而足，沟通时还有语言障碍……这对我们来说，无疑是个巨大的挑战。面对不同的人，需要不一样的提问方式。我认为虽然语言不通，但微笑可以拉近我们与藏民之间的距离，还有那句人人听到都很欢喜的“扎西德勒”。

采访之前的准备工作十分重要，这直接关系到你是否能采集到更多的信息。比如说，采访藏医，你需要大概了解一些与藏医相关的情况；采访双语教师，也需要从侧面了解现有的教学方式，只有这样，你的提问才有针对性，才能引起对方的共鸣，从而有效地推动访谈。

除采访能力之外，我的摄影技术也大有提高。有好几日，我们在八一大街上游荡，各种街拍，各种抓拍，以“大学生眼中的西藏”为摄影主题，这又考察着我们的视角独特是否独特。如何通过影像，传递故事，这是我们的学习目标。每天晚上，陈喆老师会审查我们的照片，并给予中肯的建议，因此，大家的进步都很快。

喻老师，这位文艺创作大师，除了带队采访之外，还给我们改稿。如何构建文章框架，如何让文章更生动，有哪些值得注意的角色，这些问题是我们自己看不到的，真是听君一席话，胜“作”十年“章”啊！

正如我们的口号——“我行我动”，我们是未来的新闻人，我们一直在路上。这样的实践教学活动，不仅开创了学院的先河，最重要的是切实为同学们提供了施展才华的平台。我们对此充满了感激。

著名新闻学者李希光曾说：“改革中国的新闻教育，首先要对新闻学有一个开放和诚实的认识：新闻学是一门实践教育和职业教育，新闻学需要的是实战和

实践。”而我们此次采访行动，就是真的在“战争”中学习“战争”。

看着自己的这些作品，几万字的采访稿、数不清的照片、简短的视频，我心里很满足，这些不仅是成就，更是对此次采访实践的一种纪念。

藏行心路

张　曦

8月1号，8月的第一天，也是团队正式进军西藏的第一天。我们凌晨4:30半集合，从成都一家宾馆出发，前往机场。队员中不乏一夜未睡者。沿街灯火在夜色中交织如繁星。虽然有些困倦，但从未去过藏地的我心中充满了向往。

西藏航空的飞机，半个小时后飞行在了34 000米的高空之上。俯瞰云海，层叠耸立，千姿百态，蔚为大观。尽管离林芝尚有179公里，尽管还未踏上那片土地，眼前的云海，已让我目不转睛，心生澎湃。不知不觉中，飞机下降，停稳。我的双脚第一次踏在了西藏的土地上，环目皆是连绵不绝的山脉。

在八一建军节这天抵达西藏林芝县的八一镇，又站在八一大桥上，这种巧合很有意思。站在桥上，极目远眺，高山白云、田野河流、白茫茫的城镇交融成一幅绝美的风景图。车行走在宽阔的街道上，很快进入了林芝地区的中心——八一镇。这座小镇干净整洁，像内地的一座二线城市。

林芝地委宣传部郭和暖副部长热情地接待了我们，他是暨南大学经济学院的毕业生，说起来还是我们的师兄。之前谁也没有想到，在西藏吃的第一顿饭是粤菜。

短暂休整后，我们即将进入正式采访状态，发掘林芝与广州的“情缘”，以及那些藏在日常生活里的不平凡的故事。

开始的两天并不顺利，在这里看到的、遇到的与我们之前在网上搜索资料后设想与构思的完全不同。这是一座已经接近现代化的城市，而不是一个只有传统藏风藏俗的小镇。其他队员已经开始确定主题并行动，我却陷入了焦虑与困惑中，看着天空和远山，索性将以前的资料和选题都放到一边，我决定走出去。

第三天一早爬起来，我用刚接触不久的摄像机拍了些镜头。得知几位队员与当地《林芝报》的副总编辑边绝次仁要前往比日神山时，我扛着三脚架、DV机和单反，一路小跑地跟了上去。边绝次仁今年32岁，是一个土生土长的藏人，但汉语说得很好，他的足迹遍布上海、广州等城市。

在次仁大哥的推荐下，我们找到个当地的藏族司机开车。谁也没想到，这个面部黝黑发亮、身材瘦削的藏族汉子旦增，日后会成为我们团队的“专属司机”。或许，这就是缘分吧。在他的面包车里，贴了很多他女儿的照片，照片上的漂亮小女孩有着大大的眼睛和长长的睫毛。绕山几圈后，我们抵达了比日神山，下车步行。天空湛蓝，远处白云浮动在群山间，色彩像是水溶一般纯净而饱满。风吹起满山的经幡。经幡五色，红色火焰，蓝色天空，绿色生命，黄色大地，白色圣洁。五种色彩在空中飘荡着，似乎连空气都被净化了。在接下来的3

个小时中，我几乎进入了一种狂热的状态，满脑子想的都是取景、构图与光线。到下午 1 点多的时候，两张内存卡已经满了，我实在没有空闲去整理。这一做法之后被延续，造成了电脑硬盘超过 100G 的原始素材需要后期整理的大麻烦。

下午我们参观了藏东南博物馆。导游次仁吉今年刚满 18 岁，是藏族人，业务熟练。她不经意间自然的微笑，像投入湖水中的石子，青春的美丽涟漪一圈圈荡漾开来。博物馆分为 4 层，空间不是很大，但是装饰别具匠心。特别是主建筑，富丽堂皇又充满藏族风味，蓝天白云之下，无论从哪个角度，都能拍出一幅绝美的图片。主厅门口悬挂着一幅巨大的壁画，内容是文成公主入藏。顶楼还放置着镇馆之宝，一张面积足有 2 平方米的描述六道轮回的沙画。据说这种画创造出来是为了供活佛等宗教礼仪使用，礼仪完毕后立刻被销毁，这张画经过了佛教联盟特许才保存下来。这张沙画是由 7 个高僧坐在一张木板上，戴着 7 层的口罩，不言不语，也无事先设计甚至交流，随心所欲，用了半个月时间做出来的。我心中顿生神圣感。

晚上回到宿舍，回顾一天，早上 8 点半出去拍摄，下午 4 点半归来，中间没有吃饭和休息，我竟然不间歇地忙了 8 个小时。

休息一夜后，我们清晨去吃早饭，偶遇 3 辆婚车。当时我还没什么想法，喻老师却说这里面肯定有新闻点，其后果然被证实。这告诉我，新闻点不是想出来的，而是发掘出来的。从大胡子司机入手，我和搭档星月一路追到结婚的藏族家庭。得知来意后，新娘的父亲允许我们拍摄，并委托我们为婚礼摄像。新郎叫做旦增罗布，今年 23 岁，带着高高的、漂亮的狐狸皮帽子。新娘叫做李倩，今年 22 岁，瓜子脸，甜甜的笑容，是个典型的藏族美女。两人在高中时的一次 QQ 聊天中相识，继而网恋。之后两人考取的大学相隔千里，一个在西安，一个在天津，但两人互相勉励，坚持了下来，终于在今天步入婚姻殿堂。婚礼场面盛大，亲戚朋友们将洁白的哈达一条一条地系在新郎新娘的华丽藏服上，五彩的水泡在空中飘荡。突然间，看到新郎与新娘心有默契地彼此相望的眼神，有种感动溢满我心底。

8 月 5 日这天，团队开始了在西藏地区的第一次捐赠活动，将猛狮科技赞助的物资和暨大附小小朋友们制作的卡片捐赠给更张门巴民族乡完全小学，把祝福从祖国东南部的广东送往西部边陲的西藏。捐赠物资包括电子琴、篮球、足球、排球、彩笔等文体用品，还有猛狮科技捐赠的电池和手电筒等。活动很顺利，孩子们开始很拘谨，后来笑得很开心。离开时大家都恋恋不舍。只是，我对一件事比较在意，孩子们从 8:30 一直等我们到 10:30，太阳很晒。如果我们的活动更自然一点，宣传意味再少一点……我只能沉默。

从 8 月 6 日起，团队开始分组到林芝地区下属的县城采访。10 点，两辆车从八一镇出发，经过海拔 4 000 米的色季拉山口、鲁朗花海、壮阔的雅鲁藏布江大峡谷，抵达波密县城。沿途美不胜收，特别是车窗外闪过的骑行者和徒步者，他们自由与独立的青春姿态，给我留下了很深的印象。

在经过海拔 4 000 多米的色季拉山口时，周围的声音突然变小了，我们感觉连嗓子里发出的声音也轻柔了许多，直到下山时打了个哈欠，一切又恢复如初，这真是神奇的体验。而14公里长的通麦天险不愧这个称呼，左侧悬崖峭壁，右侧深沟峡谷，急转弯处不见前路，只能长鸣笛示意来车，连续几个急拐弯，根本无法预知是否会在山崖的另一侧看到迎面而来的车头。车颠簸在山路上，我心中充满了惊慌。而在去墨脱之前，我一直以为这是我走过的最危险的路。

西藏的天空夜晚7点半才有被夕阳染红的迹象。经过12个小时的车程，我们顺利抵达波密，这是个静静的、旧旧的小县城。晚上，我得知第二天要重返八一镇，接待过来旅游的暨大老师团。虽然很想去看米堆冰川，但学生接待老师，理应没有怨言，况且又是团队任务，我没有情绪。

7日，坐上吉普车，在一路颠簸中重走通麦天险，一路无事，回到八一。晚上见到各位老师和他们的家人，直到晚上10点才回到住处。我又接到陈老师的短信，嘱咐我去当地宣传部审核要寄回广州的光碟。入睡前我整理了目前拍摄、记录的原始素材，并且调试好了机子。此行，我不仅更好地掌握了单反摄影技巧，而且我的DV拍摄、摄像机拍摄技术也日趋熟练。

8日、9日，主要是接待，做一些琐碎的事情。9日晚上，我去采访了中山大学十四届研究生支教团团长曾琳和她的舍友。1个小时的采访，我完全沉浸其中，能理解采访对象的每句话和她们的心情，这是一种我期盼已久的美妙体验。当夜11点我才回到住处。

10日，我们一早出发去波密，第三次经过通麦天险。山路不适合胃里装满食物的人。接近黄昏的时候，我和同行三人抵达波密众兴宾馆，准备与喻老师所带领的女生队伍会合。突然喻老师打来一个电话，说由于塌陷，队伍滞留察隅，相应工作必须由我接手。于是，接下来的15分钟，我联系墨脱政府，联系司机，处理宾馆住宿事务，准备明日的出行，一切在仓促与焦虑中完成。虽没出差错，但自己的确乱了阵脚，事后反省，不管是多少事情集结在一起，也应一件事一件事冷静地处理。

8月11日，我们5点多起床，一早出发，前往墨脱。墨脱在藏文中的意思是“隐秘的莲花”，该地在宗教里被认为是西藏最具神秘性的地方之一。“全国最后通公路的地方”也给它增添了神秘的色彩。从波密去往墨脱的路程有140多公里，虽然沿途到处林海飞瀑、高山湖泊，但此路亦多发地震、塌方、泥石流，加之气候潮湿多雨，这里只能实现季节性通车，常被游客称为“生死之路”。

雪山、隧道、检查站、河流、破桥、泥路、塌方、瀑布，经历了这些，我们剩下的旅途还算顺利。比起路势险峻，路面颠簸已经不算什么了。下午2点，我们终于打开了被群山层层包裹的花瓣，到达了莲花之地——墨脱。出乎想象，这个县城除了蓝天、白云、群山外，与内地的小县城几乎无差。傍晚在墨脱唯一的大道上散步时，我突然明白了，“莲花之地”并不单指这个宁静的小城，更是千辛万苦抵达此处的历程本身。

由于工作需要，不久后我加入了陈老师的队伍，这支4人的队伍曾在徒步墨脱受阻后，成功爬过噶梅龙雪山。在墨脱驻留了3天后，小队从墨脱出发，返还八一。其间行程并不顺利，先后遇到桥断、车坏、公路塌陷等情况。好在有热心的当地人相助，化险为夷。晚上抵达52K检查站后，我对驻守检查站的3位警察做了采访。坚守在这么艰苦的环境里，比起理想，他们身上承载得更多的是责任和现实。其中一位田警官给我的印象非常深刻，我想专门为他们写一篇文章，名字就叫做“雪山下的守望者”。

8月16日一早，身边几位队员就上山去拍摄修路工人。一辆货车因为超载停在了山崖边，我们几个人连忙上去拍摄。果然都是不怕死的人，现在我还记得他们从悬崖一边的吊车履带跳去悬崖另一边的惊险。隧道是一条黑暗而阴冷的通道，它通向外面的世界。在黑暗中久行，突然前方出现了光亮，出墨脱的心情，像是盛开的莲花。我想起在52K检查站看到的一句话，是一位湖南女孩留下的，她说，来墨脱，后悔一星期；不来，后悔一辈子。当天晚上我们在波密吃了顿水饺，觉得特别香。

团队重聚，之后几天我们都待在八一镇。除了继续完成之前的一些采访任务，我还特地借了宾馆的山地车，去318国道上体验了一把骑行者的感觉，并且拍了些极美的镜头。

明天要离开，我本来以为这一晚会难以成眠。但同队员们一起收拾完行李，做好第二天离开西藏的准备后，我浑身疲倦，倒头就进入梦乡。

8月19日，我们离开了八一镇，离开了林芝地区，离开了西藏。这里留给我的，不仅是美，更是自由的感觉。在这里的每一天，我都能呼吸到新鲜、自由的空气，佩服那些有个性、有自己生活目标的人，即使他们看起来似乎过于理想化。

比起这段心路，此次的采访成果反而不那么重要了。人，最重要的是认识自己，找到自己想要的生活。我会自由地活着，至少在灵魂的世界里……

行程简记：

7月30日，广州，火车出发。

7月31日，成都，抵达，住宿一晚。

8月1日，坐飞机，踏上林芝，惊艳。

8月2日，选题与思考。

8月3日，出行，比日神山，藏东南博物馆，经幡小店。摄影、摄像。

8月4日，偶遇藏族婚礼。摄影、摄像。

8月5日，更张门巴民族乡完全小学爱心捐赠。

8月6日，第一次从八一前往波密。

8月7日，从波密返回八一。

8月8日，接待，琐事。

8月9日，接待，采访中大支教团。

8月10日，驻留，整理采访资料。

8月11日，第二次从八一前往波密。

8月12日，从波密前往墨脱。

8月13日，前往背崩乡，背崩乡希望小学爱心捐赠。

8月14日，编入陈老师小队。

8月15日，桥断、车坏、路塌，暂驻52K检查站。采访三位警察。

8月16日，从52K检查站返回波密。

8月17日，从波密返回八一。

8月18日，骑行318国道，采访中大师兄。

8月19日，离开林芝，返回成都。

再感“林芝深度采访行”

余虹姗

关于西藏，书上云：“这里既不是想象中的香格里拉，也不是等待拯救的蛮荒之地。”此评价十分中肯。然而，要了解最真实的西藏，务必躬行。

林芝，走近她，感受她，地狱与天堂，你懂就好。

在林芝待了足足18日，我走遍了八一镇的大街小巷，涉足了山水迢迢的边境县，领略了豪情万丈的藏族锅庄舞，感受了可以晒出高原红的热辣阳光，体会了援藏干部传承的老西藏精神，吸空了几个来之不易的氧气袋，还看到了我那健健康康的肺，带着满满的记忆和储存卡，揣着两张不正常的心电图，我完好无损、神气活现地回到了中原大地，我想说，西藏，明年再见。

景

初踏上林芝的土地，在蓝天白云下，我为周围的青山绿水所迷醉，处处飘动的五彩经幡昭示着藏民们千年不变的信仰，奔腾的雅鲁藏布江就如在高原峡谷间飞驰的巨龙，使藏地更添神韵。

林芝地区，地处藏东南，平均海拔只有3 100米，气候宜人，十分舒适。而墨脱、察隅等地海拔虽只有1 000多米，可气候变幻莫测，被形容为“一山有四季，十里不同天”。

我们从八一出发，沿着318国道，走过了林芝县、波密县、察隅县，来回几乎5天的时间在路上。虽一路颠簸，但一路有景。

林芝县旁的尼洋河是湿地风光，水很静，好似一面镜子，湛蓝湛蓝的。如果久久伫望水中的倒影，你会分不清天与地，只想一直坐在旁边的石堆上，感受这份宁静。

鲁朗的田园风光，可称天下一绝。据说这里将被打造成世界级旅游景区，期盼超越瑞士。看着这里临时搭建的工作坊和旁边正在拆迁，准备新建的工地，不知道这是好还是坏，我心里暗自庆幸能看到没有人工痕迹的原生态景象。天是蓝的，草地是绿的，牛羊自在地走在乡间小道上。远处的青稞黄了，金色的浪涌动着，微风吹来收获的味道，甚是醉人。

波密县的米堆冰川被称为最美冰川，我们步行了1个小时才走到它的面前。白天，冰川在阳光的照射下显得十分刺眼，像一座银山。邻近冰川，天气阴晴不定，下了好几场太阳雨。我们在冰川下跳跃，想拍出飞跃冰川的效果，那一天我们没有采访任务，玩得很畅快。听客串导游的郝局说，这冰川20年后就会消失。

然而，这条路还在不停地开发旅游业，如果照这样的步伐，估计 10 年后冰川就消失了，到时候大地母亲会生气的。

去往察隅的路上，路过然乌湖，想下车拍照，无奈时间紧迫，我们只有放弃与之亲密接触的机会。道路随着湖边延伸，我们在车里也能感受到外面的低温，湖面静寂，如果从上空俯瞰，它一定像镶嵌在高山峡谷间的深蓝宝石。

察隅有条泾渭分明的清水河，一边清澈，一边较为浑浊，其分明度丝毫不逊于西安的泾渭河。一座红色的小亭伫立其间，郁郁葱葱间的一抹红色让人眼前为之一亮。

下察隅的僜人部落村带着些许传奇色彩，据说僜王阿鲁松曾有 7 个老婆，他大老婆的耳洞穿着一个小喇叭似的耳环，可以放钱币在里面。我一度萌生要在这里做有关民族志的毕业论文的想法。那天，我们在僜王阿鲁松家住了一晚，我渐渐放弃了做毕业论文的念想，因为觉得这个族群已经离他们的历史越来越远了。他家有现代的皮沙发，几间屋子用作家庭旅馆，电磁炉、电饭煲、热水器等一应俱全，但他们仍然用木柴烧水，这让我很不解。阿鲁松是见过大世面的人，很会说话，也很聪明，家里摆满了奖状、证书。他家饭厅的墙壁上挂了五十几只牛头，透着他族长的威严。他的女儿很健谈，却拒绝了我们的照相要求。他的小女儿说阿鲁松以前有 3 个老婆，现在只有她妈妈一个。总之，这里的一切，都与我们想象的不同，没有古老的房屋建筑，人们平时也不穿自己的民族服饰，除了他们的语言，这里的一切就和普通村庄没什么两样。这里已被纳入旅游规划——民俗村了。

从波密回来那日天气不错，晴空万里，刚翻上色季拉山，我们就看到了隐秘的南迦巴瓦峰，7 787 米的海拔令人注目，那么一大座银白色的冰淇淋雪山使得前面的青山黯然失色，阳光照在上面，熠熠生辉。据说，南迦巴瓦峰不是轻易能看到的，只有有福气的人才能看到。看到它的一瞬间，我突然十分相信这样的传说，它是那样地圣洁，那样地威严，怎能随意将身姿展露人前！

路

这里的路，怎能用一个险字形容！足足 6 日，我们都在路上颠簸。从一个县到另一个县，只有两三百公里的距离，我们却花了一天的时间。在内地，这段距离走高速 3 个小时就可以到达。

而这些所谓的路，也许就是在山崖间凿出来的，不知道以前没有先进设备的修路队员们是如何解决这些技术难题的，也不知道有多少修路壮士掉江远去。行至波密，县城的墙上贴着寻人启事，三位自驾游的朋友失踪了。后来得知，他们应该是驾驶不慎，掉进江里，回不来了。

这路真的可能会要人命。

我们在路上时不时地就会遇到一些修公路的工程队，每过一辆车，尘土飞扬，整个人就被淹没在尘土中，个个都灰头土脸，头发像沾了水泥一样，硬邦邦的。这里的路本来就不好修，加之天气不好，时常发生泥石流、塌方，好几年才修起来的路，可能一瞬间就给毁了。特别是在墨脱，听说经常是路刚修好，又塌方了。这路，感觉总修不好，想起来，真的艰辛。在偏远的县城村寨里，交通基本靠走、通讯基本靠吼的情况是真实存在的，而且让我们很郁闷的是，在高原吼两句就气喘吁吁。我们几个女将，只去了察隅，听师兄说进墨脱的路比察隅的路还要差20倍，简直难以想象。

修路的艰辛对于长年累月一拜三叩跪拜到布达拉宫的藏族人而言，又算得了什么呢？

然而，有路，就有希望。

人

在西藏，的确有美丽的风景，但最让你动容的却是那里的人。他们带着大自然给予的淳朴，向你走来。那种笑容，让人不可抗拒。

我们的司机

西藏地广人稀，常常在路上走半天也见不到人影，如果你不是自驾游、骑行或徒步，雇车出行在西藏是必需的。这让我们有机会结识几位当地的司机，我想我永远都不会忘记他们的真诚与勇敢。

司机这行业在西藏相当吃香，一个月收入上万不成问题，却也十分危险，因为路况太过复杂，他们对于泥石流、塌方这些地质灾害早已习以为常，问他们怕不怕，他们大多会腼腆地说，没问题的，习惯了。其实，开车费力又伤神，与司机相伴的唯有一眼望不到尽头的路，而且西藏的路一开就是十几个小时，因此他们的特征很明显，眼睛红红的，布满了血丝。

旦增是我在西藏认识的第一位司机，他穿一件运动T恤，有一辆自己改装后的9座面包车，车里贴着活佛像，挂着佛珠。那日，我们到比日神山上去拍经幡，说好雇车两个小时，200块。从上午11点出发，结果回到八一镇时已经下午4点了，大家连午饭都没有吃。超过了约定时间4个小时，旦增也不多收我们的钱，还陪着我们挨饿。并且在这期间，旦增一句怨言也没有，也没有催促我们，我们在拍摄，他就顺着寺庙前的转经筒来回走，走了好几趟，不知转了多少遍转经筒。一路上，他还一手拿着佛珠，嘴里念念有词，那神情十分专注。他汉语不好，问他饿不饿，他总是对我们笑笑。就是这一份质朴，让他成为我们的常雇司机。

罗布大哥，是我们从波密去察隅时雇的司机，他三十几岁，身材高大，长得很英俊，戴上墨镜，绝对是位帅气的保镖。去察隅，路途遥远，有几个地方还十分危险，但是当我们看到罗布大哥的时候，觉得把自己的生命安全交给他，非常放心。事实证明，这一份信任我们没有给错。

罗布的车与旦增的一样，都是改装后的9座面包车，他说这车刚买不久，但是从察隅回来后，这车立马增添了几分沧桑。在路上，我算是领略到什么叫灰尘滚滚，如果有大型车辆在你的前方，那么最好请超车，不然连路在哪里都看不到。每当超车时，沙尘漫天，罗布大哥会细心地给我们摇上车窗，等到了尘土少些的地方再给我们摇下来。那几日，我身体不好，每次上车时他都问我身体好些了没，太阳大了，他还细心地为我放下遮阳板，令我十分感动。在车上，怕我们无聊，罗布大哥还给我们播放影片，是关于活佛的，我们听不懂藏文，他就一句一句给我们翻译，大意是说人生苦短，有如夏花灿烂的瞬间，也有如枯树凋零时，要对人真诚，多做善事，祈得神灵护佑。

到察隅预计3日，我们却遇上塌方，多停留了1日。罗布大哥家里这几天正好收麦子，他还是村里的干部，村里只有3个人会开收割机，他是其中一位。看得出来他心里挺着急回去的，但他总说，没事，跟着你们一起，很好的。罗布大哥随身带着一本小小的汉语字典，他得闲的时候便会拿出来翻看，还让我们教他汉语。我们给他照了好几张相片，本来要装到他U盘，却没有来得及，发短信给他说把照片发到他的电子邮箱，他却回了我们一个他们村的邮政编码……

我们能平安回家，最应该感谢的就是他们了，正因有他们在旁边，再颠簸我们也能沉沉地睡去。

我想，这份善良、真诚、勇敢，与他们心中的信仰是分不开的吧。

边觉和央宗

边觉次仁，精通汉文、藏文，是位藏汉翻译家，也是《林芝报》的副总编，他陪我们去比日神山寻找挂经幡的人，让大家都有点受宠若惊。朴实、直爽，是边觉给我的第一印象，黑黑的脸庞时常挂着笑容，丝毫没有一点官气。一路上，我们的问题很多，关于林芝风俗人情，关于经幡故事，他都会耐心地为我们一一讲解，真是一本会移动的藏地百科全书。他和旦增一样，陪了我们整整6个小时，没有吃午饭，总说早上吃了糌粑，不饿的。

他的夫人扎西央宗是地区一小的双语教师，也是我们的采访对象。边觉在车上就跟我们说过，他的夫人是位才女，文采飞扬。百闻不如一见，央宗是典型的藏族姑娘，皮肤不像内地女孩那样光滑白皙，满眼全是故事。就在她的办公桌前，她给我讲述了自己20年的教学生涯，还有与边觉的伉俪情深。曾经，在波密县的一个小村庄里，她与边觉支撑起了所有孩子求学的希望……随着央宗的回忆，我仿佛被带到大山里，感受着老师对学生的无私关怀。那时的央宗颇像影片《一个都不能少》里的敏芝，这些学生就是她生活的全部。

央宗还请我到她家去喝酥油茶，虽然住在现代化的电梯公寓里，但乡村在她的心里从未走远……她是我心目中最美丽的乡村教师。

嘎玛

我们与嘎玛素不相识，萍水相逢，只是去她家的甜茶馆坐了坐，嘎玛便对我们说出她连姑姑都没告诉的秘密，被这样单纯的女孩信任，让我们感觉很好。

嘎玛是位长相很标致的藏族女孩儿，20 来岁，不抹化妆品，不擦防晒霜，皮肤是健康的金麦色，又长又翘的睫毛使眼睛显得更迷人了。我们是在经幡店拍摄时认识她的，她来给经幡店送外卖，看她汉语很好，我们便拉她当起了我们的翻译。她热情又腼腆，跟我们讲了很多她的故事。

小时候，嘎玛住在山上，后来父母离婚了，她就被寄养在姑姑家，比自己小几岁的弟弟还在山里，跟着父亲过日子。高三的时候，因为成绩不理想，她自己选择了辍学，留在姑姑的甜茶馆里帮忙。至今许多年了，她与妈妈没有再说过一句话。讲起这样的身世，她很淡然，似乎这就是她的命。我简直不敢相信这样天真纯美的笑容背后，还有这么一段辛酸的往事。她的乐观开朗，不是外显于平常的说笑，而是存在于她的生命里。

嘎玛悄悄送我们佛珠手链，悄悄给我们看她男朋友的照片。讲起强子，她嘴角会不自觉地上扬，挂着浅浅的小酒窝。照片上的强子，一身骑行装，很有浪子气质，嘎玛说当强子走进甜茶馆的时候，她就对他一见钟情。强子要离开八一了，嘎玛主动表白了自己的心声，两人就这样在一起了。但现在他们只能是异地恋，因为强子生活在遥远的北京。这是她埋藏在心底的秘密，连抚养她长大的姑姑也不知道。嘎玛的故事令我动容，在西藏这样传统的甜茶馆中，有位漂亮姑娘，学识不多，却有开放的现代女性思想。

我们决定拍摄这样小小的甜茶馆和嘎玛的故事。但拍摄并不顺利，她姑姑总觉得我们妨碍她做生意了。这时，嘎玛就会叫我们别理会她姑姑。看着满脸歉意的嘎玛，我觉得在甜茶馆里喝上一杯茶是如此幸福。

甜茶馆里人来人往，如我们一般，大多是过客。或许有一天，我们会忘记这家茶馆的名字，却永远记得这里有个守候爱情的女孩，叫嘎玛。

骑行勇者

烈日，险路，美景，这里是 318 国道川藏线，这里是骑行者们的地狱和天堂。

每一个骑行者，都是英雄，这话说得没错。真实的骑行并没有我们想象中那么惬意，借用一位骑行者的话——“这特么就是个体力活!”

一路上，我们看到不少骑行的勇者，他们大多全副武装，却仍然被晒得黑不溜秋；每当汽车开过，就被淹没在尘土中；上坡时累得狼狈不堪，下坡时容易头昏脑涨。有淋雨感冒的，有摔跤受伤的，有掉队走散的……

但他们，还在坚持。

既然选择了脚下的路，便只顾勇往直前。

许多人不理解，觉得骑行者都是疯子，没事找事，自讨苦吃。不理解的人啊，你可曾听过青春是一场盛大的逃亡？逃离喧嚣的城市，逃离城市的焦虑，他们才会选择骑行西藏。我想，也许当他们看到拉萨布达拉宫的瞬间，便找到了自我。

在去米堆冰川的途中，我们遇到一位年过七旬的老人，他骑着的并不是特别专业的自行车，独自骑行过了川藏线。当时老人正一边写日记，一边吃馒头，他的车上挂了一口袋的馒头。李大爷是退休的语文老师，一直坚持骑车锻炼身体，他的身体很好，就连过唐古拉山口时也没有高原反应。满头白发的他笑着告诉我们，此行目的地是昆明。

这是一场修行。

我们无数次地为这些骑行勇者们呐喊加油，望着他们的背影，便会有骑行的冲动。

我们相约明年，骑行川藏线。

我 们

在我们的团队里，有两种“纸”，一种是“汉纸”（汉子），一种是“妹纸”（妹子），整个队伍激情四射。

博婧“妹纸”。大家的小师妹，却“拐”走了我们的大师兄。这个短发女孩，到了风景美丽的地方，只在旁边默默欣赏，逗狗追牛，她说，美景留在心里就好。这个小文青，总带着些许瞬间袭来的伤感，刚离开西藏就开始回忆“我们的西藏”，她在微博上说：“猜到了西藏的圣洁惊艳，却没猜到会遇见你们……”

嗨，小文青，姗姐想念你的歌声了。

文辉“汉纸”。我们的大师兄，却“拐”走了大家的小师妹。大师兄是团队中最勤劳的人，起得早，睡得晚，绝对的管家大人形象。现在想来，我们很感激，也很感动。但不管怎样，抱得美人归的大师兄是不是该请大伙儿吃饭呐！

星月“妹纸”。主播女王，拥有甜美的声音和完美的主持台风，走到哪里都是我们镜头中一道亮丽的风景，时而抽风卖萌，不失90后风范。

张曦“汉纸”。成功夺得二师兄的光荣称号。爱西瓜，爱美女，更爱西藏美景。是曾独自一人坚守大后方的山东大汉。

俗话说得好，男女搭配，干活不累。根据异性相吸的原理，星月“妹纸”义无反顾地与张曦“汉纸”组建了“林芝凤凰传奇”，两人的默契演绎，使得采访所向披靡。

小静“妹纸”。人如其名，但又不失活泼，广电科班出身，带我们一起发现了小茶馆这个小世界。我的好搭档，我的“枕边人”。“十年修得同船渡，百年修得共枕眠”，妹纸，你懂我的。

陈小“胖纸”。都知道你是“汉纸”，所以“汉”字省略。他不仅是才华横溢的小画家，还是公认的“妇女之友”、称职的后勤部长。如果你没有带防晒霜，请找小胖；如果你肚子饿了，请找小胖；如果你无聊了，请找小胖。只是因为在人群中发现了你的萌，再也不能自已与你一起抽风。

莉莉“妹纸”。她最能侃，能连说三个小时不歇气儿；她是标准新闻人，单枪匹马采访藏医，放血都不怕，采、写、编、评样样来；她最会照顾人，我打点滴期间，无微不至地照顾我。白衣天使，非她莫属。我想说，有你真好。

梓斌“汉纸”。摄影技术达人，骨灰级手动对焦家。用两年的时间追拍银河，终于在墨脱的背崩乡完成此愿。一身艺术家造型，被我们称为特立独行的“陈阿姨”。

骏宇“汉纸”。绰号高佬，如果再长高一点，就有天天撞门的危险。这是一位摄影发烧友，他常挂在嘴边的一句话是：“墨脱，是我心中永恒的莲花。”是你，带着我们的梦想进墨脱。

宝龙“汉纸”。很爱媳妇，很爱背崩，很容易感动，很爱捡雅鲁藏布江里的漂亮石头，但永恒的纪念早已留在心里。没有什么能够阻挡你对自由的向往。骑行、徒步、蜕皮、新生，下次带上我们啊！

除了这帮队友，还有两位灵魂人物，他们是真正铁打的“汉纸”，一位曾是军人，一位曾是警察。在团队中，两位老师的精力是最好的，陈喆老师夜晚审片，喻季欣老师深夜改稿，还时常给我们做现场指导。陈老师带着3名同学，每人负重20多公斤，徒步墨脱，翻过海拔4 000多米的皑皑雪山，这其中的艰辛，看看陈老师斑白的两鬓就知道。喻老师带着娘子军，远赴边境察隅县，走过塌方险路，遭遇各种突发状况，对同学们总是如亲人般关怀。

喻老师、陈老师，没有你们，就没有我们这个团队，就没有这段刻骨铭心的经历。

感恩，千千万万……

我的西藏林芝深度采访行

孙博婧

时间总是过得太匆忙，恍惚之时，却发现已经回到了广州，然而我回忆起青藏高原上迟迟不落的太阳，和一行13个人在西藏朝夕相处恍然若梦的20天，我想也许有什么东西，被我永远留在了那个满天神佛的地方。

“你见过磕长头的人吗？他们的脸和手都很脏，可是心灵却很干净。”我再没有听过比这更纯粹的话语了。这一路，我们见过了制作经幡的藏族青年，见过了一路向西的徒步者王攀，见过了相信情感可以跨越空间的藏族茶馆服务生嘎玛……他们让我体会到，也许陌生人真的可以在极短的时间内相识相知，也许真的有事实可以证明“一见如故”所言非虚……而我执意相信，是西藏这片纯粹无瑕的天空让所有在其下呼吸的人都涤尽纷繁，让每个人的心灵纯粹如斯。我们互相敬重，真诚相待，是西藏让我们成为最有凝聚力的集体。

记得刚刚从广州站出发的时候，沉重的设备加一个行李箱已经让我们不太拎得动，可是男生们每个人都拉着两个行李箱。陈梓斌龇牙咧嘴，宝龙哥咬牙切齿，高佬沉默不语、满脸通红。没有人抱怨，大家累的时候就沉默，力气恢复了就说说笑、喝喝水。我们把行李搬上火车，渐行渐远，心里想，终于出发了。

旅行总能让年轻人们迅速熟络起来。宝龙哥锄大地时堪称“千年牌王”，星月是一代睡神，高佬文艺情绪泛滥，小静真的十分安静，张曦、小胖、斌爷和我玩三国杀，“杀来杀去”不亦乐乎。大家集体翻唱凤凰传奇的歌，并开展夜谈会。7月31号到达成都之时，我们已经小有默契。

8月1日，我们到达西藏林芝。“我行我动”活动的帷幕就此拉开。当晚，喻老师、陈老师在八一镇的团结花广场让队员们展开“头脑风暴”，迅速确定拍摄主题。正巧，团结花广场的后面就是著名的比日神山，挂在神山上的经幡随风飘扬，这一切就像一幅静静悬挂在天地间的巨大画卷，美轮美奂。当即，杨小静、余虹姗和我决定一起拍摄一部以“经幡”为主题的专题片。

第二天，我们就找到了位于八一镇香港街的一家经幡制作批发店。这间店的一楼摆放着各式各样的经幡和宗教用品，二楼则是一个小小的经幡作坊，三个手工艺者罗布次仁、扎西、平措，就在这间不足20平方米的、光线昏暗的小阁楼里制作着经幡。我们连忙支起脚架，拿出纸笔进行拍摄、采访，而三位主角则有点不太适应突然出现的镜头，友善而羞涩地笑着，继续赶做手中的活。

三人一起拍摄时并没有理想中那么默契。在开始的时候，我们只是按照兴趣来拍摄，并没有过多考虑机位、角度等问题，以至于很多素材并不能有效利用。经过一晚上的讨论，再加上老师的指导，我们渐渐明确了方向，开始分工。我用的是定焦镜头，所以被安排拍摄特写部分；小静负责拍摄全景和中近景；姗姐比较灵活，善于拍摄运动镜头，在比日神山上的运动场景大多出自她手。不过在实际拍摄中，也发生过“抢镜”的事情。这事情的主角就是我——并没有发现身后小静姐已经架了机器在拍摄的我冲到她前面去抢特写镜头，大半个身子和红色队服华丽丽地挡住了小静姐的镜头。后来每当我们三人看到这段素材时都会狂笑不止。

同样，我们在拍摄时也遇到了一些困难。首先就是语言问题，作为片子主角的三位手工艺人都是藏民，不会说汉语，只能零零碎碎地说一些简单的词汇。于是我们临时找到一个甜茶馆的服务生嘎玛帮我们做一些简单翻译。交流的障碍注定了我们无法拍摄一部纪录片。第二个障碍就是经幡店的老板。经过第一天拍摄之后，他并不乐意让我们在他的店里继续拍摄。经嘎玛之口，我们明白了他的顾虑——我们的拍摄耽误了三位制经幡人工作的速度。有几次老板还骗我们，说楼上的三个人回拉萨去了。我们开始信以为真，不过正好少几个空镜镜头，就向老板说要上去补拍，老板没办法，只能答应。看到楼上正在工作的三个人，我们决定加快拍摄进度，不能耽误他们的工作。

作为整个团队里资历最浅的小师妹，各位师兄师姐对我非常照顾，让我即使离家万里也没有感觉到孤单。在拍摄经幡的过程中，我开始时并没有找到感觉，总有一种无头无绪无主题无方向的“四无”感，心里挺着急的，虽然精神状态挺好，但是总觉得心里装着个事儿。有一天，高佬问我，小博婧呀，你有什么想说的吗？我想我当时看他的眼神就像看到了亲人吧！而听完我的倾诉后，高佬的几句话让我醍醐灌顶：“其实你拍摄的并不是这个事物本身，而是要拍摄出当时的氛围。拍出氛围最重要。”就是他的这句话，让我在之后的拍摄中找到了感觉，对于环境和转场镜头的拍摄非常顺利。宝龙哥则经常把他拍摄的那些“超有感觉”的素材拿给我看，每次都让我大饱眼福，怎么看都不过瘾。每次在看他拍摄的素材时，我总是大发感慨：“宝龙哥你怎么拍得这么有感觉啊！”而心里想着：“我也要加油啊！也要拍出这么好看的东西来！”同样要点名感谢的还有身为大师兄的周文辉。刚到西藏，总是有点不习惯，最明显的就是晚上常常睡不着，所以早晨也就有点想赖床。为了让我们都能吃得上食堂供应的早餐，大师兄就每天充当闹钟。虽然每天八点准时到来的那句“起床啦”让我一开始非常烦他，但是他每天都准时出现，渐渐地，我们感受到大师兄极强的责任心。事后，每次说起这些花絮，他总一脸凛然地说：“我这是以德服人啊！”我瞬间无语凝咽了……

现在，回想着在那高原上的一幕幕，真心地要说一声，感谢西藏。

读万卷书，行万里路。这一次边疆行，让我看到了书本以外的东西——屹立在眼前的山川让人感叹天地有大美而不言，藏民们真实的生活让人感慨生活本该纯净如斯，援藏干部们的无私奉献和牺牲精神让人领悟大爱无疆。西藏，让我们在城市生活中浑浑噩噩的心灵得到了洗礼，让我们放下牵绊和顾虑，做回最真诚的自己。

从林芝往成都的飞机在清晨起飞。我看着太阳从山冈上徐徐升起，阳光照亮了溪流谷地，满天云蒸霞蔚，百鸟齐飞……这是西藏平凡的一个清晨，却也是我们西藏行的最后一个清晨。我好后悔没能早起一点，没能再多拍几张照片，哪怕一丝一毫、一草一木！我听到宝龙哥说，我们下次一起骑自行车再来吧。我点头，很用力。

如果不能带走什么，那就让我留下点什么吧，让我把梦想留在这圣洁的土地上，就算是下辈子，我还要来西藏。

“信任”二字的重量

——“我行我动·林芝深度采访行”总结

杨小静

有幸成为“我行我动·西藏新疆深度采访行”活动中的一员，20 天的行程，我遇见了很多人，听到了很多事，也收获了很多。当我静下心来整理着这一个个故事时，我发现有一个词，贯穿着每个故事。因为有了这个词，才有了那些故事。而这个词，就是“信任”。

一

到达林芝的第一天，我们就开始策划采访内容。我们采访小组确定的第一个采访题材是“经幡制作的故事”。当天傍晚，我们就开始在镇上寻找卖经幡的店铺。从一路边小店老板娘的口中得知，卖经幡的地方就在香港街。在询问了好几个路人后，我们终于到了香港街，并找到了经幡批发店。

经幡批发店的老板是藏族人，瘦瘦高高的，看起来 30 岁左右，普通话说得不大好。我们问他店里的经幡是从哪里进的货。他说，是他们自己在楼上制作的。他热情地说要领我们上楼看看。走到楼梯口的时候，我害怕了——藏在屋后的楼梯狭窄又昏暗。我小声地对我的同伴说：“这么黑，我们别上去了。”我们的迟疑，老板似乎没有看出来，依然热情地招呼：“没事没事，上去看。”

我们最后还是上去了。楼上也很昏暗，有三个男人正在安静地做着经幡。我们问老板明天是否可以过来这里拍摄，老板毫不犹豫地答应了。临走前，老板还随手拿起两罐啤酒，执意要送给我们喝。

走在回酒店的路上，我内心有种莫名的感动——那是一种久违的信任感。在喧嚣的都市里，我们习惯了用猜疑的眼光去看待任何人。面对陌生人，我们已经习惯了冷漠，习惯了质疑。

在西藏这片净土上的人是那么地纯粹。

二

在我们采访的援藏干部中，有一位姓朱的医生。朱医生来自深圳，现为西藏察隅县人民医院副院长。察隅县人民医院的设备等非常简陋，在那样的环境下，病人对医生的信任很重要。

那天我刚好在医院采访朱医生，一个年轻小伙不小心被蜜蜂叮了，蜜蜂毒素感染了内脏，病人十分害怕。病人家属吵嚷着说要把病人转移到八一镇的医院去治疗。朱医生斩钉截铁地对病人说：“你放心，你的心跳正常，呼吸正常，血压正常，我保证你死不了。”听了朱医生的这番话，病人安心地留在医院治疗。

朱医生跟我们说，他平时跟病人说得最多的一句话是“我保证你死不了”。因为，在那样的医疗环境下，很多病人都不相信他能治好他们的病。病人都想到镇上设备好一点的医院去治疗，可是朱医生心里明白，七八个小时的车程，颠簸的山路，到镇上医院时，原本不严重的病也变严重了。一句“我保证你死不了”在我们听起来也许有些刺耳，可对于当地的病人，确实是一剂强心剂。

第二天，被蜜蜂叮咬而中毒的病人就康复出院了。

病人的康复，始于对医生的信任。

三

西藏的路是出了名的难走。有人调侃道：“‘天路’的意思就是‘天啊！这就是路’。”一边是悬崖，一边是峭壁的路段并不罕见。从林芝县到波密县，从波密县到察隅县，我们经过了太多的险路。在西藏，对于车子，人们没有太多的选择。我们坐的车并不是什么性能好的越野车，而是普通的小面包车。我们遇到的司机都很朴实，很专业。每天连续开七八个小时的车，对他们来说只是小菜一碟。

车子走在险峻的道路上，我们却可一边欣赏着沿路的风光，一边有说有笑。旅途中，有一半的时间都要花在路上，而我们没有担惊受怕，是因为我们信任司机，相信他的驾车技术。

快乐的旅途在很大程度上是源于对司机的信任。

四

在从波密县回八一镇的路上，我们遇到了一个徒步的年轻小伙，皮肤被晒得黝黑黝黑的，背着行囊。他远远地向我们招手。我们赶紧叫司机停车。看见我们的车停下来了，年轻人疲倦的脸上露出了欣喜的笑容，仿佛是一个饥渴万分的人看见了满桌的佳肴，又仿佛是被困于黑暗中多日的人看到了一缕阳光。

他询问我们能不能载他一程。我们车上的几个人想都没想，就异口同声地说：“没问题！”

上车后，那位青年跟我们说他叫王攀，来自西安，现在正在读博士。因为厌倦了每天在实验室里的生活，所以我开始了这次徒步旅行，已经走了十多天了，从出来时的白面书生，变成现在的硬朗汉子。他在车上跟我们讲了他一路的见闻，让我们长了不少见识。

到了目的地，他就要和我们分别，继续他的旅程了。回到广州的时候，我们收到了他从拉萨寄过来的明信片。

现在回想起来，如果是在广州遇到这样一个衣衫褴褛的陌生人说要搭顺风车，我们肯定会拒绝。因为我们一定会产生各种不好的猜想，继而是觉得多一事不如少一事。

在西藏那片热土上，在那样原生态的环境中，我们就那么自然而然地选择了信任，选择了接纳。

信任，是一段珍贵友谊的开始。

五

在林芝采访的时候，我们认识一个叫嘎玛的藏族姑娘。嘎玛今年22岁，跟随姑姑在八一镇经营着一间甜茶馆。

甜茶馆的生意很好，嘎玛每天从早忙到晚，有时候要忙到四五点，等客人少了的时候才能吃上午饭。嘎玛从来不说累，她的脸上无论什么时候都带着可爱而真诚的笑容。她收藏着一本特别的笔记本，上面有用各种字迹写下的名字、联系方式和祝福语。每当有来自异地的骑行者、徒步旅客光顾茶馆，嘎玛都会让他们在本子上随意留言。本子上有那么一页，是嘎玛格外珍惜的。翻到那一页时，她的脸上总会露出幸福而羞涩的笑容。因为写下那一页的人，现在已是嘎玛的男朋友，他叫强子。

嘎玛趁姑姑不在的时候，悄悄跟我们讲了她和强子的故事。强子是北京人，比嘎玛大10岁。今年6月，强子从北京骑行到西藏旅游。那天，他光顾了嘎玛的茶馆。看到强子的第一眼，嘎玛就被他阳光的外表、幽默的谈吐和直率的性格吸引住了。第二天，嘎玛领着强子在镇上逛了一天。临别前，她主动跟强子坦陈心底的爱意。她没有过多地考虑年龄和地域的差距，也不担心会遭到无情的拒绝，她只是觉得，喜欢对方就应该勇敢地说出来。

其实，强子也对嘎玛一见钟情，他们就这样在一起了。虽然，他们现在只能是异地恋。

强子每天晚上都会给嘎玛打电话，一直聊到很晚。他们每天都跟对方讲自己当天遇到的人和事，哪怕是芝麻绿豆大的事，他们也能讲个半天。因为，他们不想让对方错过彼此生活中的每一个细节。电话里，他们忘记了彼此的距离。

我们问嘎玛，强子是一个来自大都市的人，你们俩又相隔那么远，害不害怕有一天强子会离你而去呢。嘎玛笑着回答："我相信强子。"

是信任，成就了一份可贵的爱情。

这次活动让我收获了很多——把美丽的风景留在画册里，把感人的故事记在脑海里，把"信任"二字刻在心里。

采访有感

朱海威

在大家眼里，新疆或许是个具有神秘色彩的地方，喀什更是丝绸之路上的一颗明珠，它位于古时候被称作“西域”的地方。我想说，就算去了新疆，到了喀什，这份神秘感对我来说仍然是存在的。因为在那里，你看到的是高鼻梁、深眼窝、戴着小方帽、披着纱巾的少数民族，有着跟我们迥然不同的文化。在那中国最大沙漠塔克拉玛干沙漠的边缘，却有着一片辽阔的绿洲，它孕育着几千年来绵延不息的多彩文化。那么，在南国广州生活惯了的人，去了那边能适应吗？出于对自身安全的考虑，这个问题在我动身前往喀什之前，就在脑海里萦绕。而在那边20多天的采访中，我逐渐找到了答案。

喀什的疏附县是我们采访的重点站，因为它是广州对口援疆的地方，近年来，有大批广州援建项目在这里落地生根。因此，许多广州的商人、建设者都来到了这里。在采访中，我听到了许多关于他们的感人故事。有一个人，因为他工作太忙我们没能采访到，但他的故事在当地广为传颂，他就是广州建筑集团总经理梁湖清。梁湖清是广州建筑集团总经理，他们在疏附县的援建项目广州新城上马后，他的一颗心就扑在了那里。2011年，他往返广州和喀什18次，今年，也已经去过喀什8次。因为广州的工作繁忙，他来广州新城都是利用双休日或者假期的时间，也就是说，他以一种全年无休的状态在工作。去年11月，他第16次从广州飞喀什，那里酷寒的冬天让他病倒了。在住院治疗的三天里，他边打吊针边工作，把医院病房变成了办公室，各部门同志在那里开了三天的会。

另一个故事的主人公叫沈善波，他也是从广州前往喀什援建广州新城项目的人员。某天早晨，一向在9点准时到岗的他到了10点半还不见人影。在大家的找寻下，发现他倒在了车间里。他被立即送往医院救治，医生说，如果再晚15分钟，他就可能变成植物人。

喀什气候干燥、风沙大，对习惯了广州湿润天气的人来说，在那边工作和生活都存在不小挑战，特殊的政治环境也让他们必须打起十二分精神，不敢稍有懈怠。所以，相比广州，在那边工作和生活确实辛苦。但是，他们坚持了下来，融入了当地的环境中。广州的援建项目在他们的努力下飞速发展，捷报频传。

我所担心的问题逐渐有了答案。其实，只要你有强大的决心和毅力，有坚持的勇气，便能适应任何地方。环境也许会给你的身体带来不适，但是它阻挡不了奉献的决心。

收获尽在行途中

朱海威

我们为期24天的新疆采访结束了，一段难以忘怀的采访落下帷幕。每当广州夜幕低垂，看到霓虹下车水马龙，我仍会想起万里之外的西域明珠，22点还悬挂着太阳的喀什天空，街头好闻的烤肉香和新出炉的馕香，以及塔什库尔干县雄鹰掠过冰川的那一瞬间。记忆，从视觉到味觉，渗透到我的脑海里，西域的图景就在这些交相辉映的感觉里不时鲜活上演。

在这次采访中，我主要承担拍摄和一部分文稿写作任务。总体来看，由于我全身心投入，基本完成了对新疆多地的采访，与当地协调比较到位，后期的视频剪辑与文稿写作较为出色。行动有我，自认没有辜负老师的信任。

首先，在态度上，我深知这次采访活动的特殊性、环境的复杂性、任务的艰巨性、计划的随机性，一切以“人身安全”为绝对底线，以大局为首要出发点，从团队的角度考虑，一切行动听从带队老师的指挥。把个人情绪与需求先放一边，我努力做好采访团队应完成的工作，并尽力帮助老师协调好各项事务。

其次，在采访工作上，我不怕辛苦，努力学习，不断提高。每天带着拍摄设备四处奔波本来就不是一件轻松活，扛摄像机对体力也是一大考验。喀什地区每天长达18个小时的强烈日照让我们的工作一点儿也不轻松，往往在户外拍摄一会儿，我们全身就会被汗水湿透。在广州新城的采访中，我在陈喆老师的带领下，在尚未修建完成的工地上往来穿梭，上屋顶，跨铁架，下工地，吃尘沙。在那里，光是携带机器和脚架就已经让人汗流浃背、气喘吁吁了，更别说拍出高质量的画面，这对我确实是一个严峻的考验。但是，在老师的帮助和自己的坚持下，我保质保量地完成了拍摄工作，收获非常大。凡事需要克服困难，坚持到底。扛着摄像机，我就不应该惧怕辛苦，要走更多的路，找更好的取景角度，拍摄更非凡的画面。

要提高，就需要系统地总结。拍摄实践再多，不知道自己究竟拍得如何，不知道自己究竟需从哪些方面提高，进步便无从说起。在新疆采访期间，陈喆老师在繁忙的工作之余，抽空在房间里开展“业务交流与讨论”，集体观摩白天所拍摄的镜头，大家畅所欲言，提出对拍摄的看法和意见。于是，我们这些拍摄者便能从老师和同学们的意见中找出自己的不足，发现应该改善的地方，在以后的拍摄中多注意，更好地进行画面采集。

扛摄像机在外，永远也不要嫌头天晚上的准备工作多么充分。摄像机电池、机顶灯电池的充电，麦克风的电池更换，存储卡素材的导出和清空工作等，这些都决定着第二天的拍摄工作能否顺利进行。在广州迎接猛狮科技物资的时候，我们在拍摄过程中出现了摄像机电池告急的情况，差点无法留下重要的资料。此后，我便吸取了这个教训，在摄像机开始一天的工作前，一定确保所有电量都是满的。

保持对外部环境的敏感性，我在新疆的采访中做得不够好，也一直在不断地训练中。新疆与内地有诸多不同，喀什又是极具异域特色的地方，处处皆有与众不同的信息。随时带上拍摄设备，是我们负责拍摄的人需要时刻牢记的。有几次行动，大家都没有带摄像机，结果一些有价值的视频资料便无法采集。此外，时刻保持镜头处于“战斗状态”，在任何场合，遇到任何人，都应尽可能多地将其拍摄下来，这些记录有可能成为有用的资料，这是两位资深记者老师教给我的经验。由于在这方面时常挨批评，使我的脑海中崩紧了一根谨慎的弦。

在采访工作中，我用到了在报社实习时的经验。在对两位援疆教师的采访中，我与他们进行了一场愉悦的交谈，挖掘到了他们身上不少闪光的故事。此外，也亲身走进他们的教学生活，进行了一番体验式拍摄，为后期的视频剪辑留下了宝贵的素材。这样的采访似乎更易体现深度与内涵，可时间的紧迫让我们的很多采访都停留在浅层的观察上，难以伸出好奇的触手探究方方面面的细节。

再次，除去采访技术层面的事，就喀什的采访令我感受深刻而难忘。援疆是一项艰巨而有意义的工作，在我们接触到的援疆干部中，每个人都是满腔热情，每个人背后都有感人肺腑的故事。他们跨越千山万水，从祖国南部来到西域边陲，面对不同的地理、不同的天气、不同的文化、不同的民族、不同的政治环境……他们的生活与过去相比，发生了颠覆性的变化，但他们乐观向上、积极拼搏的精神令人动容。从千年文明重镇到大特区的国际化城市，喀什的发展轨迹凝结了多民族的共同努力与多文化的汇集交融，最后孕育出极具地方特色的国际名城。援疆干部在这里有一份不可忽视的功劳。

最后，我自身对新疆的感受得到了升华。在没去新疆之前，只知道新疆有美景、美食、美姑娘，到了以后才感受到，祖国疆域多辽阔，瑰丽风景壮情怀。如果未曾亲身站立于荒凉的戈壁上，极目远眺天涯的无际，就永远无法体会那种苍茫的“情怀”；如果未曾置身于艾提尕尔清真寺之中，看周围虔诚的伊斯兰教徒衷心祷告，就永远无法理解新月标志下阿訇的呼唤是如此肃穆庄严；如果未曾扑入杏园，大快朵颐甜美的杏子，就永远无法体会任采任食任带走的痛快淋漓；如果未曾与当地的维吾尔族人亲切交流，感受他们淳朴而善良的美好品质，就难以对“维汉情谊”许下地久天长的诺言……

在帕米尔高原上，千沟万壑，冰雪相连，天空湛蓝，云朵洁白，这样纯净而高远的景色让人心灵澄明。当大地在你面前铺开宏图大卷，你不得不自豪祖国的辽阔，山河的壮美。

我行我动，收获尽在行动的旅途。

影响篇

媒体报道

暨南大学
“我行我动·喀什、林芝深度采访行”

［社会调研］

名称：暨南大学“我行我动·喀什、林芝深度采访行”

指导：广东省委组织部、广东省委宣传部、广东省对口援建办公室

主办：暨南大学新闻与传播学院

支持：广东猛狮电源科技股份有限公司

时间：2012 年 6 月 26 日至 8 月 28 日

地点：新疆喀什地区、西藏林芝地区

一、活动简介

暨南大学“我行我动·喀什、林芝深度采访行”，是在广东省委组织部、宣传部和广东省对口援建办公室的指导、支持下，以“追访广东精神、传递中华大爱”为主题，结合暨南大学侨校特色和新闻实践教学探索而进行的深度采访调研与大型社会公益活动。

本次活动有包括侨生在内的 17 位大学生、研究生参加，由暨南大学新闻与传播学院喻季欣、陈喆两位老师全程带队，在广东对口支援的新疆喀什和西藏林芝两个地区深度采访“厚于德、诚于信、敏于行”的广东精神在援藏援疆工作中的体现，深刻展示新疆、西藏的经济社会进步和民族团结风貌，增进当代中华学子对边疆、边远和少数民族地区的认知，提升和拓展当代中华学子的民族认同感，创新和丰富了当代大学生爱国主义教育的方式方法。

活动于 2012 年 6 月 26 日正式启动，8 月 28 日全体师生平安返校，历时 62 天，行程 2 万余公里。

二、活动内容

本次活动内容主要分为两大部分：一是深度采访广东对口援疆援藏工作情况；二是开展形式多样的社会公益活动。

（1）“我行我动”团队分为新疆、西藏两个小组，先后在喀什、林芝进行长达 62 天的采访，行程 2 万余公里，这种深入老少边远、戈壁荒漠、雪域高原的远距离、大范围、长时间大型采访调研，在国内媒体活动中也不多见，在新闻院校中更是稀少。通过深入、广泛的采访，我们获取了丰富的第一手素材，这将在

一定程度上弥补国内媒体对喀什、林芝等地报道的不足，从大学生视角展示援藏援疆国家战略实施的民族复兴伟业。另一方面，我们将通过海外侨生的视角，撷取展现西藏、新疆山河壮美、文化多样和民族风情独特的精彩内容，向国际社会报道“大学生眼中的新疆、西藏”，在外宣工作中产生积极和正面的效果。

（2）“我行我动”团队是一支传递爱心的队伍，多种公益活动提升了队员自身的公益心和社会责任感。我们的主要公益活动如下：

时间	对象	活动内容
7月10日	新疆疏附县铁日木乡中心小学	捐赠价值5 000元的文体用品，赠送暨南大学附属小学的礼物，与小学生互动
7月12日	新疆红其拉甫哨所	慰问边防官兵，捐赠户外手持探照灯
7月12日	新疆塔什库尔干塔吉克自治县达布达尔乡小学	捐赠价值5 000元的文体用品，赠送暨南大学附属小学的礼物，与小学生互动
7月11—12日	走访塔吉克族小学生家庭	确定了两名小学生作为“我行我动”长期资助对象
7月14日	喀什地委大院执勤官兵	慰问官兵，捐赠户外手持探照灯
7月15日	广东援疆工作前线指挥部	赠送锦旗，捐赠户外手持探照灯
8月5日	西藏林芝县更张门巴民族乡完全小学	捐赠价值5 000元的文体用品，赠送暨南大学附属小学的礼物，与小学生互动
8月13日	西藏墨脱县背崩乡希望小学	捐赠价值5 000元的文体用品，赠送暨南大学附属小学的礼物，与小学生互动
8月14日	墨脱县政府	捐赠户外手持探照灯
8月18日	广东省第六批援藏工作队	赠送锦旗，捐赠户外手持探照灯

三、活动成果

这次活动成果分为三大类。一是调研报告，我们将向广东省主要领导上送广东援疆援藏的综合调研报告，向国务院侨办和学校送上关于侨生社会实践方式方法创新的调研报告。二是专业论文，撰写有关新闻专业教学如何在走基层的社会实践中创新的论文，探索“我行我动”人才培养新模式。三是新闻与纪实作品。第三类成果拟包含以下作品：

（1）新疆。

成员	报道内容	类型	字数/时长
周文辉	广州援疆的疏附模式（与喻澍合作）	文字	约12 000字
	如何在实践中创新新闻教学	论文	约5 000字
	广东对口援藏援疆的实践和启示	论文	约4 000字
	关于侨生在民族认同方面的培养	论文	约3 000字
肖兆路	张瑞凯：我舍不得离开这群孩子们——记疏附县二中一位援疆女教师	文字	约4 000字
	“我行我动”喀什行纪实（下）	视频	约10分钟
朱海威	“我行我动”喀什行纪实（上）	视频	约35分钟
	广州增城中学援疆教师臧鹏程	文字	约3 000字
	走读绿洲	文字	约2 100字
喻　澍	记广东援疆徐波医生	文字	约3 000字
	姜维与维族一家	文字	约2 000字
董　琳	情系红其拉甫	文字	约3 000字
	广东援疆富民安居工程纪实	文字	约4 000字
	中国新疆第一民族乐器村	文字	约4 000字
唐　瑶	爱在冰山万里情——“我行我动”红其拉甫边防哨所送爱心纪实	视频	7分钟左右
	“我行我动”捐资助学记	视频	3~5分钟
	广东援疆富民安居工程纪实	视频	3分钟左右
张曌影	最美维吾尔族艺术风情——新疆疏附县民族乐器村乐器风采	视频	约6分钟

（2）西藏。

作者	报道内容	类型	字数/时长
张　曦	雪山下的守望者——墨脱52K检查站的三位警官	文字	约3 000字
	青年的选择——记广东援藏队工作助理杨伟文	文字	约3 000字
	雪域白鸽——广东高校应届毕业大学生援藏支教纪实	文字	约3 000字
余虹姗	美丽乡村教师——扎西央宗	文字	约6 000字
	察隅广东援藏工作队生活写真	文字	约2 000字
	边陲风采——察隅农场文化生活纪实	文字	约2 000字
	全国生意人在林芝	视频	约3分钟

作者	报道内容	类型	字数/时长
梁星月	布衣编织高原的幸福生活	文字 视频	约 2 000 字 7 ~ 8 分钟
	藏族司机——旦增的故事	文字	约 2 000 字
梁星月 张　曦	五彩林芝——藏族文化概述	视频	约 10 分钟
梁星月 张　曦	藏地“喜”悦——现代藏族婚礼与传统藏族婚礼异同	视频和文字	约 5 分钟
孙博婧	波密的幸福牧民——藏族村民马达	文字	约 3 000 字
	跨越发展中的察隅农场	文字	约 2 000 字
	僜人印象	文字	约 1 500 字
孙博婧 余虹姗 杨小静	飘扬在西藏的天空——经幡的寓意与制作	视频	约 5 分钟
邢莉莉	坚守雪域高原的卫士——记援藏医生、察隅县人民医院副院长朱荣辉	文字	5 324 字
	浓浓援藏情，拳拳赤子心——记林芝地区妇幼保健院院长、援藏医生叶璐	文字	4 289 字
	雪域高原的瑰宝——林芝地区藏医院的藏医独特疗法和藏医救死扶伤的故事	文字	6 896 字
	林芝地区藏医院的藏医探秘	视频	10 ~ 15 分钟
杨小静	蓝天彩虹——察隅县“双拥”工作纪实	文字	约 2 000 字
	林芝的阳光茶馆	文字	约 2 500 字
杨小静 余虹姗 孙博婧	林芝的阳光茶馆	视频	7 分钟
张骏宇 陈梓斌	墨脱公路 52K 小站揭秘	视频	2 ~ 3 分钟
张骏宇 王宝龙	国道 318 线骑行者纪实	视频	约 5 分钟
王宝龙	墨脱筑路者	视频	未定
	徒步进墨脱——我们四人的墨脱行	视频	未定

除上述作品，我们还将展示如下成果与策划如下活动：①“我行我动”全体队员的摄影作品已制作成展板在校园巡回展出，并将在广州地区高校和相关企

业巡回展出。②我们近期将出版文字专集《走进戈壁高原》，摄影作品集《戈壁风·高原情》，DVD《我们眼中的西藏新疆》。③相关影像作品将参加中央外宣办主办的“大学生眼中的西藏”影像大赛。④“我行我动”组委会还将精心策划其他活动，综合、立体地呈现本次活动的各种成果。

四、调研报告

调研报告《当代中华学子对民族认同的实践与启示》——请见本书“感悟篇”中的第二篇文章（第170~174页）。

（人民网，http://bbs1.people.com.cn/post/80/0/1/122665666.html.）

暨大学子赴新疆、西藏采访

昨日上午，“暨南大学中华学子喀什、林芝深度采访行”出发仪式在暨南大学曾宪梓科学馆举行。社会各界和暨大师生隆重欢送由两位老师带队的来自内地和港澳的17名本科生和硕士生前往新疆、西藏深入采访。

此次活动是为了响应中央对外宣传办公室于3月29日向全国高校下发的第二届“我眼中的西藏”大学生影像大赛而组织的，该大赛旨在帮助青年学生加深对国情、藏情的了解，激发广大学子的爱国热情。

（记者/闫昆仑　实习生/朱海威；新华网，http://www.gd.xinhuanet.com/newscenter/2012-06/27/c_112301475.htm.）

暨南大学：教学实践 开展追访“广东精神”活动

暨南大学新闻与传播学院近日开展了“我行我动·喀什、林芝深度采访行”活动。

此次活动是在广东省委组织部、宣传部和广东省对口援建办公室的指导、支持下，以“追访‘广东精神’、传递中华大爱”为主题，结合暨大自身侨校特色和新闻教学实践展开的深度采访。在喀什，同学们重点采访了疏附县广州援建的广州新城、广州工业城和富民安居等工程建设情况，并向疏附县铁日木乡中心小学、塔什库尔干塔吉克自治县达布达尔乡中心小学捐赠文体用品。

冒着酷暑，采访团走进喀什街头武警哨位和海拔 5 000 多米的红其拉甫哨所慰问、采访官兵。在疏附和塔什库尔干塔吉克自治县，采访团选定两位贫困少数民族小学生，决定资助他们直到大学毕业。暨大新闻与传播学院副院长张晋升表示，“我行我动·喀什、林芝深度采访行”将长期坚持“实践教学 + 社会公益”这一模式，不断创新实践教学，进一步提升人才质量，让学生在践行“厚于德、诚于信、敏于行”的广东精神过程中，做最富于行动的新闻人。

（周文辉；新华网，http://news.xinhuanet.com/edu/2012－08/18/c_123597308.htm.）

千余团队报名　百万网友投票　百支团队获奖

全国大学生社会实践评选活动落幕

“青春使命”2012 全国大学生社会实践评选活动近日落下帷幕。经过多轮评选，复旦大学苗乡支医队，暨南大学喀什、林芝深度采访队，北京林业大学岳蹊暑期实践队等 100 支社会实践团队分别获奖，其中一等奖 5 名，二等奖 10 名，三等奖 15 名，优秀奖 70 名。

此项评选活动由团中央学校部、人民日报政文部指导，人民网主办，历时 62 天，由团队报名、初选入围、公众投票、评委投票、网络答辩、奖项揭晓等环节组成。评审会由民进中央副主席、中国教育学会副会长朱永新，“支教”名人徐本禹、全国政协委员叶青等专家，以及团中央学校部、人民日报政文部、人民网领导和强国论坛资深网友组成，分别对参评团队进行投票，并主持答辩。综合网上投票结果和评委投票、打分成绩，评出各奖项得主。

评选活动展示出 2012 年丰富多元、意义非凡的大学生暑期“三下乡”风采，引发了高校学子的热烈反响。共有 30 个省市 300 多所高校的 1 000 余支实践团队报名参选，100 万网友参与投票，人民网强国社区开设的专属论坛和活动专题有 500 万人次浏览。来自内江师范学院的大学生表示：“评选活动为我们提供了展示社会实践过程的平台，希望能有更多类似的活动。”来自天津大学的大学生表示：“很给力的活动！我们能获奖最好，不能获奖但能把我们的实践成果分享给大家也不错。”网友“静水流深 1985”评论说：“这项活动不仅是单纯社会实践评选，更是通过分析研究大学生在社会实践中凸显的优势和劣势，对以后大学生的各项发展提供有效的指引和帮助。”

（人民网，http://bbs1.people.com.cn/post/80/0/1/124484739.html.）

华侨学府暨南大学学子
新疆西藏深度采访行再出发

记者30日从广州暨南大学获悉，该校新闻与传播学院“我行我动·林芝深度采访行”小组一行10人，踏上列车前往西藏林芝专程采访广东对口援藏建设成就，追访“广东精神”在对口援藏工作中的美丽故事。这是继6月26日到7月15日“我行我动·暨南大学中华学子喀什、林芝深度采访行”小组12人赴新疆喀什专程采访广东对口援疆工作后校方的第二批行动。

据介绍，暨南大学“我行我动·喀什、林芝深度采访行”，在广东省委组织部、宣传部和广东省对口援建办公室的指导、支持下，以“追访‘广东精神’、传递中华大爱”为主题，结合自身侨校特色和新闻教学实践要求实现深度采访。

校方透露，在喀什，同学们的采访得到广东省对口援疆工作前线指挥部的大力支持，大家深入喀什各地，重点采访了疏附县广州援建的广州新城、广州工业城和富民安居等工程建设情况，广泛采访了援疆干部、医生、教师和工程技术人员。

同时，他们受一家企业委托，向疏附县铁日木乡中心小学、塔什库尔干塔吉克自治县达布达尔乡中心小学各捐赠了价值5 000元的文体用品。

采访团还冒着酷暑到喀什街头执勤的武警哨位和海拔5 000多米的红其拉甫哨所慰问、采访官兵。在疏附和塔什库尔干塔吉克自治县，采访团还选定了两位贫困的少数民族小学生，决定资助他们直到大学毕业。

7月20日，喀什组的同学已返回学校，目前正在撰写、制作各类报道作品，呈现“广东精神”在援疆工作中的闪亮光彩。

据暨南大学新闻与传播学院副院长张晋升教授介绍，“我行我动·林芝深度采访行”将长期坚持“实践教学+社会公益”这一模式，不断创新实践教学，进一步提升人才质量，让学生在践行“厚于德、诚于信、敏于行”的广东精神过程中，做最富于行动的新闻人。

（杨薇　周文辉；中国新闻网，http://www.chinanews.com/zgqj/2012/07-30/4069407.shtml.）

暨南大学：
大学实践开展追访“广东精神”活动

暨南大学新闻与传播学院近日展开了“我行我动·喀什、林芝深度采访行”活动。

此次活动是在广东省委组织部、宣传部和广东省对口援建办公室的指导、支持下，以“追访‘广东精神’、传递中华大爱”为主题，结合暨大自身侨校特色和新闻教学实践展开的深度采访。在喀什，同学们重点采访了疏附县广州援建的广州新城、广州工业城和富民安居等工程建设情况，并向疏附县铁日木乡中心小学、塔什库尔干塔吉克自治县达布达尔乡中心小学捐赠了文体用品。

冒着酷暑，采访团走进喀什街头武警哨位和海拔5 000多米的红其拉甫哨所慰问、采访官兵。在疏附和塔什库尔干塔吉克自治县，采访团选定两位贫困少数民族小学生，决定资助他们直到大学毕业。暨大新闻与传播学院副院长张晋升表示，“我行我动·喀什、林芝深度采访行”将长期坚持“实践教学+社会公益”这一模式，不断创新实践教学，进一步提升人才质量，让学生在践行“厚于德、诚于信、敏于行”的广东精神过程中，做最富于行动的新闻人。

（周文辉；光明日报，2012-08-18）

穿越戈壁高原的采访实践

背着“大型武器”挤火车、高原反应靠吸氧缓解、冰川脚下过生日，这群年轻人在磨砺中成长，但这只是他们新闻道路的开始。

火车站内，一行7人，3男4女，却有40件行李。这支“形迹可疑”的小队，谁看了都觉得奇怪。“您可别误会，这些行李不是化妆品、日常衣服，而是工作用的设备器材，包括三台摄像机、一台小高清和七个单反照相机，还有灯具、耳机、对讲机等器材。”新疆组成员董琳解释。

今年暑假，暨南大学新闻与传播学院的17名学生，在两位老师的带领下，走戈壁、上高原，分赴新疆喀什和西藏林芝地区开展以“我行我动”为主题的暑期社会实践活动。历时62天，行程2万余公里，采访数百人。

“富于行动，是方法，也是行动力。”带队老师喻季欣表示，此次活动意在培养最富于行动的新闻人。

背着大型武器的“作战部队”

由于所带器材比较贵重，在火车站候车时，平时喜欢吹牛打趣的同学们都变得谨慎起来，围成一个圈，把行李牢牢地圈在里面，他们戏称自己是背着大型武器的“作战部队”。

这么多的东西，上车这原本轻而易举的事情在同学们的眼中却变得跟“打仗”一样。

“现在回想起来，最害怕的是上火车的那一刻。”董琳说，由于时间有限、人手有限、位置有限，大家都是憋足了劲儿，一个人在下面留守，一个人在上面接应，其他的同学负责往上运，汗水顺着脸颊流下，都顾不得擦一下。

被称为“大师兄”的周文辉更是不容易，不仅自己要抱着一个没有拉手和轮子的大箱子，还要时刻注意形势、组织队伍，给大家鼓劲儿。确定设备都安全后，女生的眼泪都流出来了，“不是矫情也不是觉得辛苦，只是很感动有这样一个齐心协力的团队”。

一份迟到的生日礼物

“叶璐，这是一份迟到的生日礼物，它会走过千山万水到你手中。祝你生日快乐！”视频里，一个清瘦的男子，双手捧着一个精美的礼盒，深情说道。

喻季欣介绍，视频中的男子叫徐波，是广东省第六批援疆工作队队员，也是他们在喀什疏附县的采访对象之一。采访快要结束时，徐波得知采访团20多天后要到林芝，便问能否带一样东西给他爱人叶璐。如果是邮寄的话，从喀什到林芝，要两个多月。叶璐在林芝援藏，刚刚过完生日，两人已经半年没见面了。

同学们被这对夫妻的牵挂和深情感动了，于是想到了用手中的摄像机拍一段视频带给远在林芝的叶璐，因此也就有了开头的一幕。

徐波、叶璐有一个女儿，在湖北孝感老家，一家三口分布在三个地方。徐波和女儿一年半才见面两次，3 岁的女儿对父亲已经有些陌生，怎么也不肯喊爸爸，徐波给她礼物，带她去小店买最喜欢吃的甜饼，她都躲在一边。

跟随徐波到孝感拍摄视频的王宝龙说："像他们这样的援疆援藏人员很多，但同为夫妻却少见，为了新疆和西藏，他们付出了太多。能够帮助他们传达这份礼物，我们都觉得很幸运。"

第一次吸氧的经历

察隅是林芝下属县，位于青藏高原东南角，喜马拉雅山脉的"丁"字形交会处，平均海拔 3 100 米。在察隅采访的时候，西藏组有 3 位女生因为高原反应缺氧了。

"人生中第一次吸氧的经历就给了察隅，感觉很好。"西藏组的梁星月在微博中写道。梁星月给人的印象是温柔美丽，如果不是这次采访，你无法想象这样一个小姑娘居然有勇气去西藏。刚到察隅的第一天，她感觉头很痛，恶心，喘不过气来，刚开始没想到是高原反应，吸了点氧后才好转。

比梁星月严重者有之，新闻系研一女生余虹姗住了 3 天院。除了头痛、恶心以外，她还伴有左心房疼痛的症状，在医院吸氧打针一直没好，身体一度处于虚弱状态。出了察隅后，症状才缓解。

然而，坚强的余虹姗在微博中写道："在剩下的时间里，我要加倍努力，得此机会进藏地天堂，必当竭尽所能用心采访。"

冰川脚下的生日歌

"祝你生日快乐，祝你生日快乐……"手机里传来了大家的生日祝福，因为信号不好，歌声时断时续的。陈梓斌无论如何没想到自己今年的生日会在进墨脱的冰川脚下度过，滂沱大雨，4 个人挤在帐篷里，还得担心头上的落石。

墨脱是仓央嘉措出生的地方，是佛教认为的最后圣地。虽然从波密通往墨脱的嘎隆拉隧道早在 2010 年就已经开通，乘车进墨脱仅需 7 小时，但为了能够拍摄到更好的画面，师生 4 人还是选择利用 13 小时徒步翻越嘎隆拉雪山进墨脱。

然而，这条自 2006 年以后就没人走的道路，远远超过了师生 4 人的想象。狭窄、坑洼，边上是山崖，头上是大雾，大地被冰川覆盖，每人背着 20 多公斤的拍摄器械，还要铲雪开路。一直到晚上 10 点，4 人才找到能够扎营的地方，却又逢大雨。

“这是我人生中第一次体会到绝望的心情。”4人中的王宝龙回忆起当时的情景，感慨万千，“大家走了一天路，夜里还不敢合眼，就这么一直睁到天亮”。

陈梓斌在这样的环境下度过了一个终生难忘的生日。幸运的是，4个猛士还是靠着毅力翻过了嘎隆拉雪山，这个被西藏人认为“回不来是很正常的事”的雪山。

翻过了嘎隆拉雪山，王宝龙很感慨：“走在路上，碰到各种各样的人，有修路工人，有骑行者，有徒步者，还有发誓毕业要回来的学生。你会觉得他们是有信仰的人，跟着心走，那种坚持的力量让人很震撼。”

这群年轻人在磨砺中成长，但这只是他们新闻道路的开始，正如他们在微博中写到的：“回到广州已经20天，却突然明白了此行的意义——当我们坐上离开西藏的飞机时，真正的旅程才刚刚拉开序幕。”

（本报实习生王珊；中国科学报，2012-10-17）

万里践行“广东精神”暨大学子远赴新疆西藏采访

南方网讯 昨天（30 日）上午 8 时，暨南大学新闻与传播学院“我行我动·林芝深度采访行”一行 10 人，踏上列车前往西藏林芝专程采访广东对口援藏建设工作。这是继 6 月 26 日到 7 月 15 日“我行我动·喀什深度采访行”小组 12 人赴新疆喀什专程采访广东对口援疆工作后的第二次行动。

此前暨南大学“我行我动·喀什、林芝深度采访行”活动，在广东省委组织部、宣传部和广东省对口援建办公室的指导下，以“追访‘广东精神’、传递中华大爱”为主题，结合自身特色和新闻教学实践要求对新疆喀什和西藏林芝地区进行深度采访。在喀什，同学们深入各地，重点采访了疏附县广州援建的广州新城、广州工业城和富民安居等工程建设情况，广泛采访了援疆干部、医生、教师和工程技术人员。7 月 20 日，喀什组的同学返回学校，目前正在撰写、制作各类报道作品。

据暨南大学新闻与传播学院副院长张晋升教授介绍，“我行我动·林芝深度采访行”将坚持“实践教学 + 社会公益”这一模式，不断创新实践教学方式，进一步提升人才质量，让学生在践行“厚于德、诚于信、敏于行”的广东精神过程中，做最富于行动的新闻人。

（南方网，http://economy.southcn.com/e/2012-07/31/content_51931700.htm.）

暨大学子赴新疆、西藏采访

南方日报讯（记者/闫昆仑　实习生/朱海威） 昨日上午，“暨南大学中华学子喀什、林芝深度采访行”出发仪式在暨南大学曾宪梓科学馆举行。社会各界和暨大师生隆重欢送由2位老师带队的来自内地和港澳的17名本科生和硕士生前往新疆、西藏深入采访。

此次活动是为了响应中央对外宣传办公室于3月29日向全国高校下发的第二届“我眼中的西藏”大学生影像大赛而组织的，该大赛旨在帮助青年学生加深对国情、藏情的了解，激发广大学子的爱国热情。

（南方日报，2012－06－27）

暨大中华学子西藏、新疆深度采访行

暨南大学新闻与传播学院“我行我动·暨大中华学子喀什、林芝深度采访行”6月26日正式启动。该活动结合广东对口支援西藏林芝和新疆喀什地区的特色，把“‘广东精神’在对口支援中闪光”作为重要主题，并将向西藏林芝和新疆喀什地区的小学赠送学习用品和文具。

如有企业、单位和个人有参与意愿，请联系陈老师，电话85228889，邮箱woxingwodong@ qq. com.

报名截止时间：6月26日。

（许晓蕾；南方都市报，2012－06－22）

暨大学子赴新疆、西藏采访

新快报讯（见习记者　朱烁然） 经过 T38 火车上 54 个小时的颠簸与等待，由暨南大学新闻与传播学院 2 位带队老师和 8 名同学组成的“我行我动 · 新疆采访队”于 6 月 29 日抵达新疆乌鲁木齐市。第二天历经 30 小时火车，于 7 月 1 日晚上 8 时到达喀什，并开始了深度采访工作。

6 月 26 日上午，“暨南大学中华学子喀什、林芝深度采访行”出发仪式在暨南大学曾宪梓科学馆举行。社会各界和暨大师生隆重欢送由两位老师带队的来自内地和港澳的 17 名本科生和硕士生前往新疆、西藏深入采访。此次活动是为了响应中央对外宣传办公室于 3 月 29 日向全国高校下发的第二届“我眼中的西藏”大学生影像大赛而组织的，该大赛旨在帮助青年学生加深对国情、藏情的了解，激发广大学子的爱国热情。

6 月 26 日晚上，猛狮科技“我行我动 · 暨南大学中华学子喀什、林芝深度采访行”的新疆组 8 名同学在广州火车站乘坐 T38 火车启程。

（新快报，2012 - 07 - 03）

暨大学子赴新疆、西藏采访

天山网讯（记者闫昆仑　实习生朱海威） 昨日（6月26日）上午，“暨南大学中华学子喀什、林芝深度采访行”出发仪式在暨南大学曾宪梓科学馆举行。社会各界和暨大师生隆重欢送由2位老师带队的来自内地和港澳的17名本科生和硕士生前往新疆、西藏深入采访。

此次活动是为了响应中央对外宣传办公室于3月29日向全国高校下发的第二届“我眼中的西藏”大学生影像大赛而组织的，该大赛旨在帮助青年学生加深对国情、藏情的了解，激发广大学子的爱国热情。

（天山网，http://www.tianshannet.com.cn/news/content/2012-06/27/content_6965465.htm.）

暨南大学学子新疆、西藏深度采访行再出发

广州暨南大学新闻与传播学院“我行我动·林芝深度采访行”小组一行10人，踏上列车前往西藏林芝专程采访广东对口援藏建设成就，追访“广东精神”在对口援藏工作中的美丽故事。这是继6月26日到7月15日“我行我动·暨南大学中华学子喀什深度采访行”小组12人赴新疆喀什专程采访广东对口援疆工作后校方的第二次行动。

据介绍，暨南大学“我行我动·暨南大学中华学子喀什、林芝深度采访行”在广东省委组织部、宣传部和广东省对口援建办公室的指导、支持下，以“追访‘广东精神’、传递中华大爱”为主题，结合自身侨校特色和新闻教学的实践要求实现深度采访。

校方透露，在喀什，同学们的采访得到广东省对口援疆工作前线指挥部的大力支持，大家深入喀什各地，重点采访了疏附县广州援建的广州新城、广州工业城和富民安居等工程建设情况，广泛采访了援疆干部、医生、教师和工程技术人员。

同时，他们受一家企业委托，向疏附县铁日木乡中心小学、塔什库尔干塔吉克自治县达布达尔乡中心小学各捐赠了价值5 000元的文体用品。

采访团还冒着酷暑到喀什街头执勤的武警哨位和海拔5 000多米的红其拉甫哨所慰问、采访官兵。在疏附和塔什库尔干塔吉克自治县，采访团还确定了两位贫困的少数民族小学生，决定资助他们直到大学毕业。

7月20日，喀什组的同学已返回学校，目前正在撰写、制作各类报道作品，呈现“广东精神”在援疆工作中的闪亮光彩。

据暨南大学新闻与传播学院副院长张晋升教授介绍，“我行我动·林芝深度采访行”将长期坚持“实践教学+社会公益”这一模式，不断创新实践教学，进一步提升人才质量，让学生在践行“厚于德、诚于信、敏于行”的广东精神过程中，做最富于行动的新闻人。

（中国西藏新闻网，http://www.chinatibetnews.com/yuanzang/2012-08/01/content_1027284.htm.）

暨南大学向更张门巴民族乡小学捐赠互动涌深情

8月5日上午，猛狮科技“我行我动·暨南大学中华学子喀什、林芝深度采访行”12人受广东猛狮企业委托，专程来到林芝县更张门巴民族乡完全小学，向该校捐赠了特别适应高原高寒地区的户外探照灯和价值5 000多元的文体用品，并转赠了暨南大学附属小学小朋友们专门制作的美术作品和视频，受到该校师生和当地干部群众的热情欢迎。林芝县委副书记周雨霖在致辞中称赞，暨南大学“我行我动”采访团跨越千山万水，带着企业的爱心和广州小朋友们的真情，在雪域高原展示了一幅民族团结、共兴教育的美丽图景。林芝县副县长刘刚向“我行我动”采访团回赠了林芝地区首本藏汉文字的乡土教材。林芝县教育局长于江、副局长顿珠和更张门巴乡副乡长望母参加了捐赠仪式，门巴乡小学校长旦增罗布介绍了学校历史和发展情况。捐赠仪式结束后，“我行我动”采访团的成员与该校小学生们亲密互动，短短时间结下了深厚的情谊。

物资有价，爱心与欢乐无价

一批有限的文体用品，代表了热心公益企业和“我行我动”采访团成员们的无限爱心，采访和公益是该采访团此行的重点工作，更张门巴民族乡完全小学是他们在西藏捐赠的第一所小学。捐赠仪式一结束，采访团成员就把电子琴、篮球、乒乓球等文体分到同学们手中，跟同学们一起玩开了。教同学们弹电子琴，和他们一起打球、下棋，一起画画、唱歌，一瞬间，大家就融到一块，充满了欢笑、快乐。

“当看到小朋友们兴高采烈地玩起来的时候，我们感动地用手中的镜头记录着他们的笑脸，不知不觉就被感染，和他们一起玩，融入了他们当中。”采访团的成员张曦动情地说，“我们的捐赠有限，但我们融在一起的爱与快乐是无价的。”

以画为桥，万里递真情

“我行我动”采访团此行还带来一份特别的礼物，这就是来自暨南大学附属小学的小朋友们的绘画作品。他们用绚丽多彩的笔触，描绘了他们心中的爱，表达他们的情，连同美好祝愿送给万里之外的西藏小朋友。

更张门巴乡小学的小朋友们看到这些绘画作品后，个个兴高采烈，十多个同学当场画出作品回赠广州的小朋友们。在他们的画纸上，有热情的问候，有深情的祝福，还有藏族小朋友和汉族小朋友手牵手站在美丽的绿草地上，脸上露出幸福的笑容。这些画也将由采访团带回给暨大附属小学的小学生们。

两地小朋友的画承载着两地小学生们的祝福和情谊，将成为今后两所学校友好交流的桥梁。

“再见”说了四五遍，才恋恋不舍地离开

“我行我动”采访团的队员们跟小学生们的互动持续到中午 12 点，大家在一起画画、弹琴、唱歌、下棋，氛围热烈而融洽。孩子们显然平时很少见到这么多亲切的哥哥姐姐，而大学生们也深深为小朋友们的纯真和热情所打动。有意思的是，来自香港的采访团队员陈梓斌在小朋友中看到一个与他长得有几分相似的小女孩，一直追着她合影拍照，这个名叫索朗央措的二年级小姑娘，似乎被大哥哥的热情吓到，合影上都是害羞的笑容。

分别的时刻很快就到了，小朋友们站成一排与采访团合影留念，之后大家挥手道别。说了“再见”，还是有许多队员在跟小朋友们合影，留下彼此姓名和联系方式，直到司机鸣响喇叭，“再见”说了四五遍，采访团的成员们才恋恋不舍地上车离开。

（周文辉；西藏人权网，http://www.tibet328.cn/01/01/201208/t20120809_247485.htm.）

爱行千里

——暨南大学采访团向墨脱县背崩乡希望小学捐赠文体用品

8月13日下午，来自暨南大学新闻与传播学院的“我行我动·林芝深度采访行”采访团历经9个小时车程，从波密县抵达墨脱县背崩乡希望小学，向在校师生捐赠了价值5 000元的文体用品。

“我们此行，既带来了暨大附属小学学生写给墨脱孩子的明信片，也带来了广东‘猛狮科技’企业捐赠的文具与体育用品……我们希望在广东孩子与西藏孩子间搭建一座沟通的桥梁。”采访团领队、暨南大学新闻与传播学院喻季欣教授在捐赠仪式中称。

当地小学校长多吉仁青向采访团及捐赠企业深表感谢，他说，这批物资正可解决学校体育运动用具不足的困状。

40多个孩子拿起崭新的彩笔，以现场绘画的方式问候广州小朋友。四年级的小学生扎西玉珍画了高山下的小屋，她在一侧用红色的彩笔写道：我已经10岁了，这是我的家，欢迎你们来这里跳舞。

“我行我动·林芝深度采访行”是暨南大学结合自身侨校特色和广东援建对口支援西藏的特点，选派在校新闻学生深入林芝地区采访的一次教学实践活动。采访团将以不同类型的作品集中展现林芝地区的崭新变化，以展示暨南大学中华学子眼中的西藏和“广东精神”在援藏工作中的闪亮光彩，并将此介绍给国际社会。

“追访‘广东精神’是我们此行的主要任务，但传递爱心也是我们此行的重点。”采访团队员周文辉笑着说。据悉，此次捐赠是该采访团继林芝县后在林芝地区进行的第二次助学捐赠。

（张曦；西藏农经网）

新闻与传播学院“我行我动”团队荣获全国一等奖

近日，“青春使命·2012年全国大学生社会实践评选活动”落下帷幕。经过多轮评选，我校新闻与传播学院“我行我动·喀什、林芝深度采访队”从全国各大高校1 000余支队伍中脱颖而出，荣获一等奖。

此项评选活动由团中央学校部、人民日报政文部指导，人民网主办。评审会由民进中央副主席、中国教育学会副会长朱永新，“支教”名人徐本禹、全国政协委员叶青等专家，以及团中央学校部、人民日报政文部、人民网领导和“强国论坛”资深网友组成，分别对参评团队进行投票，并主持答辩。综合网上投票结果和评委投票、打分成绩，评出各奖项得主。

评选活动展示出了2012年丰富多元、意义非凡的大学生暑期“三下乡”风采，引发了高校学子的热烈反响。共有30个省市300多所高校的1 000余支实践团队报名参选，100万网友参与投票，人民网强国社区开设的专属论坛和活动专题有500万人次浏览。

“我行我动·喀什、林芝深度采访行”，是我校新闻与传播学院今年暑期组织的大型社会实践活动。从6月26日至8月28日，17名本科生、研究生在喻季欣、陈喆两位老师带领下，分新疆和西藏两个小组，高举“追访广东精神，传递中华大爱”队旗，历时62天，行程2万余公里，深入广东17年对口支援的新疆喀什（含哈密）、西藏林芝地区，克服戈壁酷暑、高原缺氧等多种困难，采访广东援疆援藏干部、医生、教师和各族群众200多人，采访疏附县广州新城和波密县农业科技园等援建项目26个，走访维吾尔族巴图江·阿米提、僜人首领阿鲁松等15户农牧民家庭。

深入采访中，同学们一路开展社会活动：到疏附县铁日木乡中心小学、墨脱县背崩乡希望小学等4所学校和红其拉甫哨所、墨脱县政府等单位慰问，携手爱心企业，捐赠共计价值12万余元的物资，并带去暨南大学附属小学同学们向新疆、西藏小同学们表示祝福的绘画作品；为一对广东援疆援藏医生夫妇专程捎带生日礼物；资助夏热普等贫困少数民族学生读书。另外，同学们还到察隅县电视台等3家基层新闻单位进行了业务交流。这些活动提升了同学们的参与意识和责任意识。

（周文辉；暨大网，http://jnnews.jnu.edu.cn/html/2012/9/9744.htm.）

新闻学生万里行　暨南大学实践教学探新路

历时62天，行程2万余公里。6月26日至8月28日，暨南大学新闻与传播学院的17名学生，在喻季欣和陈喆两位老师的带领下，走戈壁、上高原，分赴新疆喀什和西藏林芝地区开展深度采访调研、捐资助学活动，他们到边防哨所慰问，和农牧民同吃同住，走到基层一线，转变教学模式，深入实践，探索当代大学生社会实践的新方法新课题，收效十分明显。

采访：做最富于行动的新闻人

队员们大多是第一次远赴新疆、西藏，远距离采访面临着许多难以预料的困难。6月30日，新疆西部发生6.6级地震，采访团被迫滞留火车站4个多小时；8月5日，林芝地区波密县发生4.2级地震，师生们正在邻县采访；8月11日，从察隅县结束采访返回途中，唯一进出察隅的公路遇到塌方，队员们又滞留一天多。

7月的喀什户外温度将近40摄氏度，为采访广东对口支援的疏附县广州工业园项目，队员们冒着酷暑，扛着摄影器材奔走于沙漠公路和戈壁荒滩。一天下来，摄像机的背带将他们的肩膀勒出了深深的印痕。为拍摄墨脱公路，陈喆老师带着3位男队员，每人背着20多公斤的摄影器材徒步行进。在贡嘎拉山冰川，晚上气温很低，4个人挤在一个帐篷取暖。

"'我行我动'，意在培养最富于行动的新闻人。富于行动，是方法也是执行力。"提出"我行我动"理念的喻季欣教授这样告诉记者。

通过采访，学生们既写又拍，全面锻炼了业务技能，在心理素质上也得到了磨炼。在喀什采访时，由于水土不服，加上工作强度大，队员肖兆路有两天发低烧，但是他一直坚持工作，作为摄像记者的他不愿意错过每一个镜头。他说："做新闻从来都不是轻松的工作，这次活动让我有了更深刻的体会。但行动既是挑战，也是新闻工作的乐趣所在。"这个有点粗心大意的男孩，在开往乌鲁木齐的火车上就丢掉了自己的手机，但是每次采访时却能做到提前检查好自己的所有设备。

在62天的行动中，暨大师生共采访广东援藏援疆干部56人，各族干部群众78人，收获了大量的第一手素材。广东省第六批援藏工作队领队、林芝地委常务副书记李雅林这样肯定这次活动："这种深入戈壁荒漠、雪域高原的远距离、大范围、长时间大型采访调研，在前来林芝采访的国内媒体中也不多见，新闻院校更是稀少，体现了'我行我动'的创新与勇气。"

调研：在国家战略中感悟时代主题

在采访调研中，以农牧民安居工程为突破口的社会主义新农村建设给同学们留下了深刻的印象。

队员们所到之处，沿途尽见一户户民族特色浓郁的崭新农牧民安居房，呈现出一派祥和、安居乐业的社会主义新农村面貌，完全颠覆了大学生们原本对新疆西藏游牧民传统生活的印象。波密县岗云村藏族牧民白玛家，农庄式的庭院高大敞亮，成片的牧场牛羊成群，让队员们仿若进入了影视剧中的贵族庄园。白玛给队员们满上香浓的酥油茶，告诉这些“准记者”们：在他们村，家家户户都是如此。

来自香港的大四学生陈梓斌是西藏组队员，原本他对内地的政策并不了解也不“感冒”，但通过实地走访亲身体验，他有了新的感触：“境外媒体有时候不大相信内地媒体对西藏的报道，觉得过于宣传。但其实只要多亲自来走走，就会有更多的认同。”

大四学生杨小静则在总结中写道：“我们看到的成就与国家对口支援的战略密不可分，对我而言，这不再仅仅是一串串反映建设成就的数字、不是一个个文件，而是一个个生动的故事，我从被访者的口中真切感受到了他们对生活变化的喜悦。”

公益：传递爱心完善人格

“传递中华大爱”是暨南大学本次活动的一个主题。在出发之前，师生们就积极奔走，得到一家热心公益企业的赞助，暨南大学附属小学的小学生们也专门为西藏、新疆的小朋友们制作了绘画作品和贺卡。队员们拍下视频，录下祝福，带上物资，分别捐赠了喀什地区疏附县铁日木乡中心小学、塔什库尔干塔吉克自治县达布达尔乡小学，林芝地区林芝县更张门巴民族乡完全小学、墨脱县背崩乡希望小学共 4 所小学，并以团队名义资助了两名家境贫困的塔吉克族小学生。

在更张门巴民族乡完全小学，捐赠仪式一结束，采访团成员就把电子琴、篮球、乒乓球等文体用品分到小朋友们手中，教小朋友们弹电子琴，和他们一起打球、下棋，一起画画、唱歌，破旧的教室里充满了欢笑。研究生二年级学生张曦说：“当看到小朋友们兴高采烈地玩起来的时候，我们用手中的镜头记录着他们的笑脸，不知不觉就被感染，融入他们当中。”分别时刻，“再见”说了四五遍，队员们才依依不舍地上车离开。车辆远去，透过车窗看着小朋友们还站在校门口不停挥手，队员王宝龙心里有了触动：“我们的捐赠物资有限，但我们可以给这里的小朋友带去快乐，我们真挚的情谊，他们也都能感受得到。”

“我行我动”采访团还当了一回“爱的使者”。在疏附县人民医院采访时，该院副院长、广州援疆队队员徐波博士在接受采访后请队员们带一件生日礼物给他的妻子。原来，他妻子叶璐参加援藏工作，现任林芝地区妇幼保健院副院长，不久前刚过完生日，徐波却没有送生日礼物，因为从喀什邮寄物品到林芝需要近两个月的时间，还经常发生遗失邮件的情况。采访团的队员们都被这对年轻的援疆援藏干部所打动，专门为徐波拍了一段视频，录下他对妻子的真情祝福。在广州的同学又专程到徐波老家湖北孝感拍下了他女儿的视频。8 月 4 日晚，“我行我动”采访团在林芝请叶璐观看队员们精心制作的视频，并送上徐波的礼物。叶璐被丈夫感动得热泪盈眶。

感动：“我行我动”中收获真知真情

7 月 12 日，“我行我动”采访团新疆组来到帕米尔高原红其拉甫哨所，看望、慰问边防官兵。这里海拔 5 200 多米，“天上无飞鸟、地上无寸草，风吹石头跑、氧气吃不饱，六月下大雪、四季穿棉袄”，被称为“死亡之谷”。当队员们看到同龄边防战士们一张张高原红的朴实脸颊，由于高原反应而指甲发黑的双手，了解到边防战士们长年坚守、默默奉献的艰苦生活，采访团的队员们感动得泪流满面。送上一批实用物资后，每位队员都上前紧紧地拥抱每一位战士，并送上真挚的祝福。

“我行我动”队员们与当地群众建立了深厚的感情。9 月刚开学，回到广州的“我行我动”新疆组队员唐瑶给喀什古城一户维吾尔族人家的小孩邮寄了她精心挑选的书包和文具。她说，采访的时候，这一家的老爷爷让她在家里随意拍摄，跟他们一家人一起吃饭，唠家常，完全不当她是外人。

采访过程中，队员们常常为援疆援藏的干部们所感动。他们跨越千山万水，从祖国南部来到西域边陲，面对不同的地理气候、文化传统、政治环境，身体出现结石、心脏肥大等各种状况，但他们乐观向上、积极拼搏的精神令人敬佩。

对队员们而言，更令他们感动的是这些干部的浓浓故乡情。朱海威在总结中写道：“远方的爱人和孩子、父母，这是援建干部们共通的泪点，采访时一提起这些话题他们就眼眶泛红。而对于我们这样一群大学生，他们能敞开心胸，无话不谈，也许仅仅是因为我们来自他们的家乡广东。”

（周文辉；暨南大学校报，http://newspaper.jnu.edu.cn/Content.aspx?id=2685.）

校领导听取新闻与传播学院“我行我动·喀什、林芝深度采访行”情况汇报

9月11日上午，暨南大学党委副书记叶勤专程来到新闻与传播学院，听取“我行我动·喀什、林芝深度采访行”工作汇报，对这次活动的圆满完成表示祝贺，并就如何总结与提炼本次社会实践活动的成果，提升社会影响力作出指示。新闻与传播学院、校团委等单位领导参加了汇报会。

“我行我动·喀什、林芝深度采访行”是由新闻与传播学院组织的首次大型暑期社会实践活动，得到了广东省援建办、广东省委宣传部的具体指导和广东援疆前方指挥部、援藏工作队的大力支持。本次活动旨在“追访广东精神，传递中华大爱”，17位本科生和研究生历时2个月、行走2万多公里，重点报道了广东援疆援藏工作的成就和感人事迹，全面反映喀什、林芝地区自广东开展援建工作以来发生的巨大变化。

喻季欣、陈喆两位带队老师简要介绍了本次活动的体验和收获，并就如何继续整理和提炼素材，以进一步扩大成果、提升传播效果提出了设想。本科生和研究生代表也结合自身经历畅谈了想法。

叶勤副书记指出，本次活动既有政治意义，又有实践意义，是加强新时期大学生思想政治工作和爱国主义教育，把专业教育和社会实践相结合的创新实践，是一次主题鲜明、内涵丰富、高水准的大学生暑期社会实践。

叶勤副书记希望新闻与传播学院及校团委对这次行动的成果进行深度的整理、挖掘和推广，进一步深化活动的宣传效果。一是在校团委的协调下，在全校举办一次报告会，力争做到形式新颖、生动活泼，既要有音、视频的展示，又要有老师、同学的现场演讲；二是建立“我行我动”专题网站，利用网站扩大宣传，并做好与网友的互动；三是对此次实践成果进一步挖掘、提炼和深化，做好内容的整合和影像的后期制作，以鲜明的暨大特色、多种类的成果参加广东省与全国“挑战杯”大学生科技项目竞赛。

（暨大网，http://jnnews. jnu. edu. cn/html/2012/9/9744. htm.）

17人的西行漫记

——“我行我动·喀什、林芝深度采访行”活动人物志

2012年的暑假，17个人背上了拍摄器材，捎上自己的新闻梦，上路了。6月26日到8月28日，暨南大学新闻与传播学院“我行我动·喀什、林芝深度采访行”活动组走进了神秘的新疆和西藏。新闻学院两位带队老师喻季欣、陈喆，与17名学生一起聆听了来自雪山、来自大漠的声音。62个日日夜夜，2万余公里的行程，队员们穿越了半个中国，用笔记录下了广东援疆援藏工作者乐于奉献的身影，用镜头捕捉到了新疆、西藏最原生态的画面。这些文字和影像资料便是他们最满意的答卷。

回想起出发前，新闻与传播学院副院长、党委书记杨先顺在为这些赴新疆西藏的队员们送行时喜忧参半的心情。他既为老师与学生们的壮举感到高兴，又担心环境的艰苦与危险。

因为，这是第一次，学院的活动跨过了省界；第一次，前往高原大漠；第一次，长时间大跨度地作战……太多第一次，太多的未知数，没有人知道路上会发生什么。大漠、风沙、高寒、交通不便……谁能说这不是一次生命的冒险？

这是一个关于梦想和勇气的故事，17个人都是故事的一部分，17个人都成了故事。

喻季欣：做最富于行动的新闻人

11月2日早晨9时，一位头发花白的学者拎着电脑包走进了自己的办公室。他叫喻季欣，是新闻与传播学院的教授，是这一次“‘我行我动’·喀什、林芝深度采访行”的带队老师之一。坐下不久，他接受了笔者的采访。说起刚刚结束的这次活动，喻老师仍然有些激动。

活动名称“我行我动”由喻季欣老师所起。“我行我动”，可以不用任何别的字来解释，这四个字自己就可解释自己——“我？我。行？行。我？我。动？动。我行？我行。我动？我动。我行我动？我行我动——做最富于行动的新闻人！”“如果，你有一个强烈的意愿和自信，你行你就动嘛！”喻老师笑着说。

这是一次新的突破。喻老师认为这种实际教学首先要有新的思路，其次要有新的理念，再次要有自己的行动能力和执行力。“回来之后看到同学们的作品，觉得比他们在学校写的要生动得多，并且很有新闻质感，因为（这）都是很新鲜的东西。另外，也更富有真实的感受。”

两个月的同行同动，喻老师眼见了同学们的进步。“第一，同学们理解事件

的心态平静了很多，心灵受到了震撼。第二，从新闻的角度来说，对新闻的感悟，看新闻做新闻的能力比没去之前要强多了。”对于活动中同学们表现出来的不足，他也直言不讳：“首先协调能力还比较差，与采访对象的沟通有所欠缺，计划性不是很强；其次同学们行动的能力、动手的能力和行走的能力，都还要好好地锻炼。”

这次活动，喻老师带领同学们深入采访的同时，也做了很多社会公益活动，包括捐赠、助学等。在西藏的时候，喻老师还受邀为察隅县新成立的电视台的采编人员讲课。喻老师说：“这些活动体现了我们很重要的一个特点，我们并不仅仅局限于采写，而是体现这次活动‘传递中华大爱’的主题。”

“做最富于行动的新闻人，其实就是做真善美的传播者。”喻老师说。

董琳：我想做一名军嫂

6月26日出发，“我行我动”小组奔赴第一个目的地新疆。与老师不同，新疆组的队员们选择坐火车出发。这趟旅程从广州到乌鲁木齐，要花费50多个小时，正如一首歌中唱的那样，“要从南走到北，还要从白走到黑”。每日，队员们都枕着车轮划过铁轨的撞击声入睡。

“长时间的旅程对于南方人来说，挺痛苦的一件事就是没法洗澡。”说话的人叫董琳，新疆组的队员，新闻系三年级研究生。因为采访任务，队员们无法轻装上阵，装着器材的行李很重。“重”既指重量，也指价值。董琳说，“为了掩人耳目，队员们给相机起了个外号，叫CC”。

贵重器材带来的重荷，在火车站的站台上显现得更为明显。行李太沉，仅有的两名男生只好一趟一趟地把东西拿上去。董琳说，女生是哭着把行李提上去的。“在一个陌生的地方，因为不了解，所以恐惧，因为恐惧，所以任何一些细微的感受都被放大。”

到了喀什的红其拉甫哨所时，董琳说自己想当一名军嫂。红其拉甫边防哨所位于塔什库尔干自治县，海拔5 000多米，因其恶劣的环境被称为“死亡之谷”。向红其拉甫行驶的汽车上，海拔表不断升高，董琳紧张得不敢说话。“当下车时，我就被震撼了，马上进入了报道状态。”

烈风中，红其拉甫的战士们保持着标准军姿，夹道欢迎队员们的到来。他们都很年轻，皮肤黝黑，嘴唇干裂。在这里他们只能待三个月，人无法在这里生活更长的时间。这儿的水永远煮不开，新鲜蔬果没了踪影。巨大的昼夜温差，加上高原反应和强辐射的洗礼，士兵们几乎没有人样。他们的手，掌面发青，因为长期低温，指甲已经完全脱落。此情此景触动了感性的董琳，她说：“我想成为一名军嫂。说他们帅是假的，甚至说有点丑，但每个官兵心里都有一个执念，他们就是应该承受这些东西。”就像有人选择都市，就注定有人要选择边陲。

当看到中巴边界的国门时，董琳的心像是燃烧起来，她觉得自己似乎能够理解士兵们了。看着界碑，那一边就是异域，陌生和熟悉只有一线之隔。而他们能够守住自己身后的土地，未尝不是一种幸福。

“如果你不去到那个地方，你不会知道在边远的山区有一帮人，为了我们的平安，为了我们的幸福在默默坚守，只有报道你才能知道。”在这里，董琳找到了新闻人的价值。

肖兆路：可以像家乡一样回味的地方

在去红其拉甫之前，队员们还去了喀什疏附县的乐器村。董琳和2011级新闻学的研究生肖兆路都在队伍之中。乐器村的农民们在农闲之时，展示各种乐器，并由农民艺术家来演奏自己的乐器。只要有客人，他们就开始唱开始跳。董琳说：“他们不明白什么是炒作，什么是包装。从他们口中说出来的‘我喜欢音乐’，与明星们说的感觉截然不同。”肖兆路和董琳等几名队员多次做客艺人们的家，采访交流。在分开的时候，有队员哭了。肖兆路说：“待的时间久了，有感情了吧。”

“我行我动”的行程安排除却采访，还有与当地小孩子们的交流。队员们带去了礼物——暨南大学附属小学的小朋友们的绘画作品和一些文具。

采访队赠送文具的购买并不是件轻松的差事。“那天可忙坏了。我们从大巴扎跑到大超市，去了很多地方。我们从上午忙到晚上八点多，还好他们那里晚上十一点才天黑。”因为买的东西多，肖兆路和朱海威两个人搬不动。肖兆路和队友不想花钱租车，就尝试着跟超市的人沟通请他们帮忙送货。“他们当时都下班了（他们是下午四点上班，晚上八点下班），最后没办法又把人家司机从家里叫回来的，搞得我们都不好意思了。”看着这些礼物，肖兆路觉得挺满意，更重要的是那些维吾尔族和塔吉克族的小朋友很喜欢他们的礼物。

回味在新疆的二十余天，肖兆路这样说道：“人要是能有段旅行让自己在夜深人静的时候可以细细品味，这是幸事，也许那是个可以像家乡一样回味的地方。”

陈喆：徒步生死墨脱路

7月底，新疆组的队员回到了广州，西藏组拿过了接力棒，准备出发。队员已经轮换了一批，两位老师却依然坚守。和喻老师一起并肩作战的是陈喆老师，他俩同吃同住62天，配合默契。陈喆曾是新华社的摄影记者，多年的采访经历让他积累了丰富的经验。

“陈老师是摄影记者，他的镜头里有那么多的精彩瞬间，却永远没有自己。”在队员的眼中，陈喆老师默默地为队伍奉献和付出，令人感动。他有一个外号叫“百宝箱”，队员的鞋子脱胶了找他，眼镜架坏了也找他。

回忆起路上的故事，陈老师说：“印象最深刻的还是墨脱的险。”

墨脱公路的拍摄是西藏组的重点报道计划之一。陈老师带着三名男队员，从波密县城出发前往墨脱县，共有140公里，路上的地名都以距离波密县城的公里数命名。从24公里到52公里，一行四人选择徒步，向海拔4 200多米的嘎隆拉雪山进军。陈老师头发灰白，但他却与大家一样，身负20多公斤的行李装备。“徒步过程中遇到的最大麻烦就是险，下午4点钟天就开始下雨了，雨中还夹着雪。”当时，陈老师和队员们正在公路上前行，路面坎坷，仅有一大车车身的宽度，路外侧就是悬崖。因雨水冲刷不时滚落下石块，更增加了队伍前进的难度。

直到晚上10点，冰川封路，队伍再无法前行，只能选择露营雪山。雨越下越大，每个人都冷得发颤，匆忙之中撑起了第一个帐篷，但再也无力搭建第二个。扎营地前是冰川，后有飞石，外侧为悬崖，陈老师把靠近悬崖边的位置留给了自己。四人就在这个小小的帐篷里度过了黑夜。

高原缺氧，寒风刺骨，负重徒步，人的体力已经到了极限，每个人都疲惫不堪。面对第二日一早的拍摄任务，队员们已没多少体力去完成。陈老师理解队员们的心情，但是这样的机会难能可贵，错过了就必定会后悔。他狠下心命令队员们：“一定要拍！”

“新闻学院以往在省内开展的实践活动很多，但像‘我行我动’这样长时间、远距离地深入复杂的民族地区活动，还是第一次。”陈老师说。一开始，活动并不被所有人看好，因为有着难以预知的艰险和必须承担的责任。好在疆藏行达到了预期的效果，也实现了对暨大新闻品牌的宣传。

作为带队老师，陈老师把时间与精力投在活动的组织安排与安全上。这次的疆藏行，他有一个很大的遗憾，就是没能拍到一些好照片。“但是学生拍摄片子的成功，也就是我的成功。”

王宝龙：请相信康巴汉子

第一批跟着陈老师徒步进墨脱的队员共有3位，广播电视新闻大四的学生王宝龙是其中之一。回忆起“眼在天堂，脚在地狱”的墨脱路，王宝龙说“死的心都有”。墨脱是圣地，可怀着朝圣的心进入墨脱，王宝龙却失望了。“这里现代化得一塌糊涂。”水泥、公路、楼房，应有尽有。“我们到的时候，墨脱村正在进行着大规模的改造，但事实上，随着改建，最原始的生活状态、最珍贵的民族记忆会毁掉。”为此，王宝龙拍摄了一个短片，他希望有人能理解、重视。

一个地方总有变与不变的东西。像仁真一样淳朴善良的藏人，给王宝龙留下了深刻的印象。仁真是一名司机，地道的康巴汉子，就是他把队伍送了24公里。仁真很健谈，在他心目中墨脱是圣地，若是死在那将是荣幸的，但若是活着出来，那是无上的荣幸。仁真和队员们约定从墨脱回来一定要见面。

10天后，队伍顺利返回波密县城。仁真坚持要把车开过来，带队员们转转。我们在餐馆门口等待。十多分钟后，他没有出现。“当时我们一致认为他不会回来了。”王宝龙觉得，他的话仅仅只是客套罢了。于是，大家各自散了，四处溜达随便买点纪念品。之后的一个小时，大家都把此事抛到了脑后。

突然手机铃声响了，王宝龙接到了仁真打来的电话。仁真的车没油了，但波密的油不好加，他排了长队终于加上。等来到餐馆门口，他却找不到队员们。顺纪念品店挨个找寻未果后，他才想起留了队员的电话号码。

仁真真诚地介绍店铺，并帮着讲价。要分别的时候，仁真把自己戴了多年的护身符——一块很漂亮的珊瑚根摘下来送给了老师。在他心中，能够平安出墨脱的都是英雄。

余虹姗：病隙心路

没能和陈老师王宝龙一行人进墨脱，余虹姗觉得很遗憾。然而队友的帮助，老师的细心指导，采访实践中的锻炼，余虹姗觉得自己依然收获了很多。“人生就该有这番不同的体验和信念。”

因为旅程的颠簸劳累，在西藏之行即将结束的时候余虹姗生病进了医院。“我输液输了3个小时左右。一边输液一边吸氧。那个时候胸口疼得厉害，不敢用力呼吸，不敢翻身。心电图显示心跳不正常。”病床上的余虹姗，没有觉得害怕，只是觉得自己身体不争气，怕连累到大家，影响采访工作。她觉得，西藏是一个“有神灵庇佑”的地方，队员们的采访是在做好事，神佛会保佑的。

在病床上，余虹姗感受到了队伍的温暖。“老师同学们都很照顾我，鼓励我不要怕，他们以为我心理负担很重，其实还好。从察隅回去波密的途中，喻老师还把他在前面的座位让给我坐，自己坐到了后面和同学们挤在一起。”

在圣洁的雪山群中穿行，耳畔是雅鲁藏布江的嘶鸣，在余虹姗的眼中，西藏是一片充满信仰和虔诚的净土。也许这趟旅程或多或少地改变了一些人和事，因为信仰本身就是一种生活哲学。余虹姗开始关注佛教：“那里远离城市喧嚣与世俗，可以净化心灵。”西藏归来，她希望自己今后所处的环境，遇到的人都能那么美好。

西藏组的另一名队员张曦这样说起这段西行之路：“去那里是幸运的，但不去那里也是幸运的。”到底收获了什么，只有他们才知道。

尾　声

当“我行我动·喀什、林芝深度采访行”的队员们顺利归来，杨先顺书记点明了此次行动的意义：“活动旨在培养学生实战的能力，使他们多了解社会。队员们圆满完成了任务，同时也传递了广东精神和中华大爱。这样的活动以后还会有，但是地点不仅是西藏和新疆，同学们还会有更多的机会参与。”

而在由共青团中央学校部、人民日报政文部、人民网主办的“青春使命”2012全国大学生社会实践评选活动中，暨南大学喀什、林芝深度采访队荣获一等奖。

（王婧楠　许铭露；暨南大学新闻学生报，2012－12－10）

“与雷锋同行”征文颁奖会在京举行

由人民日报社和中国作家协会联合举办的“与雷锋同行”征文颁奖仪式3月22日在北京中国现代文学馆隆重举行。人民日报社副总编辑陈俊宏、中国作协副主席廖奔出席并讲话。关仁山、喻季欣等获奖作家，以及文学界、新闻界共120人参加了颁奖仪式。颁奖仪式由中国作协党组成员、书记处书记白庚胜主持，人民日报社文艺部主任刘玉琴介绍了征文活动情况。

颁奖会现场（摄影：王纪国）

“与雷锋同行”征文活动，自2012年3月中下旬启动，到2013年1月截稿，历时近1年，共收到诗歌、散文、杂文、随笔、报告文学等各类作品5 000多篇。《人民日报》副刊从来稿中遴选作品，共推出“与雷锋同行”专栏57期，专版5个，刊发作品近80篇。中国作家网也同步开设了“与雷锋同行”征文专题。经过征文评选委员会的反复筛选，《致雷锋》（作者：曾凡华）、《爱心小院纪事》（作者：关仁山）、《同行的弟兄》（作者：雷抒雁）、《李文祥老人的夏天》（作者：朱夏炎、王钢）、《一个叫乌宁朝格图的兵》（作者：武歆）、《牡丹之歌》（作者：焦祖尧）、《塔中花开入云端》（作者：郭严隶）、《爱，穿越戈壁高原》（作者：喻季欣）、《京城好人》（作者：杨明方）、《我的中国梦》（作者：李春雷）共10篇作品获征文优秀奖（按发表时间排序）。

陈俊宏同志指出，此次征文是人民日报社和中国作协继“纪念改革开放30周年”、“放歌60年”、“盛世民族情”、“党旗礼赞”之后，第五次基于当年的重大主题联合主办的征文活动。

陈俊宏说，去年是雷锋同志逝世50周年，今年是毛泽东等老一辈革命家为雷锋同志题词50周年。50年来，雷锋精神已经成为我们国家和民族宝贵的精神财富。弘扬雷锋精神，就是要引导和激励人们胸怀理想、脚踏实地，为推进中国特色社会主义事业、实现“中国梦”而奋斗。作协和人民日报都是加强社会主义精神文明建设、推进文化强国建设的重要力量。文学作品，在解读雷锋精神、弘扬雷锋精神的过程中，历来起着十分重要的作用。从1960年代贺敬之等前辈作家、诗人的《雷锋之歌》等，到去年以来的长篇小说《雷锋》等一大批作品，都给人以深刻的印象。这次两个单位主办的“与雷锋同行”征文大赛，又涌现了一批优秀的主题文学作品，使雷锋精神得到了更广泛的弘扬。

陈俊宏表示，此次征文和以往的征文活动一样，得到了从边疆到内地各个地方、从基层业余作者到知名作家的广泛响应。《人民日报》将一如既往，为广大读者、作者、作家提供宽广的平台，提供优质的服务。

廖奔同志指出，此次征文的主题是“与雷锋同行”，这体现着我们的一种期许：要写出雷锋精神的当下意义与时代价值。征文很好地实现了我们的初衷，10篇获奖作品，无论是对雷锋精神的讴歌，还是对各行各业学雷锋的感人事迹和高尚品德的颂扬，都是对雷锋精神的当代书写。

廖奔说，此次征文中报告文学成果斐然。在获奖的10篇作品中，报告文学作品占一多半。李春雷《我的中国梦》在人民日报刊登后，引起很大的反响。关仁山、杨明方、喻季欣、朱夏炎、王钢的报告文学写的都是普通人在平凡岗位上所体现出来的感人情怀、崇高追求。雷锋精神的实质就是在平凡处坚守，在细微处闪光。这些作品以文学的感染力来宣传雷锋事迹、雷锋精神，在推进社会主义核心价值体系建设，引领风尚，教育人民，服务社会，推动发展，增强民族凝聚力和创造力方面，发挥了重要作用。

颁奖会上获奖者与嘉宾合影（摄影：王纪国）

（人民网，http://www.chinawriter.com.cn/news/2013/2013-03-23/157717.html.）

后 记

翻阅这册一篇篇真情实感、激情飞扬的文字，2012年盛夏“我行我动”两月有余的火热日子，“以行求解”两万多公里义无反顾的行走，戈壁高原终生难忘的“做最富于行动的新闻人”亲历，近年来探索“实践育人”教学模式的实践，一齐呈现眼前，如炽如燃。

“我行我动·喀什、林芝深度采访行”动议于2012年4月。2012年3月，中共中央外宣办向全国高校发出“我眼中的西藏”大学生影像大赛征集函，意在通过大学生视角向国际社会介绍真实的西藏。为丰富参赛作品并紧密结合教学实践，我与暨南大学新闻与传播学院长于摄影的陈喆商议，选定以广东17年对口支援的新疆喀什（2011年前为哈密）、西藏林芝为活动目的地，并努力争取广东省委组织部和宣传部的支持。经与有关方面联系，我们如愿以偿。6月初，广东省委、省政府向全省公布了“厚于德、诚于信、敏于行”的新时期“广东精神”，在全省广为宣传。这给人启发：教学实践离不开社会实际。去广东对口支援的喀什、林芝追寻“广东精神”，以行万里路提升当代大学生认知中国现实、感悟国家发展大局、在实践中锻炼成长，并以此展示大学生眼中的新疆、西藏，成为这次活动清晰而明确的思路。为更突出暨南大学侨校特色和新闻专业教学要求，活动名称初定为“我行我动·暨南大学中华学子喀什、林芝深度采访行”，并以新闻与传播学院的名义向广东省对口支援西藏新疆工作领导小组办公室作了专门汇报。该办高度重视，很快向广东省对口支援新疆工作前方指挥部和省第六批援藏工作队发出专门函件，支持这次活动。而在这时，广东猛狮科技电源股份有限公司得知我们的活动计划后，主动表示参与并大力支持，活动因此增添了向新疆、西藏民族小学捐赠文体用品、捐资助学等社会公益内容。这也促使我们与暨南大学附属小学联系，请小朋友们绘制图画作品，与广东猛狮科技电源股份有限公司的文体用品一起赠送，表达广州小朋友与边疆小朋友心连心的美好心愿。后来事实证明，这些捐赠，产生的意义和价值远远超出我们的想象，十分有益。这次活动不只是深度采访，更是深度参与社会实践、身体力行社会公益、以行求解时代课题，与活动宗旨“追访广东精神，传递中华大爱”十分吻合，活动名称亦因此增加“猛狮科技”的冠名，把广东企业的社会责任和爱心，通过暨南大学中华学子的万里之行传递到祖国边疆大地。后来获得的多种表彰和本书的出版也证明，这次活动为“实践育人”的人才培养模式作了有益探索，体现了开拓创新。

“我行我动”作为新闻与传播学院的实践教学理念，已有多年的探索与实践。2008年，一个个重大新闻事件在中国出现，伴随《政府信息公开条例》的实施，中国传媒变革的拐点呈现，这给新闻教学深刻促动和启示。从这年年初开始，我特意带领学生走出课堂，深入社会，组织学生到北京、深圳和广州，广泛采访主流媒体、资深媒体人和新闻院系的掌门人，历经10个月，学生们写出了一批有特色、有见解的作品，并出版了《中国传媒：激荡与拐点》一书。感知社会变化、捕捉传媒变革、促进学生在社会实践中成长，这就是“我行我动”最初表达并提倡的理念。后来，我用这四个字自己来解释其含意：我？我。行？行。我？我。动？动。我行？我行。我动？我动。我行我动？我行我动——以行求解，做最富于行动的新闻人！无论身处网络传播的变革时代，还是投身中国影响的世界传播，抑或推进“走转改”的广泛深入，“我行我动”给人自信与鼓舞，通向“实践育人”的广阔天地。

如今，“我行我动”得到了更多人的认同和支持，不但成为“实践育人”的教学理念，现在又成为实践教学的丛书名称，深感汇聚了集体智慧、凝聚了八方支持，包括参与“我行我动”社会实践同学的全身心投入。特别是学校和学院，为创新学生成长成才的教学方法，探索适应时代的教书育人模式，开明积极，不遗余力，这必将有力地推进社会实践教学的探索与发展，为实现中国梦想的人才培养作出新的贡献。

探索没有止境，“我行我动”不会停息。

喻季欣

2013年5月26日